Über dieses Buch Vierzehn Erzählungen namhafter chinesischer Autoren dokumentieren die Entwicklung der chinesischen Prosaliteratur seit der Revolution des Jahres 1911, die den Drachenthron stürzte und eine viertausend Jahre währende Monarchie beendete. Die Anfänge der modernen chinesischen Literatur lassen sich datieren auf das Jahr 1918, denn in diesem Jahr veröffentlichte der wahrscheinlich bedeutendste chinesische Autor der ersten Jahrhunderthälfte, Lu Xun, seine erste Erzählung, das ›Tagebuch eines Wahnsinnigen‹. Mit einer Erzählung von Lu Xun, ›Die Arznei‹ aus dem Jahre 1919, beginnt denn auch diese Sammlung, und sie spannt den Bogen bis in die Literatur unserer Tage: Bei Dao, einer der Wortführer des ›Pekinger Frühlings‹, und die 1957 geborene Can Xue stehen stellvertretend für die jüngste Schriftstellergeneration, die erst nach 1949, dem Gründungsjahr der Volksrepublik China, geboren wurde.
Zu den auch hierzulande schon bekannteren Autoren dieser Sammlung gehören Lu Xun, Lao She, Ding Ling und Zhan Jie. Zwei Erzählungen, die von Ding Ling und Bei Dao, erscheinen hier erstmals in deutscher Übersetzung.

Zu den Autoren findet sich eine ausführliche biographische Notiz im Anhang.

Der Herausgeber Andreas Donath ist Leiter der China-Redaktion bei der Deutschen Welle in Köln. Als Kenner der modernen chinesischen Kultur hat er sich außerdem durch seine Übersetzungen aus dem Chinesischen und die Herausgabe mehrerer Anthologien einen Namen gemacht.

China erzählt

14 Erzählungen

Ausgewählt und mit einer
Nachbemerkung von
Andreas Donath

Fischer Taschenbuch Verlag

Originalausgabe
Veröffentlicht im Fischer Taschenbuch Verlag GmbH,
Frankfurt am Main, Mai 1990

Quellenhinweise am Schluß des Bandes
Umschlaggestaltung: Manfred Walch, Frankfurt
Umschlagabbildung: Gong Benxiang (Liaoing),
›Celebrating the Lantern Festival‹
Gesamtherstellung: Clausen & Bosse, Leck
Printed in Germany
ISBN 3-596-29575-0

Inhalt

LU XUN

Die Arznei

I

Eine herbstliche Nachmitternacht. Der Mond war bereits untergegangen, die Sonne noch nicht über den Horizont gestiegen. Nur der schwarzblaue Himmel spannte sich weithin. Außer dem Gesindel, das durch die Nacht strich, lag alles und jeder in tiefem Schlaf. Plötzlich richtete sich Vater Hua Tschuan auf. Er strich ein Zündhölzchen an und hielt es an den Docht einer völlig verschmierten kleinen Öllampe. In den beiden Stuben des Teehauses verbreitete sich ein bläulichweißer Schein.

»Väterchen Tschuan! Gehst du jetzt?« ließ sich die Stimme einer alten Frau vernehmen. Zugleich war aus der kleinen Mittelstube ein Hustenanfall zu hören.

»Nun freilich!« Vater Tschuan antwortete und lauschte zugleich, während er sich den Rock zuknöpfte. Dann streckte er der Frau die Hand hin: »Gib her!«

Mutter Hua kramte eine halbe Ewigkeit unter ihrem Kopfkissen. Schließlich brachte sie ein Beutelchen mit ausländischen Silbermünzen zum Vorschein und hielt es Vater Tschuan hin. Er nahm es und steckte es in seine Brusttasche. Vor Aufregung zitternd, strich er noch zweimal mit der Hand über die Tasche, damit sie auch glatt und fest anläge. Darauf zündete er eine Laterne an, löschte die Öllampe und ging in die gegenüberliegende Stube. Ein Rascheln wurde hörbar, dem ein neuer Hustenanfall folgte. Hua Tschuan wartete, bis er vorüber war. Dann rief er leise:

»Kleiner Tschuan – daß du mir nicht aufstehst!«

»Und der Laden?«

»Den kann Mutter besorgen.«

Vater Tschuan lauschte, hörte aber keine Antwort und nahm an, der Sohn sei gleich wieder beruhigt eingeschlafen. Er verließ das Haus und trat auf die Straße. Sie lag in tiefem Dunkel, ohne einen einzigen Anhaltspunkt für das Auge. Nur die Landstraße zog sich wie ein aschgraues Band vor ihm hin. Der Schein der Laterne fiel auf seine Füße, die in gleichmäßigem Wechsel ausschritten.

Hin und wieder stieß er auf ein paar Hunde, aber keiner schlug an. Es war viel kälter als im Haus, aber Vater Tschuan fühlte sich quicklebendig, als sei er an einem einzigen Tag wieder jung geworden, als trage er ein übernatürliches Können in sich, das dem Menschen neue Lebenskraft verleiht. Mit jedem Schritt holte er weiter aus. Und je länger er wanderte, desto lichter wurde die Straße, desto heller der Himmel.

Seinen Gedanken hingegeben, ging Hua Tschuan weiter. Plötzlich fuhr er erschrocken zusammen: in einiger Entfernung sah er einen Weg die Straße schneiden. Kein Zweifel – er näherte sich dem Kreuzweg.

Sofort ging er ein paar Schritte zurück, entdeckte das verschlossene Tor eines Ladens, ging schwerfällig bis unter die Dachtraufe, lehnte sich gegen die Tür und blieb so stehen. Nach kurzer Zeit spürte er die Kälte in sich hochkriechen.

»He – ein alter Mann!«

»Hat einen sitzen . . .«

Wieder schrak Hua Tschuan zusammen. Er riß die Augen weit auf: einige Männer, die hinter ihm hergekommen waren, schritten an ihm vorbei. Einer von ihnen wandte den Kopf zurück und sah zu ihm hin. Er war zwar nicht deutlich erkennbar, machte aber doch den Eindruck eines Menschen, der lange gehungert hat und jetzt etwas Eßbares sieht – Gier schien in seinen Augen aufzuglimmen. Vater Tschuan warf einen Blick auf seine Laterne, sie war ausgegangen. Er betastete seine Rocktasche, sie fühlte sich noch hart an. Darauf hob er den Kopf und hielt nach rechts und links Ausschau. Es war nichts weiter wahrzunehmen als mehrere merkwürdige

Gestalten, die, gespenstergleich, zu zweit oder dritt vor- und rückwärts glitten. Als er genau hinsah, verlor sich das Geisterhafte an ihnen.
Es währte nicht lange, so sah er einige Soldaten des Weges kommen. Schon aus der Entfernung war deutlich der große weiße Kreis zu erkennen, den sie vorn und hinten auf ihren Röcken trugen. Bei ihrem Näherkommen wurden dazu noch die dunkelroten Tressen an den Uniformen sichtbar. Einen Augenblick lang hörte Tschuan das Geräusch eilig vorüberhastender Schritte – in der nächsten Sekunde schon war der ganze Schwarm in der fahlen Dämmerung untergetaucht. Auch die kleinen Gruppen von zwei oder drei Männern, die schon vorher dagewesen waren, verschmolzen zu einem Haufen und stürzten nach vorn. Am Kreuzweg hielten sie unvermittelt und stellten sich in einem Halbkreis auf.
Hua Tschuan starrte unentwegt in diese Richtung, aber es war weiter nichts als die Rücken der Männer zu sehen. Alle reckten, so weit es nur ging, den Hals in die Höhe. Sie glichen einer großen Schar Enten, die eine unsichtbare Hand an den Hälsen gepackt hatte und in die Höhe hielt. Für eine Sekunde herrschte Totenstille. Dann klang ein leiser Ton auf – der ganze Haufe geriet von neuem in Bewegung. »Hulung-lung«, ein dumpfes Rollen tönte herüber, wie von schnell dahinfahrenden Wagen. Alle drängten zurück und fluteten an der Stelle vorbei, auf der Hua Tschuan stand.
»Holla! Gib das Geld her – ich geb die Ware!« Vor Vater Tschuan tauchte ein Mann auf, schwarz von oben bis unten. Seine Augen blinkten wie zwei Schwerter, bereit, in der nächsten Sekunde auf Vater Tschuan einzustechen. Hua Tschuan schien in sich zusammenzuschrumpfen. Der Mann streckte ihm eine riesengroße Hand entgegen; mit der andern umklammerte er eine hellrote Semmel, aus der etwas Rotes auf den Boden hinuntertropfte.
Völlig verwirrt kramte Vater Tschuan das ausländische Silbergeld hervor. Vor Aufregung zitternd, hielt er es dem

Mann hin, tat aber keinen Schritt auf diesen zu, um die Ware im Empfang zu nehmen. Das brachte den Fremden auf.
»Warum so ängstlich? Warum nehmen Sie's nicht?«
Hua Tschuan zögerte immer noch. Da griff die schwarze Gestalt nach der Laterne, riß mit einem Griff das Papiergehäuse herunter, wickelte den Dampfwecken darin ein und drückte Tschuan das Päckchen in die Hand. Mit der freien Hand grapschte er nach dem Silbergeld, wog es zwischen den Fingern, machte kehrt und ging los. »Alte Jammergestalt!« murmelte er vor sich hin.
»Für welchen Kranken soll das denn sein?« glaubte Vater Tschuan jemand fragen zu hören, aber er antwortete nicht. Sein ganzes Denken und Wollen galt einzig und allein dem Päckchen. Er trug es, wie man den eben geborenen Erben der Sippe einer zehn Generationen alten Ahnenreihe trägt. Alle anderen Dinge waren zur Zeit für ihn völlig unwichtig. Jetzt würde er das in diesem Päckchen enthaltene neue Leben auf seine eigene Familie verpflanzen und unendliches Glück daraus ernten. Die Sonne war inzwischen aufgegangen. Vor ihm lag in hellem Glanz die breite Landstraße, die geradewegs zu seinem Hause führte; hinter ihm leuchteten auf einer verwitterten Tafel an dem Kreuzweg in nachgedunkelter Goldtusche die vier Schriftzeichen:

»Zugang zum Alten Pavillon«

II

Als Vater Tschuan daheim anlangte, war das Teehaus bereits sauber aufgeräumt. Die in Reihen aufgestellten Tische glänzten spiegelblank. Gäste waren noch keine da, nur der kleine Tschuan saß an einem Tisch in der mittleren Reihe vor seinem Frühstück. Dicke Schweißtropfen perlten ihm von der Stirn; die wattierte Jacke klebte ihm am Rücken, die beiden scharf herausragenden Schulterblätter glichen dem umgedrehten Zeichen der Zahl acht. Als Vater Tschuans Blick auf das Kind fiel, erschien sofort auf seiner eben noch glatten Haut wieder die tiefe Falte zwischen den Augenbrauen. Mit weit aufgerissenen Augen und leicht bebenden Lippen stürzte seine Frau vom Herd herbei.

»Hast du's bekommen?«

»Ja, ich hab' es.«

Die beiden gingen zusammen zum Herd und beratschlagten dort eine geraume Weile miteinander. Danach verschwand Mutter Hua. Nach kurzer Zeit kam sie mit einem großen getrockneten Lotusblatt zurück und breitete es auf dem Tisch aus. Vater Tschuan wickelte das Ölpapier der Laterne auseinander und schlug die hellrote Semmel nun in das Lotusblatt ein. Inzwischen hatte der kleine Tschuan sein Frühstück beendet.

»Bleib nur sitzen, kleiner Tschuan!« rief die Mutter aufgeregt. »Du darfst nicht herkommen!«

Vater Tschuan hatte das Feuer im Herd geschürt. Er nahm das nephritgrüne Päckchen und das rot betupfte Laternenpapier und stopfte beides zusammen in das Herdloch. Im nächsten Augenblick loderte eine schwärzlich-rote Flamme auf; das Teehaus füllte sich mit einem merkwürdigen Duft.

»Ein köstliches Aroma! Was eßt ihr denn Gutes?« Vater To Bee, der Mann mit dem Buckel, war eingetreten. Er brachte den ganzen Tag im Teehaus zu. In aller Frühe kam er als erster Gast, als letzter ging er. Während er so fragte, humpelte er zu einem Ecktisch mit dem Blick auf die Straße und setzte sich. Aber niemand antwortete ihm.

»Gerösteten Reisbrei?«

Wieder keine Antwort. Vater Tschuan lief eilig herbei, um ihm Tee aufzubrühen.

»Kleiner Tschuan, komm her!« Mutter Hua rief den Sohn in die Vorderstube und stellte in der Mitte der Stube einen Schemel für ihn bereit. Der Junge setzte sich. Sie schob ihm eine Eßschale hin, tat etwas ganz Dunkles, Rundes hinein und sagte mit tonloser Stimme:

»Das mußt du aufessen, dann wirst du wieder gesund!«

Der kleine Tschuan nahm dieses schwärzliche Etwas mit zwei Fingern auf und betrachtete es einen Augenblick. Ihm war, als hielte er sein eigenes Leben in der Hand; sein Herz war von einer merkwürdigen, nicht auszudrückenden Empfindung erfüllt. Ängstlich brach er das Ding auseinander: aus der verkohlten Rinde quoll weißer Dampf hervor und verzog sich. Er sah, daß er zwei Semmelhälften in der Hand hielt. Es dauerte gar nicht lange, da waren sie in seinem Magen verschwunden. Auch den merkwürdigen Geschmack hatte er vergessen; zurückgeblieben war nur die leere Eßschale. Die Eltern standen neben ihm, der Vater an der einen, die Mutter an der anderen Seite. Beider Augen waren starr auf ihn gerichtet, als wollten sie irgend etwas in ihn hineinfüllen, zugleich aber auch irgend etwas aus ihm herausziehen. Plötzlich begann sein Herz zu hämmern; er preßte beide Hände gegen die Brust – schon setzte wieder ein Hustenanfall ein.

»Jetzt mußt du ein Weilchen schlafen – und dann ist alles gut.«

Der kleine Tschuan gehorchte der Mutter. Er hustete noch ein paarmal und schlief dann ein. Die Mutter wartete, bis er wieder ruhig atmete. Sie deckte ihn behutsam mit einer über und über geflickten wattierten Steppdecke zu.

III

In der Teestube wimmelte es von Menschen. Vater Tschuan hatte alle Hände voll zu tun. Mit einer großen Messingkanne eilte er von einem Gast zum andern und goß jedem Tee ein. Unter seinen Augen lagen tiefe Schatten.

»Vater Tschuan, ist dir etwas? Wirst du krank?« erkundigte sich ein Mann mit graumeliertem Bart.

»Aber nein. Mir ist nichts.«

»Nichts? – Na ja, wenn einer dabei lacht, kann ja eigentlich auch nichts sein...«, zog der Graubart das vorher Gesagte zurück.

»Es ist nur, weil Vater Tschuan alle Hände voll zu tun hat. Hauptsache, sein Sohn...«
Vater To Bee konnte seine Gedanken nicht zu Ende bringen. Unvermittelt polterte ein Mann mit dicken Hängebacken in die Stube. Seine schwarze ungefütterte Wolljacke war nicht zugeknöpft, ein zu weiter Gürtel liederlich um die Taille gewickelt. Kaum zur Tür herein, fuhr er schon auf Vater Tschuan los.
»Hat er's gegessen? Ist ihm jetzt besser? Hast du aber Glück gehabt, Vater Tschuan! Ein Glück! Nicht, daß ich an Zauberei glaube...«
Vater Tschuan hielt mit der einen Hand die große Teekanne, ließ die andere zum Zeichen der Ehrerbietung ruhig herabhängen und hörte lächelnd zu. Ebenso ehrerbietig hörten alle Gäste zu. Mutter Hua, auch mit dunklen Schatten unter den Augen, brachte eine Schale mit Teeblättern, legte noch eine Olive dazu, und Vater Tschuan goß heißes Wasser darüber. Auch sie lächelte freudig erregt.
»Das ist garantiert gut! Mit nichts anderem zu vergleichen. Bedenke, warm gebracht, warm gegessen!« redete der Mann mit den dicken Hängebacken unentwegt weiter.
»Ja! Das ist wirklich wahr, wenn uns Onkel Kang nicht beigestanden hätte, wie sollten wir...«, bedankte sich auch Mutter Hua aus vollem Herzen.
»Garantiert gut, garantiert! Wenn es warm gegessen wird. So ein kleiner Dampfwecken mit hineingebackenem Menschenblut heilt jede Schwindsucht aus. Unter Garantie!«
Mutter Hua hörte »Schwindsucht« und erbleichte ein wenig; dieses Wort verstimmte sie. Aber im nächsten Augenblick hatte sie schon wieder ein Lächeln zuwege gebracht und zog sich eilends zurück.
Onkel Kang achtete gar nicht darauf. Mit lauter Stimme sprach er weiter, bis den kleinen Tschuan ein neuer Hustenanfall wachrüttelte.
»Was für ein Glück für euern kleinen Tschuan. Ganz bestimmt wird er wieder gesund!« sagte der Mann mit dem

graumelierten Bart. »Da ist es nicht verwunderlich, daß Vater Tschuan den ganzen Tag vor sich hin schmunzelt.« Dabei ging er auf Onkel Kang zu und erkundigte sich unterwürfig und leise:

»Wie ich hörte, Onkel Kang, ist der Verbrecher, den ihr heute früh hingerichtet habt, ein Sohn der Familie Sja. Welcher denn eigentlich? Und warum wurde er eigentlich hingerichtet?«

»Wer es war? Wer anders als der Sohn der Hebamme Sja, dieser junge Lump.«

Onkel Kang merkte, daß alle neugierig die Ohren spitzten. Das versetzte ihn in eine gehobene Stimmung. Seine dicken Hängebacken plusterten sich auf. Je länger er sprach, desto lauter wurde seine Stimme.

»Dieser Elendswurm wollte nicht leben. Er hatte das Leben satt. Für mich ist diesmal rein gar nichts dabei abgefallen. Die Kleider, die man ihm vom Leibe gerissen, hieß der Gefangenenaufseher Hung mitgehen. Am besten ist Onkel Tschuan dabei gefahren und nach ihm noch der gnädige Herr Sja Ssan, der die Belohnung von fünfundzwanzig Lot Silber, weißschimmernd wie frischgefallener Schnee, in seinem Gürtel verstaute und für mich keinen Käsch übrig hatte.«

Der kleine Tschuan schlurfte aus seiner Stube herein. Beide Hände gegen die Brust gepreßt und ununterbrochen hustend, ging er an den Herd, füllte sich eine Eßschale mit kaltem Reis, goß heißes Wasser darüber, setzte sich und fing an zu essen. Seine Mutter trat neben ihn.

»Geht es dir schon besser, kleiner Tschuan?« erkundigte sie sich vorsichtig. »Hast du immer noch diesen großen Hunger?«

»Aber es wird ihm bestimmt besser werden. Ich garantiere euch dafür.«

Onkel Kang hatte sich zum kleinen Tschuan umgewandt. Nun widmete er sich wieder den Gästen und fuhr in seiner Rede fort.

»Der gnädige Herr Sja Ssan ist ja ein ganz Gerissener. Hätte er

ihn nicht bei der Behörde angezeigt, seine ganze Familie wäre noch enteignet und hingerichtet worden. Und wie stehen die Dinge jetzt? *Silber*! – dieser junge Strolch war wirklich niederträchtig! Als er schon eingesperrt war, hat er noch den Gefangenenaufseher aufzuwiegeln versucht!«
»Nun hör sich das einer an! Ist denn so etwas möglich!« rief aus der hintersten Reihe ein etwa zwanzigjähriger junger Mann und setzte eine ganz entrüstete Miene auf.
»Ihr müßt wissen, daß Hung ihn auf das genaueste aushorchen wollte, und dieser Lümmel hat nicht abgelassen zu diskutieren. Er behauptete, der Staat der erhabenen Mandschu-Dynastie gehöre *uns*. Überlegt doch mal. Wie kann ein vernünftiger Mensch so etwas sagen! Hung wußte ja, daß er daheim nur eine alte Mutter hat, aber er wäre nie auf den Gedanken gekommen, daß er so ein armseliger Tropf wäre. Nicht den kleinsten Tropfen Öl konnte er aus ihm herauspressen – da lief ihm eben die Galle über. Und dann wollte der Lümmel sogar dem Aufseher, dem ›Tiger‹, den Kopf kratzen, aber da hat der ihm zwei Maulschellen verabreicht.«
»Bruder Hung hat eine sichere Hand im Boxen und Fechten. Die beiden Maulschellen haben bestimmt gesessen!« ließ sich der Bucklige aus seiner Ecke vernehmen.
»Dieser elende Wicht hat keine Angst vor den Kopfstücken gehabt. Er hat sogar gesagt, es täte ihm sehr leid um ihn.«
»So einen Taugenichts verprügeln – was heißt da leid tun?« fragte der Mann mit dem graumelierten Bart.
Onkel Kangs Miene verzog sich verächtlich. Er entgegnete mit spöttischem Lächeln:
»Ihr habt offensichtlich falsch verstanden, was ich euch gesagt habe. Er hat gemeint, Hung täte ihm leid.«
Die Zuschauer blickten sich plötzlich völlig verständnislos an. Die Unterhaltung stockte. Der kleine Tschuan hatte inzwischen seinen Reis aufgegessen. Er geriet beim Essen immer in Schweiß, fühlte sich, als stecke sein Kopf in einer Dampfhülle.
»Hung täte ihm leid – so ein Quatsch. Der muß ja total ver-

rückt sein!« Dem Mann mit dem graumelierten Bart schien plötzlich eine Erleuchtung gekommen zu sein.
»Total verrückt!« wiederholte der etwa zwanzigjährige junge Mann, als sei auch ihm ein Licht aufgegangen.
Die Teehausgäste fanden zu ihrer sonstigen Lebendigkeit zurück. Das Lachen und Schwatzen erhob sich wieder.
Das Stimmengewirr verbarg einen neuen bedrohlichen Hustenanfall des kleinen Tschuan. Onkel Kang ging zu ihm hin und klopfte ihm auf die Schulter und wiederholte:
»Unter Garantie – kleiner Tschuan! Du bekommst solche Hustenanfälle nicht mehr. Unter Garantie!«
Der Mann mit dem Buckel nickte. »Verrückt!«

IV

Der Boden außerhalb des Westtores an der Stadtmauer entlang war schon immer Gemeindeland gewesen. Der von vielen Fußgängern aufs Geratewohl ausgetretene schmale Weg schlängelte sich mitten hindurch und war so zu einer natürlichen Grenze geworden. Links vom Weg wurden die hingerichteten oder mit Verhungern bestraften Verbrecher verscharrt. Rechts vom Weg lagen die Gräber der Armen. Die Grabhügel lagen zu beiden Seiten des Weges wie die Weizenbrotlaibe zum Geburtstag im Hause eines reichen Mannes eng nebeneinander.
In diesem Jahr war es zum Tjing-Ming-Fest, an dem man der Toten gedenkt und zugleich die Wiederkehr des Frühlings feiert, noch ungewöhnlich kalt. An den Weiden begannen gerade die ersten Knospen, groß wie halbe Reiskörner, zu sprießen. Kurz vor dem Morgengrauen hatte Mutter Hua auf der rechten Seite vom Weg vor einem frisch aufgeschütteten Kindergrab vier Eßschalen mit Gemüse und einen Topf Reis niedergestellt und bitterlich weinend ihre Andacht verrichtet. Nachdem sie noch Papiergeld verbrannt hatte, setzte sie sich völlig benommen vor dem Grab auf den Erdboden. Ihr

war, als müsse sie auf etwas warten, obgleich sie nicht hätte sagen können, worauf eigentlich. Ein leichter Wind kam auf und strich durch ihr kurzes Haar. Wie grau es seit dem vergangenen Jahr geworden war!

Eine zweite Frau, grauhaarig wie sie, in zerlumpter Kleidung, kam den schmalen Weg herauf. Sie trug einen zerlöcherten, rotlackierten runden Korb, an dem ein Päckchen Papiergeld baumelte. Nach jedem dritten Schritt verhielt sie. Plötzlich wurde sie die auf dem Boden kauernde und ihr entgegenschauende Mutter Hua gewahr. Wieder verhielt sie; ein Ausdruck schamhafter Verlegenheit überzog ihr leichenfahles Gesicht. Dann aber bog sie mit trotziger Miene vom Weg zu einem Grab auf der linken Seite ab, vor dem sie ihren Korb absetzte.

Dieses Grab lag auf der linken Seite dem des kleinen Tschuan auf der rechten genau gegenüber, nur der Fußpfad lag dazwischen. Mutter Hua sah zu, wie die Frau vor dem Grabe vier Eßschalen mit Gemüsen und einen Topf Reis aufstellte, wie sie sich dann, bitterlich weinend, von ihrer Andacht aufrichtete und das Papiergeld verbrannte. Es kam ihr der Gedanke, daß in jenem Grabe auch einer Mutter Sohn ruhe. Die betagte Frau schaute sich mit leerem Blick um. Plötzlich überfiel sie ein Zittern. Sie schwankte, taumelte einige Schritte zurück, blieb dann, wie im Krampf erstarrt, mit weitaufgerissenen Augen stehen.

Mutter Hua sah das alles und erschrak. Sie fürchtete, der Schmerz könnte die Frau um den Verstand bringen. Sie stand auf, ging über den schmalen Pfad hinweg auf die andere Seite und sagte leise:

»Ni dschö wee, lau nai-nai! – Würdige alte Dame! Du darfst es dir nicht so zu Herzen nehmen. Wir wollen zusammen zurückgehen.«

Die Frau nickte nur unmerklich. Ihr Blick aber blieb starr geradeaus gerichtet. Dann sagte sie leise und stockend:

»Sieh doch nur! Was soll das bedeuten?«

Mutter Huas Augen folgten dem weisenden Finger und blieben auf dem Grab zu ihren Füßen haften. Überall zwischen dem spärlich wachsenden Gras zeigten sich die kahlen Flecke gelben Bodens. So bot es einen abschreckenden, trübseligen Anblick. Aufmerksam ließ Mutter Hua ihre Augen über den Hügel gleiten – erschrocken fuhr sie zusammen: deutlich hob sich am Kopfende des Grabes ein Kreis roter und weißer Blumen ab.

Beider Augen waren schon alt, doch diese roten und weißen Blumen vor ihnen konnten sie noch klar erkennen. Es waren nicht viele. Zu einem Kranz geordnet und nicht mehr ganz frisch, waren sie trotzdem schön anzusehen. Mutter Hua warf schnell einen Blick auf das Grab ihres Kindes, dann auf die übrigen Gräber. Auf allen standen nur einzelne, farblose Blümchen. Sie waren sehr kälteempfindlich und lugten wie winzige blaue und weiße Sterne hervor. – Ein unerklärliches Gefühl der Schwere, der völligen Leere bemächtigte sich ihrer. Was konnte es mit diesem Kreis roter und weißer Blumen auf sich haben?

Die andere Frau trat an das Grab heran und untersuchte sie. Wie im Selbstgespräch sagte sie:

»Ohne Wurzeln! Sie sind also nicht hier gewachsen... Aber wer kommt schon in diese Gegend? Kinder spielen hier nicht, und unsere Verwandten waren schon lange nicht mehr am Grab. Was kann das nur bedeuten?«

Sie grübelte und grübelte – plötzlich brach sie in Tränen aus und rief laut:

»Mein lieber Sohn Jü! Alle haben dir Unrecht getan. Du hast das noch immer nicht vergessen – hast dein Leid noch immer nicht verwunden und heute dieses Wunder vollbracht, weil du mich daran erinnern willst!«

Sie schaute sich um. Auf einem kahlen Baum sah sie eine Krähe sitzen und sprach weiter:

»Ich weiß es! Mein lieber Sohn Jü! Elendiglich hingemordet haben sie dich. Aber sie werden erfahren, daß es eine Vergeltung gibt! Der Himmel weiß alles. Nun schließe die Augen und schlafe in Frieden. – Wenn du wirklich zugegen bist und meine Worte hörst... laß diese Krähe über dein Grab fliegen. Gib mir dieses Zeichen!«

Der Wind hatte sich wieder gelegt. Die dürren Grashalme standen aufgerichtet wie Stacheln aus Kupferdraht. Ein feines Klingen erfüllte die Luft, wurde schwächer, erstarb in der Ferne. Still wie der Tod wurde es ringsum. Die beiden Frauen standen in dem dürren Gräsergewirr und beobachteten die Krähe. Sie hockte mit eingezogenem Kopf noch immer auf dem wie ein Pinselstiel in die Luft ragenden Ast – wirkte wie aus Eisen gegossen.

Die Zeit verstrich. Immer mehr Friedhofsbesucher, alte und junge, fanden sich ein und verteilten sich an den Gräbern.

Ohne zu wissen warum, glaubte Mutter Hua eine drückende Last von sich genommen. Sogleich dachte sie ans Fortgehen.

»Wir wollen heim jetzt!« drängte sie.

Die andere Frau seufzte tief auf. Mit einer müden Bewegung nahm sie die Eßschalen und den Reistopf vom Boden auf, zögerte noch ein wenig, wandte sich schließlich langsamen Schritts ab. Unentwegt murmelte sie, sich selbst fragend, vor sich hin:

»Was das nur bedeuten soll...«

Nach zwanzig oder dreißig Schritten hörten sie hinter sich ein lautes »Krah«. Erschrocken blickten beide zurück – sie sahen die Krähe die Flügel ausbreiten, den Körper straffen und wie ein Pfeil abfliegen – dem unendlichen Himmelsraum entgegen.

(Übersetzt von Johanna Herzfeldt)

YE SHENGTAO

Reis

»Zeit für den Unterricht! Wo ist denn euer Lehrer?«

Die Mauern des aus zwei Räumen bestehenden alten Hauses neigen sich nach vorn wie ein Rachitiskranker. Der schlammige Weg führt an der Tür vorbei zu den Feldern, zum Flußufer und zum Marktplatz im Dorf. Es herrscht ein Wetter wie zur Herbstmitte. Am blaßblauen Himmel schwimmen fischschuppenartig angeordnete weiße Wolken. Die Morgensonne wirft ihre Strahlen auf die Weiden, und das Blattwerk leuchtet in zartem Frühlingsgrün. Über sich weithin erstrekkende Felder, auf denen sich die Reispflanzen im sanften Wind wiegen, scheinen Meereswellen zu fluten. Weiter hinten – das Dorf, umschlossen von einem Ring Bäume. Ein Bild voller feierlicher Schönheit und Stille. Von ferne ist leises Hundegebell zu hören. Wahrhaftig ein Motiv, wie geschaffen für einen Dichter!

Doch die Menschen, die hier leben, sind keine Dichter.

Die sechs, sieben Kinder im Klassenzimmer hat gerade jetzt unvorstellbare Angst gepackt. Zu Beginn des Herbstes ist der Fluß angeschwollen und hat die Reisfelder überschwemmt, so daß die Pflanzen kaum noch die Wasseroberfläche überragen. Die Eltern klagen von früh bis spät:

»Der Tag, an dem wir vor Hunger sterben, ist nicht mehr fern!«

Die Kinder finden das sehr seltsam und fragen:

»Aber wir bebauen doch die Felder, wie können wir da vor Hunger sterben?«

»Seht ihr denn nicht, daß der Reis ganz unter Wasser steht und daß keine Pflanze auch nur ein Korn bringen wird?«

»Hätten wir nicht im vorigen Jahr so viel verkauft, wäre jetzt alles in Ordnung.«

»Wer wollte denn schon verkaufen?« entgegnen die Eltern. »Und was versteht ihr überhaupt davon?«
»Wir gehen nicht in die Schule und helfen alle nach Kräften mit, das Wasserrad zu treten.«
»Und wohin sollen wir das Wasser schöpfen? Im Fluß steht es genauso hoch wie auf den Feldern!«
Nun glauben die Kinder, daß die Alten doch klüger sind und daß ihnen der Hungertod tatsächlich dicht bevorsteht. Tot sein ist wie schlafen, denken sie. Alles wird undeutlich und versinkt im Dunkel. Wenn man gestorben ist, kann man nicht mehr essen, nicht mehr spielen und sich nicht mehr bewegen. Wahrscheinlich ist man gefesselt und weiß nicht, wann die Fesseln gelöst werden...
Bei diesem Gedanken empfinden sie schreckliche Furcht, denn niemand weiß genau, wie es ist, vor Hunger zu sterben. Daß es aber so kommen wird, scheint gewiß. Unwillkürlich benehmen sie sich anders als gewöhnlich: sie haben keinen Spaß daran, sich gegenseitig zu jagen, und spektakeln nicht so laut und fröhlich herum wie sonst. Sie sitzen still im Klassenzimmer und reden im Flüsterton von ihren Erlebnissen beim Grillenfang. Aus ihren Stimmen klingen Angst und Kummer.
Auf der linken Seite des Klassenzimmers steht ein Bett mit einem kahlen Tisch am Kopfende. In einer Ecke des Raumes, am Herd, türmen sich Töpfe, Pfannen, Krüge, Holzscheite und was dergleichen mehr ist. All das liegt im Halbdunkel und ist kaum zu erkennen. Nur durch ein winziges Loch in der Wand fällt ein schräger Sonnenstrahl ins Zimmer und läßt die Unebenheiten des Lehmbodens deutlich hervortreten. Eine hölzerne Trennwand teilt den Raum in zwei Hälften. Auf beiden Seiten sind die Fenster weit geöffnet, doch rechts ist es viel heller. Schief hängt eine kleine schwarze Tafel an der hölzernen Wand. Außer einem abgenutzten rechteckigen Tisch und einem knappen Dutzend Tischen und Stuhlpaaren für die Schüler stehen keine Gegenstände im Klassenzimmer. Aber nicht einmal die wenigen sind ordentlich aufgestellt.

Sieben Kinder sitzen da beieinander, stecken die Köpfe zusammen und sprechen vom Grillenfang. Zuerst reden sie sehr leise, doch schon bald gibt es nichts anderes mehr für sie auf der Welt als Grillen, und es wird lauter. Ein Junge schlägt mit der Hand auf den Tisch und schildert voller Begeisterung: »So eine Riesengrille! Sie saß in den Maiswurzeln. Zack – und schon hatte ich sie! Die drei andern hat sie alle totgebissen. Sie...«
In diesem Augenblick tritt durch die Tür neben der Tafel ein Mann ins Klassenzimmer. Die Blicke der Kinder richten sich auf ihn. Selbst der Junge, der gerade lauthals von seiner Riesengrille berichtet, verstummt. Der Mann ist den Kindern bekannt, wenn auch nicht sehr genau. Ihre Eltern sagen von ihm: »Er ist ein sehr ehrenwerter Herr, geht im Yamen ein und aus und spricht oft mit den Kreisbeamten.« Und weiter sagen sie: »Er ist der Vorgesetzte eures Lehrers, ja, der Lehrer fürchtet ihn sogar.« Mehr wissen die Kinder nicht. Doch sie finden ihn überhaupt nicht zum Fürchten, im Gegenteil, seine tadellose Kleidung gefällt ihnen sehr.
Der Mann ist mit freundlicher Miene ins Klassenzimmer getreten. Nachdem er sich jedoch nach allen vier Seiten umgesehen hat, runzelt er plötzlich die Stirn, und sein Gesicht verfinstert sich. Schließlich stellt er den Schülern in herablassendem Ton die Frage, mit der die Erzählung beginnt.
Herr Wu trägt in der einen Hand einen Bambuskorb, in dem Rettich, Bohnenkäse, Flaschen mit Öl und derlei Dinge mehr liegen, in der anderen Hand hält er einen großen gesalzenen Fisch. So hastet er aus Richtung der Felder heran, auf denen die Erde unter den übermäßigen Wassermengen zu faulen beginnt. Sein hageres Gesicht ist bis zum Hals hinab gerötet. Ohne wirklich etwas zu sehen, hält er den Blick starr auf den Weg vor seinen Füßen gerichtet. Sein Atem geht stoßweise, fast keuchend.
Er kennt die Neuigkeit schon. Eine Frau, die ihm begegnet ist, hat zu ihm gesagt: »Beeilen Sie sich, der Herr Schulinspektor ist gekommen. Gerade habe ich gesehen, wie er zur

Schule gegangen ist. Sein Boot liegt hinter dem östlichen Zaun.«
Welch entsetzliche Nachricht! Herr Wu zittert am ganzen Körper und kann keinen klaren Gedanken mehr fassen. In äußerster Eile setzt er einen Fuß vor den anderen, seine Augen stieren nach vorn, als würden sie ihm nicht mehr gehorchen.

Es war für Herrn Wu nicht leicht gewesen, die Lehrerstelle zu bekommen. Nur durch die eindringliche Empfehlung eines ihm bekannten Beamten gelang es ihm, sich bei einem Mitglied der Kommission für Schulwesen anzumelden. Da hatte sich in seinem Kopf eine bestimmte Hoffnung festgesetzt, und so wartete er nur noch auf die gute Nachricht. Früher unterhielt er eine Gastwirtschaft im Dorf und verdiente in einer Saison nicht wenig. Doch auf seinen Schultern lastete der Unterhalt der Familie, und er spürte, daß er es nicht mehr lange schaffen würde. Er mußte unbedingt eine andere Möglichkeit finden, die nun schon sehr nahe schien, wie sollte er da nicht hoffen?
Ein Jahr lang hoffte er vergebens und hatte es nicht einmal mehr im Traum erwartet, als er einen Brief von dem Mitglied der Kommission für Schulwesen erhielt. Darin stand, daß er zu ihm kommen solle, es gebe etwas zu besprechen. Dies konnte gewiß nur das Ergebnis der Empfehlung des bekannten Beamten sein. Er las den Brief viele Male und war sich dann sicher, keine falschen Hoffnungen zu hegen. Er mußte nur schnell hingehen, dann würde daraus etwas werden. Aber er spürte doch ein beklemmendes Gefühl in der Brust.
Als er zum drittenmal dort war und bereits nicht mehr damit rechnete, das Mitglied der Kommission für Schulwesen je zu Gesicht zu bekommen, war der Mann dann doch für ihn zu sprechen. Herr Wu setzte sich also auf die Kante eines Stuhles am unteren Ende des Raumes, in dem er empfangen wurde. Dabei beugte er den Oberkörper nach vorn, um das Gleich-

gewicht zu bewahren. Er dachte jetzt nur daran, alles auf eine Karte zu setzen, und war vor Aufregung ganz benommen. Nicht einmal den Raum, in dem er sich befand, und den Mann, der ihm gegenübersaß und redete, nahm er deutlich wahr. Das Mitglied der Kommission für Schulwesen lehnte, nur mit einem Unterhemd bekleidet, bequem in einem Korbstuhl. Den Kopf in die rechte Hand gestützt, sah der Mann Herrn Wu von der Seite her an. Ungute Gedanken überkamen ihn plötzlich. Er wußte nicht, weshalb, doch Herr Wu war ihm unsympathisch. Unwillig sagte er:
»Kinder zu unterrichten ist keine leichte Sache.«
Herr Wu fühlte sich äußerst unbehaglich, Schweißtropfen traten ihm auf die Stirn. Bei sich dachte er, daß es tatsächlich keine leichte Sache sei, aber er brachte nur mit zitternder Stimme ein leises »Nein« hervor.
»In der zweiten Volksschule im Dorf haben wir keinen Lehrer. Ich wollte Sie eigentlich für diese Stelle nehmen, aber Sie haben ja kein pädagogisches Institut besucht, nicht wahr?«
»Nein...« Herr Wu war enttäuscht, doch sein Gegenüber hatte die Frage so gestellt, daß es wohl oder übel nur diese eine Antwort gab.
»Das macht die Sache schwierig. Die Schulpflichtigen sind alle Bauernkinder. Ein Lehrer, der nichts von Unterrichtsmethoden versteht, kann da keinen Erfolg haben.«
Im Zimmer war es einen Augenblick lang totenstill, Herr Wu fühlte seinen Puls rasen. Er schöpfte mühsam Atem und sagte unter Aufbietung all seiner Kräfte:
»Es gibt viele Bücher über Unterrichtsmethoden, ich kann mir eins kaufen und es lesen. Außerdem bin ich bereit, Ihre Anweisungen zu befolgen.«
»Nun, wir werden ein andermal darüber reden.« Mit diesen Worten des Mitglieds der Kommission für Schulwesen war das Gespräch beendet.
Als Herr Wu hinausging, waren all seine Hoffnungen zunichte. Das Mißgeschick führte ihn zurück auf seinen düste-

ren Weg. Er hatte entsetzliche Angst, und es blieb ihm keine andere Wahl, als noch einmal zu dem ihm bekannten Beamten zu gehen und um Unterstützung zu bitten. Der Beamte schrieb einen Brief für ihn. Und nur aufgrund dieses Briefes saß er dann erneut im Empfangszimmer des Mitglieds der Kommission für Schulwesen.

»Ich wollte eigentlich einen Absolventen eines pädagogischen Institutes nehmen«, sagte der Mann mit ernster Miene, »aber da ich nun diesen Brief bekommen habe, setze ich Sie auf diese Stelle.«

Nein, es ist kein Irrtum, ich habe es ganz deutlich gehört, er ist einverstanden! fuhr es Herrn Wu durch den Kopf. Sein Herz bebte vor Erregung. Eine Antwort brachte er nicht heraus, nur sein Kopf neigte sich wie von selbst noch tiefer.

»Bei uns ist es üblich, daß Lehrer ohne pädagogische Ausbildung sechs Yuan im Monat erhalten. Übermorgen können Sie mit dem Unterricht beginnen.«

»Gut, gut.« Herr Wu nickte und ging.

In diesem Moment begann sein neues Leben. Einen Monat später aber erlebte er eine Überraschung. Als er zu dem Mitglied der Kommission für Schulwesen kam, um sein Gehalt entgegenzunehmen, erhielt er nur drei Yuan. Die restlichen drei Yuan sollte er zehn Tage später bekommen, das Mitglied der Kommission für Schulwesen ließ ihn jedoch eine Quittung über die gesamte Summe unterschreiben.

Seltsam, dachte Herr Wu, er gibt mir drei Yuan, und ich unterschreibe für sechs? Aber seine ängstliche und bescheidene Natur hinderte ihn daran, den Mund zu einer Frage aufzutun. Immerhin habe ich keine pädagogische Ausbildung, und viele Absolventen pädagogischer Institute suchen eine Stelle. Sechs Yuan sind doch wesentlich mehr, als ich in der Gastwirtschaft verdient habe... Er begrub die Zweifel im hintersten Winkel seines Herzens und ging mit den drei Yuan in der Tasche nach Hause.

Drei, vier Kinder antworten zugleich auf die Frage des Mitglieds der Kommission für Schulwesen:
»Er ist einkaufen gegangen... Bohnenquark und Zwiebeln.«
Einige kichern verstohlen.
»Welche Pflichtverletzung! Jetzt noch nicht zurück zu sein!«
Das Mitglied der Kommission für Schulwesen spricht leise mit sich selbst. Nach einer kurzen Pause: »Macht er das jeden Tag?«
»Ja, jeden Tag, er will doch essen!« antwortet ein Junge mit einem dicken Zopf.
Ein anderer sagt:
»Manchmal kauft meine Mutter etwas für ihn ein.«
»Glauben Sie ihm nicht, aber...« Das sehr zungenfertige Kind mit den silbernen Ohrringen ist noch nicht zu Ende gekommen, als Herr Wu hereinstürzt. Seine Hände sind leer. Was er getragen hat, liegt wahrscheinlich schon in der Küchenecke. Er sieht das Mitglied der Kommission für Schulwesen mit ärgerlichem Gesicht neben der Tafel stehen und weiß nicht, wie er sich verhalten soll. Unsicher wiegt er seinen Körper nach links und rechts, legt die Hände zusammen und neigt den Kopf zum Gruß. Das Mitglied er Kommission für Schulwesen nickt und sagt barsch:
»Es ist längst Unterrichtszeit, und Sie kommen erst jetzt!«
Herr Wu würde gern etwas Passendes darauf entgegnen, aber wie soll ihm etwas einfallen? Seine ängstliche und linkische Art bringt die Kinder zum Lachen. Es ist unmöglich, etwas zu bemänteln, er muß die Wahrheit sagen und stottert undeutlich, mit zitternder Stimme:
»Ich habe etwas cingekauft und dachte nicht, daß ich so spät zurückkommen würde.«
»Sie haben etwas eingekauft!« Die Stimme des Mitglieds der Kommission für Schulwesen ist laut. »Die Zeit ist heran, die Schüler sitzen hier und warten, und Sie gehen einkaufen!«
»Es wird nicht wieder vorkommen«, entfährt es Herrn Wu.

Die Kinder fangen plötzlich laut zu lachen an, sie zeigen auf ihn und tuscheln einander zu: »Der Herr Lehrer will nichts mehr einkaufen! Der Herr Lehrer will nichts mehr essen!«

Das Mitglied der Kommission für Schulwesen findet, daß Herr Wu wirklich ein schlechter Lehrer ist; je länger der Mann ihn ansieht, um so unsympathischer wird er ihm. Er scheint ihm nicht genug Begeisterung für das Unterrichten aufzubringen und nicht bereit zu sein, alle Kraft für die Erfüllung seiner Pflichten zu geben. Doch dann fällt ihm ein, weshalb er gekommen ist, und er hält an sich. Erschöpft vom Stehen, pustet er ein paarmal über einen freien Stuhl, streicht dann mit ernster Miene seinen langen Rockschoß glatt, als fürchte er, ihn zu zerknittern, und setzt sich ganz langsam hin. Den Kopf stützt er in die rechte Hand, die Augenbrauen sind leicht nach oben gezogen. Dennoch versucht er, möglichst gelassen zu blicken bei den Worten:

»Das ist aber wirklich nicht in Ordnung! So wenig Schüler! In Kürze wird ein Schulinspektor aus der Provinz eine Kontrolle machen. Wenn er sieht, daß Sie nur die paar Schüler haben, könnte er glauben, die Schule ist schlecht. Um Ihres guten Rufes willen sollten Sie wenigstens so um die zehn Schüler herbeischaffen. Es spielt keine Rolle, wo sie herkommen, Sie müssen ihnen nur beibringen, still dazusitzen. Eigentlich ist das nicht meine Sache, es betrifft Sie, kümmern Sie sich also darum.« Nachdem er geendet hat, streicht er sich mit der linken Hand über die Oberlippe in der Manier, in der sich ein alter Mann den Schnurrbart streicht. Sein Blick ist unverwandt auf Herrn Wu gerichtet.

Herrn Wu ist zumute, als würden unsichtbare Fesseln von ihm abfallen, er fühlt sich wie befreit. Tiefe Dankbarkeit tritt an die Stelle der Angst und steigert sich zu einem unbeschreiblichen Hochgefühl. Obwohl er keine Vorstellung davon hat, wie er Kinder herbeischaffen soll, kommt es ihm nicht in den Sinn, danach zu fragen. Er legt nur die Hände vor der Brust zusammen und sagt leise:

»Ich danke Ihnen für den Hinweis! Vielen Dank!«
Plötzlich fällt ihm etwas ein: Ist dies nicht eine günstige Gelegenheit? Zweimal war ich bei ihm und habe ihn nicht angetroffen, jetzt ist er zu mir gekommen! Und Mut wallt in ihm auf und läßt ihn aussprechen, was ihn bewegt:
»Im vergangenen Monat...« Weiter spricht er nicht, denn schon spürt er, daß es nicht gut gewesen ist, davon anzufangen.
»Was war im vorigen Monat?« fragt das Mitglied der Kommission für Schulwesen schroff.
»Im vorigen Monat...« Herr Wu ist völlig durcheinander, er wagt nicht, seinen Vorgesetzten anzusehen, und findet auch jetzt nicht den Mut, weiterzusprechen.
»Reden Sie rundheraus!«
Herrn Wu ist klar, daß er nun nicht mehr schweigen kann, er nimmt allen Mut zusammen und sagt:
»Ich bitte darum, mir die zweite Hälfte des Geldes für den vorigen Monat auszuzahlen, die ich noch nicht bekommen habe.« Kein Wort mehr kann er hervorbringen.
»Wozu brauchen Sie es denn?«
»Es ist für Essen. Ich warte auf das Geld.«
»Haben Sie nicht gerade etwas zu essen eingekauft? Was wollen Sie denn noch?«
»Meine Familie... noch drei Personen. Ich denke ja nicht nur an mich. Sie warten doch.«
Das Wort »essen« ist den Kindern besonders deutlich in die Ohren gedrungen. Als sie sahen, daß der Lehrer und der Besucher sich unterhielten, hatten sie erst einmal ihre eigenen Gespräche vergessen. Jetzt schein es, als seien sie plötzlich aufgewacht. Der Junge mit dem dicken Zopf zupft seinen Vordermann am Hemd und sagt leise:
»Hast du gehört, beim Herrn Lehrer zu Hause warten sie darauf, daß er ihnen etwas zu essen bringt. Tut er es nicht, werden sie bald vor Hunger sterben.«
»Der Lehrer ist viel reicher als wir! Wenn unsere Knochen längst zerfallen sind, wird sein Bauch immer noch dicker

werden. Also rede nicht so einen Unsinn!« widerspricht das Kind mit den silbernen Ohrringen.
»Werden wir wirklich vor Hunger sterben, und unsere Knochen werden zerfallen?« fragt ein schmächtiges Kerlchen mit angsterfüllten Augen.
»Wenn du heute nach Hause gehst und nichts zu essen kriegst, wirst du morgen vor Hunger sterben, und übermorgen zerfallen deine Knochen und werden zu Staub.« Der Junge mit den silbernen Ohrringen blickt überaus zufrieden drein bei diesen Worten.
Das schmächtige Kind fragt nicht weiter, düstere und furchterregende Gedanken haben sich seiner bemächtigt.
Herr Wu fühlt sich sehr unbehaglich. Er hat gehofft, daß die Kinder stillbleiben würden, doch sie rutschen nicht nur auf ihren Plätzen hin und her, sondern reden auch noch durcheinander, als wären sie allein im Raum. Herr Wu wirft ihnen ein paar strenge Blicke zu, die keine Wirkung haben. Die Schüler sind wirklich dumm, sie begreifen nicht, was in ihrem Lehrer vor sich geht. Er macht eine unwillige Handbewegung und sagt laut und zornig: »Ruhe!« Wie nach einem kalten Guß verstummen die Kinderstimmen. Die Schüler sehen auf Herrn Wu und setzen sich ordentlich hin. Ihre Stühle, die das Schaukeln und Kippeln nicht mehr gut vertragen, knarren.
Das Mitglied der Kommission für Schulwesen läßt die rechte Hand sinken und richtet sich auf. Verwundert und mit ernstem Gesicht sagt der Mann zu Herrn Wu:
»Ein Lehrer, der nicht gewissenhaft arbeitet, wird in der Regel entsprechend bestraft. Die angemessene Strafe in Ihrem Fall heute beträgt ein Drittel Ihres Gehaltes!« Er zieht ein Geldstück aus der Tache und wirft es auf den Tisch. Über das helle, klirrende Geräusch sind die Kinder erstaunt. »Da, das steht Ihnen zu! Nehmen Sie es!«
Nie hätte Herr Wu diesen Gang der Dinge erwartet. Er möchte sich rechtfertigen, aber er kann keinen zusammenhängenden Gedanken fassen und bringt keinen Laut über die

Lippen. Was dort wie Schnee auf dem Tisch schimmert, ist immerhin ein Silberdollar. Mechanisch greift er danach und spürt ihn hart und kalt in seiner Hand.

(Übersetzt von Sylvia Nagel)

LAO SHE

Nachbarn

Frau Ming war immer auf der Hut. Sie hatte Herrn Ming bereits Kinder geboren und ging auf die Vierzig zu, und trotzdem ließ sie sich noch Dauerwellen machen und hegte von früh bis spät alle möglichen Befürchtungen. Sie kannte ihr Handicap: sie konnte nicht lesen und schreiben. Sie tat, was in ihrer Macht stand, um diesen Mangel wettzumachen. Ihre Kinder und ihren Mann umsorgte sie bis ins kleinste. Sie ließ ihren Kindern alles durchgehen, wagte nie, sie zu maßregeln. Da sie wußte, daß sie im Rang tiefer stand als ihre Kinder, traute sie sich nicht, sie in Gegenwart ihres Mannes ihre Autorität spüren zu lassen. Sie war ja nur dank des Vaters der Kinder deren Mutter. Sie mußte auf der Hut sein. Ihr Mann war ihr ein und alles; sie konnte doch nicht die Kinder ihres Mannes schelten und schlagen. Sie wußte, daß er ihr das Unerträglichste antun konnte, sollte er sich über sie ärgern. Er konnte einfach eine andere Frau nehmen, und sie wäre machtlos dagegen.

Sie war mißtrauisch. Vor allem Geschriebenem gegenüber. Hinter den Schriftzeichen verbargen sich Geheimnisse, die für sie nicht zu enträtseln waren. Aus diesem Grunde haßte sie jene Ehefrauen und Fräuleins, die schreiben konnten. Umgekehrt waren ihr Mann und ihre Kinder jenen schreibenden und lesenden Frauen in keiner Weise unterlegen. Sie konnte nicht umhin, ihre Klugheit, ihr Glück und ihre Position anzuerkennen. Sie ließ niemanden etwas Schlechtes über ihre Kinder sagen, etwa daß sie frech seien. Das hätte indirekt auch etwas Schlechtes über die Mutter ausgesagt, und das hätte sie nicht ertragen. Sie tat alles, was ihr Mann sagte, und in zweiter Linie das, was die Kinder sagten. Darüber hinaus wußte sie alles besser als andere. Was Nachbarn und Dienstboten anging, so dachte sie ständig darüber nach, wie sie sich bei ihnen Respekt verschaffen konnte. Wenn ihre Kinder sich mit anderen rauften, konnte sie sich todesmutig ins Kampfgetümmel stürzen. Die Leute sollten wissen, mit wem sie es zu tun hatten. Sie war Frau Ming, und ihr Machtanspruch spiegelte die Autorität ihres Mannes wider, so wie uns der Mond den Ruhm und Glanz der Sonne nicht vergessen läßt.

Sie haßte Dienstboten, weil diese ihr Geringschätzung entgegenbrachten. Nicht, daß sie die höfliche Anrede »Taitai« weggelassen hätten. Doch ab und zu ließen sie eine Spur von Überheblichkeit erkennen, die Frau Ming das Gefühl gab, sie wollten sagen: »Wenn du dein Kleid ausziehst, dann sind wir alle gleich. Vielleicht bist du dann noch dümmer als wir.« Je umsichtiger Frau Ming irgend etwas in die Hand nahm, desto deutlicher ließen sie sie diese Überheblichkeit spüren, was Frau Mings Haß noch steigerte. Frau Ming kündigte ihren Dienstboten oft, denn dies war das einzige Mittel, ihrem Ärger Luft zu verschaffen.

Herr Ming regierte seine Frau zwar wie ein Diktator, doch was das Gewährenlassen der Kinder, die Streitereien mit den Nachbarn und das Hinauswerfen von Dienstboten betraf, so ließ er ihr freie Hand. Er war der Meinung, seine Frau verschaffte auf diese Weise der Familie Ming Respekt. Er war ein fleißiger und von sich selbst eingenommener Mann. Im Innersten verachtete er seine Frau, aber er ließ es nicht zu, daß andere sie geringschätzten. Schließlich war sie trotz allem seine Gattin. Er konnte keine zweite Frau nehmen, da er für einen Ausländer arbeitete, der nicht nur reich, sondern auch bigott war. Eine Scheidung oder die Heirat einer zweiten Frau hätte ihm »die Reisschale zerbrochen«. Er hatte sich also mit dieser Frau abzufinden, und deshalb ließ er es nicht zu, daß irgend jemand sie geringschätzte. Er durfte sie schlagen, aber keinem anderen war es erlaubt, sie auch nur scheel anzusehen. Da er seine Frau nicht lieben konnte, überschüttete er die Kinder mit seiner Affenliebe. Alles war besser, was ihm gehörte. Das galt natürlich auch für seine Kinder.

Herr Ming trug den Kopf sehr hoch. Er konnte sich vor seiner Frau sehenlassen, er liebte seine Kinder, verdiente gutes Geld in seinem Beruf und verzettelte sich nicht in irgendwelchen Liebhabereien. Er verehrte sich selbst fast wie einen Heiligen. Er war auf niemanden angewiesen, hatte also keine Veranlassung, höflich zu sein. Tagsüber ging er zur Arbeit, abends kam er heim und spielte mit den Kindern. Er las nie in Büchern, denn Bücher konnten ihm nichts geben. Er wußte bereits alles. Wenn Nachbarn ihn mit einem Kopfnicken grüßten, sah er weg. Er lebte in keinem Staat, in keiner Gesellschaft. Und doch hatte er ein Ideal: er wollte Geld sparen, bis er so sicher und so unabhängig war wie ein kleiner Berg.

Trotz alledem spürte er eine gewisse Unzufriedenheit in sich. Er sagte sich selbst, er müsse zufrieden sein – aber anscheinend gab es etwas im Leben, das nicht der eigenen Disposition unterlag. Und dieses Etwas war auch nicht durch anderes zu ersetzen. Er sah ganz klar, daß er einen schwarzen Fleck in sich trug, so wie ein Kristall einen kleinen Gegenstand umschließt. Bis auf diesen Fleck war er, das war seine stolze Überzeugung, durchsichtig wie reines Glas und ohne Makel. Nur jener schwarze Fleck war nicht zu entfernen und wuchs und wuchs in seinem Inneren. Er wußte, daß seine Frau jenen schwarzen Fleck kannte. Und eben dieser Fleck war die Ursache dafür, daß sich Frau Ming so viele Gedanken machte. Sie hatte alles getan, um den Fleck wegzubekommen, aber er wurde immer größer. Sie konnte aus dem Lächeln ihres Mannes, aus seinen Blicken auf die Größe des Fleckes schließen, doch sie wagte es nicht, Hand an ihn zu legen. Es war ein Sonnenfleck, von dem man nicht wußte, wie heiß er war. Seine Hitze, das war ihre Befürchtung, würde irgendwann auf irgend jemand zukommen. Sie mußte Vorkehrungen treffen.

Herrn Mings Kinder hatten die Weintrauben der Nachbarn gestohlen. Die Trennmauer im Hof war niedrig, und die Kinder pflegten immer wieder hinüberzuklettern und Blumen und dergleichen zu stehlen. Die Nachbarn, ein junges Ehepaar Yang, hatten wegen dieser Vorkommnisse noch nie etwas gesagt, obwohl sie ihre Pflanzen sehr liebten. Herr Ming und Frau Ming ermunterten ihre Kinder nicht gerade zum Stehlen, aber nachdem es nun einmal passiert war, war es sinnlos, sie nachträglich zu tadeln. Überdies konnte man ja Gartengewächse nicht mit anderen Dingen auf eine Stufe stellen; es war noch kein Weltuntergang, wenn ein paar Pflanzen abgebrochen wurden. Die Mings hätten es auch für eine Zumutung gehalten, wenn ihre Nachbarn bloß wegen ein paar von ihren Kindern stibitzten Blüten herübergekommen wären. Und nachdem sie tatsächlich nicht kamen, ging Frau Ming noch einen Schritt weiter und folgerte, die Yangs müßten Angst vor der Familie Ming haben und trauten sich nicht zu protestieren.

Herr Ming hatte ohnhin gewußt, daß die Yangs ihn fürchteten. Nicht daß diese jungen Leute ihre Furcht irgendwie offen zu erkennen gegeben hätten: Herr Ming war der Ansicht, daß ihn jedermann zu fürchten hatte. Er war ein Mensch, der stets erhobenen Hauptes durch die Straßen ging. Und außerdem: Die Yangs waren Lehrer, eine Sorte von Menschen, für die Herr Ming nur Geringschätzung übrig hatte. Er vertrat stets die Meinung, Lehrer seien arme Schlucker, Leute ohne Zukunft. Was seine Abneigung gegen Herrn Yang noch verstärkte, war die Tatsache, daß Frau Yang sehr hübsch war. Er verachtete Lehrer, aber mit Lehrerinnen – sofern sie gut aussahen – war das etwas anderes. Daß jedoch der arme Schlukker Yang eine so gut aussehende Frau hatte, die zehnmal besser war als seine eigene, das mußte Haßgefühle in ihm entfachen. Von einer anderen Seite betrachtet: Daß eine so schöne Frau einen Lehrer heiratete, bewies vielleicht, daß sie nicht berechnend war. Deshalb hatte er eigentlich die Absicht, Frau Yang nicht zu hassen, was ihm aber nicht gelang. Was Frau Ming von alledem bemerkte, waren die Blicke ihres Mannes, die immer wieder über die niedrige Trennmauer hinüberwanderten. Deshalb war es richtig, daß ihre Kinder

der Yang Blumen und Obst stahlen. Es war eine Art Bestrafung für sie. Sie hatte sich schon so einiges zurechtgelegt, was sie sagen würde, wenn die Yang es wagen sollte, den Mund aufzumachen.
Herr Yang war ein sehr moderner Chinese. Er trachtete danach, in jeder Lage durch Höflichkeit zu beweisen, daß er Erziehung genossen hatte. Was die Diebereien der Ming-Kinder betraf, so wollte er eigentlich überhaupt nichts sagen. Er schien zu glauben, daß die Mings, wenn sie Erziehung genossen hätten, von selbst kommen würden, um sich zu entschuldigen. Jemanden zu einer Entschuldigung zu zwingen erschien ihm als zu hart. Doch die Mings kamen nicht.
Herr Yang blieb trotzdem ruhig. Mochten die Mings unverschämt sein, er hatte die Absicht, seine Würde zu wahren. Als es dann zum Diebstahl der Trauben gekommen war, wurde selbst ihm das Ganze fast zuviel. Nicht daß es ihm um das bißchen Obst gegangen wäre, ihn ärgerte der Vorfall, weil es viel Mühe gekostet hatte, bis die Rebstöcke drei Jahre nach dem Pflanzen endlich Frucht getragen hatten. Es waren nur drei oder vier ganz kleine Reben, aber selbst die mußten die Kinder abbrechen und mitnehmen. Als sich Frau Yang entschloß, Frau Ming aufzusuchen und die Sache zu melden, wollte er sie nicht gehen lassen, obwohl er im Grunde seines Herzens dafür war. Seine Höflichkeit und sein Lehrerberuf siegten über seine Wut. Frau Yang war da anderer Ansicht. Sie müsse den Besuch machen, freilich in aller Höflichkeit und ohne Streit zu suchen. Herr Yang wollte seine Frau nicht mit zu großer Entschiedenheit zurückhalten; er befürchtete, sie könnte ihn für zu weich halten. So kam es, daß Frau Ming und Frau Yang aufeinandertrafen.
Frau Yang, höflich: »Sie sind Frau Ming? Ich heiße Yang.«
Frau Ming war sich klar darüber, warum Frau Yang kam, und sie haßte sie von ganzem Herzen.
»Hm, das weiß ich schon.«
Die Erziehung, die Frau Yang genossen hatte, ließ sie rot werden. Sie wußte nicht mehr, was sie sagen sollte. Aber sie

mußte irgend etwas sagen: »Äh, nichts Wichtiges, die Kinder, aber das ist kaum der Rede wert, sie haben ein paar Trauben weggenommen.«
»Wirklich?« antwortete Frau Ming in singendem Tonfall, »Kinder mögen eben Trauben. Ich hab' sie sie nicht essen lassen, sie spielen nur damit.«
»Aber das waren unsere Trauben.« Frau Yang wurde allmählich weiß. »Drei Jahre haben die Stöcke gebraucht, bis sie trugen!«
»Ich meine schon Ihre Trauben. Die waren übrigens sauer, ich hab' die Kinder nur damit spielen lassen. Ziemlich mickrig, Ihre Stöcke, daß sie nur so wenig hergeben!«
Frau Yang besann sich auf pädagogische Theorien: »Alle Kinder sind unartig, aber Herr Yang und ich lieben Gartenpflanzen sehr.«
»Herr Ming und ich lieben Gartenpflanzen ebenfalls.«
»Und wenn Ihre Pflanzen von anderer Leute Kinder gestohlen würden?«
»Wer würde das schon wagen!«
»Und wenn nun Ihre Kinder bei anderen Leuten stehlen?!«
»Bei Ihnen haben sie gestohlen, ja? Dann ziehen Sie doch am besten um. Unsere Kinder holen sich nun mal gern Trauben zum Spielen.«
Frau Yang brachte kein Wort mehr heraus. Mit bebenden Lippen kehrte sie in ihre Wohnung zurück. Sie weinte fast, als sie wieder bei ihrem Mann war.
Herr Yang tröstete sie. Er fand zwar, daß Frau Ming unrecht handelte, doch er hatte nicht die Absicht, etwas zu unternehmen. Frau Ming war für ihn primitiv. Wenn man mit primitiven Leuten einen Streit begann, vergab man sich etwas. Andererseits mußte er seine Frau, die das nicht gelten ließ, rächen. Er überlegte lange hin und her, bis er zu der Auffassung gelangte, Herr Ming könne doch nicht ebenso primitiv sein. Gut, er würde mit Herrn Ming in Kontakt treten. Besser nicht in direkten Kontakt, er würde einen Brief schreiben, einen sehr höflichen Brief, in dem er die Szene zwischen Frau

Ming und seiner Frau nicht erwähnen würde, auch nicht die Unartigkeit der Ming-Kinder. Er würde lediglich Herrn Ming ersuchen, seine Kinder dazu anzuhalten, in Zukunft keine Gartengewächse mehr zu zertrampeln. So handelt man als Mensch, der Erziehung genossen hat, dachte er. Und es fielen ihm schon wohlklingende Wendungen ein, wie »gedeihliche Nachbarschaft«, »zu ergebenstem Dank verpflichtet«, »wäre sehr erfreut« und derlei mehr. Er stellte sich vor, wie Herr Ming durch die Lektüre dieses Briefes eine innere Bewegung verspüren und persönlich vorsprechen würde, um sich zu entschuldigen...

Vollkommen zufrieden mit seinem Plan schrieb er einen durchaus nicht kurzen Brief und ließ ihn durch seine alte Dienstmagd überbringen.

Die Abfuhr, die sie ihrer Nachbarin erteilt hatte, machte Frau Ming stolz und zufrieden. Sie hatte sich schon lange gewünscht, es einmal einer wie der Yang richtig zu zeigen, und Frau Yang hatte ihr die Gelegenheit dazu gegeben. Sie stellte sich vor, wie Frau Yang zu Hause ihrem Mann alles erzählen würde und wie die beiden plötzlich ihren Fehler einsehen würden. Mochte es auch unrecht sein, wenn Kinder Trauben stehlen, so kam es doch darauf an, wessen Kinder es waren. Wenn die Kinder der Mings Trauben stahlen, hatte sich niemand darüber zu beklagen. Nun war wohl die Angst des Ehepaars Yang vor den Mings vollkommen. Frau Ming konnte nicht umhin, sich zu freuen.

Nun brachte die Dienstmagd der Yangs den Brief. Frau Ming war auf der Hut. Ganz klar, das war ein Brief, den die Yang an Herrn Ming geschrieben hatte, um sie schlechtzumachen. Sie haßte die Yang, und sie haßte Schriftzeichen. Und eine Yang, die schreiben konnte, haßte sie noch mehr. Sie entschloß sich, den Brief nicht anzunehmen.

Als die Dienstmagd mit dem Brief kehrtgemacht hatte, war Frau Ming ihre Sorge dennoch nicht los. Was wäre, wenn der Brief in Anwesenheit ihres Mannes noch einmal überbracht würde? Zwar war sie sich sicher, daß ihr Mann die Kinder liebte. Doch jener Brief war von der Yang verfaßt, und es war möglich, daß ihr Mann um der Yang willen einen Streit mit ihr vom Zaun brechen, sie vielleicht schlagen würde. Wenn er sie schlüge und die Yang würde es hören – das würde sie nicht überleben! Aus einem anderen Grund geschlagen zu werden, das hätte sie noch ertragen, aber wegen der Yang... Sie mußte Vorkehrungen treffen. Wenn ihr Mann heimkam, würde sie berichten, daß die Yangs wegen ein paar saurer Trauben ein großes Theater gemacht hätten und daß sie einen Brief angekündigt hätten, in dem sie eine Entschuldigung von ihm verlangen würden. Daraufhin würde ihr Mann den Brief niemals annehmen, und der Sieg wäre ihr sicher.

Während sie auf Herrn Ming wartete, legte sie sich zurecht, was sie sagen wollte. Sie bemühte sich, Wendungen einzuflechten, die ihr Mann selbst gern benutzte. Als Herr Ming schließlich nach Haus gekommen war, rührten ihre Worte kräftig an seine stark entwickelte Kindesliebe. Er hätte Frau Yang verziehen, wenn sie nichts Schlechtes über seine Kinder gesagt hätte. Doch da sie seine Kinder verachtete, gab es nichts mehr zu verzeihen.

Er verspürte eine heftige Abneigung gegen diese Frau: eine, die so einen armen Lehrer nahm, war bestimmt eine zwielichtige Person. Und die Nachricht von dem Vorhaben der Yangs, brieflich eine Entschuldigung zu fordern, rief erst recht seinen tiefsten Widerwillen hervor. Er konnte diese armen Schlucker nicht leiden, die wegen jeder Nichtigkeit den Schreibpinsel zückten. Als ein Mann, der für Ausländer arbeitete, wußte er, daß maschinengeschriebene und unterzeichnete Verträge einen Wert hatten. Er konnte sich nicht vorstellen, was Briefe von mittellosen Lehrern wert sein sollten. Richtig, wenn die Yangs den Brief noch einmal herüberschickten, würde er ihn keinesfalls annehmen. Zwar ließ ihn der schwarze Fleck in seinem Inneren wünschen, sich die Schriftzeichen der Frau Yang einmal anzusehen. Chinesische Schriftzeichen waren ihm eigentlich zuwider, aber es kam

auch darauf an, wer sie geschrieben hatte. Doch Frau Ming hatte dem vorgebaut. Herr Yang hätte den Brief geschrieben, sagte sie. Die verdammten Briefe eines Herrn Yang zu lesen, dazu fehlte Herrn Ming wirklich die Zeit. Er war der festen Überzeugung, ein Brief eines Chinesen, und wäre er der höchste Beamte, sei nicht soviel wert wie die Unterschrift eines Ausländers.
Frau Ming ließ ihre Kinder an der Tür warten, damit sie einen Brief der Yang sofort zurückweisen konnten. Auch sie selbst war nicht müßig und spähte alle Augenblicke zur Wohnung der Nachbarn hinüber. Im Hochgefühl ihres Erfolges kam sie auf alle möglichen Ideen. Sie schlug sogar ihrem Mann vor, das Haus zu kaufen, in dem die Yangs wohnten. Herr Ming erklärte sich einverstanden. Er wußte zwar, daß er das Geld dazu nicht hatte, aber der Vorschlag hörte sich vernünftig an, er tat ihm wohl. Ganz gleich, ob das Haus den Yangs nun gehörte oder ob sie es nur gemietet hatten: wenn die Mings es wollten, mußte es verkauft werden, keine Frage. Herr Ming hörte es gern, wenn seine Kinder sagten: Morgen kaufen wir dies oder das. Etwas zu kaufen war der vollkommenste Sieg. Er wollte Häuser kaufen, Grundstücke, Autos, Schmuck... Sooft er ans Kaufen dachte, spürte er seine Größe.
Herr Yang betrachtete die Nichtannahme des Briefs als gezielte Beleidigung und war nicht dafür, den Brief noch einmal überbringen zu lassen. Er kam sogar auf den Gedanken, sich mit Herrn Ming auf offener Straße zu prügeln. Doch das war nur so eine Idee. Seine Position erlaubte ihm solche Unzivilisiertheiten nicht. So sagte er zu seiner Frau, die Mings seien eine Familie von Kanaillen, und mit Kanaillen lasse man sich in keinen Kampf ein. Das erleichterte ihn etwas. Auch Frau Yang, die ihre Wut noch nicht losgeworden war, fiel nichts Rechtes ein. Sie hatte mit der Zeit das Gefühl, daß es eine undankbare Sache war, ein kultivierter Mensch zu sein. Ihre pessimistischen Ansichten dazu teilte sie ihrem Mann mit, was wiederum ihr Erleichterung verschaffte.

Während die beiden auf diese Weise ihrem Ärger Luft machten, kam die Magd mit einem Brief herein. Herr Yang entdeckte, daß er zwar seine Adresse trug, aber für Herrn Ming bestimmt war. Erst kam ihm der Gedanke, den Brief zu unterschlagen. Doch so etwas tat ein anständiger Mensch nicht. Er schickte seine Magd mit dem Brief ins Nachbarhaus.

Dort lag Frau Ming bereits in Lauerstellung. Als sie die Magd herüberkommen sah, verließ sie sich lieber nicht auf die Kinder, sondern nahm die Sache selbst in die Hand. »Nimm ihn wieder mit, den lesen wir nicht!« – »Aber es ist für Herrn Ming!« – »Ja eben, Herr Ming hat nicht die Zeit, eure Briefe zu lesen!« In Frau Mings Stimme lag Entschiedenheit. »Der ist falsch zugestellt worden, der ist nicht von uns«, erwiderte die Magd und hielt Frau Ming den Brief entgegen. »Falsch zugestellt?« Frau Mings Augäpfel rollten nur eine Sekunde, und schon war sie im Bilde. »Den soll euer Herr schön behalten. Ihr meint wohl, ich weiß nicht, was es mit dem Brief auf sich hat? Glaubt bloß nicht, ihr könnt mich hereinlegen!« Mit einem lauten »Peng« fiel die Tür ins Schloß.

Als die Magd mit dem Brief zurückkam, brachte das Herrn Yang in große Verlegenheit. Er hatte weder Lust, den Brief selbst abzugeben, noch konnte er sich entschließen, ihn zu öffnen und zu lesen. Außerdem hatte er jetzt auch Herrn Ming als Kanaille erkannt, hatte der sich doch sogleich in die Phalanx seiner Frau eingereiht. Was war nun mit dem Brief zu tun? Anderer Leute Briefe zu unterschlagen, das war etwas, was man nicht tat. Nach längerer Überlegung entschloß er sich, ihn in ein zweites Kuvert zu stecken und tags darauf mit der richtigen Hausnummer versehen in den Briefkasten zu werfen. Dazu mußte er auch noch Briefmarken aufkleben. Es war wirklich zum Lachen.

Am nächsten Morgen vergaß er in der Eile, den Brief mitzunehmen. Als er ihm in der Schule wieder einfiel, war es bereits zu spät. Doch er dachte sich, daß es nicht viel Unterschied machen würde, wenn ein nur mit gewöhnlicher Post geschickter Brief einen Tag später ankäme. Später, am Nach-

mittag, hatte er keine Lust, wieder aus dem Haus zu gehen. Er legte den Brief zu seinen Büchern, in der festen Absicht, ihn tags darauf abzuschicken.
Er wollte sich gerade zum Abendessen setzen, als es bei den Mings plötzlich Lärm gab. Als ein Mann, der auf sich hielt, lehnte Herr Ming es zwar ab, seine Frau laut zu schlagen, doch Frau Ming, die den passiven Part zu übernehmen hatte, kümmerte sich weniger um Äußerlichkeiten und schrie aus vollem Hals. Die Kinder wollten nicht untätig bleiben und stimmten mit ein.
Herr Yang konnte aus dem Gebrüll nicht heraushören, um was es ging, doch plötzlich fiel ihm jener Brief ein. Vielleicht war es ein wichtiger Brief, und vielleicht war bei Herrn Ming etwas schiefgelaufen, weil er den Brief nicht bekommen hatte, so daß er dann, kaum zu Hause, seine Frau zu schlagen begonnen hatte. Dieser Gedanke bereitete ihm höchstes Unbehagen. Er wollte den Brief öffnen, doch fehlte ihm dazu der Mut. Er tat es nicht, und das machte ihn so nervös, daß er seine Mahlzeit kaum hinunterbrachte. Nach dem Essen traf die Magd der Yangs mit der Magd der Mings zusammen. Die Fehde ihrer Herrschaften hinderte die Dienstboten durchaus nicht daran, unter sich weiter Umgang zu haben. Die Magd der Mings plauderte aus, daß Herr Ming die Herrin wegen eines Briefes, eines wichtigen Briefes, geschlagen habe. Als Herr Yang dies erfuhr, fand er keinen ruhigen Schlaf mehr. Es ging bestimmt um den Brief, den er noch bei sich aufbewahrte. Doch wenn er so wichtig war, warum hatte man ihn dann nicht per Einschreiben geschickt und auf eine korrekte Anschrift geachtet? Nach längerem Nachdenken führte er dieses Versehen schließlich auf die allgemeine Nachlässigkeit zurück, mit der Kaufleute seiner Meinung nach mit Schriftzeichen umgingen. Und Herr Ming bekam ja gewöhnlich kaum Briefe. Deshalb hatte der Postbote nur auf die Hausnummer, nicht auf den Namen geachtet. Vielleicht wußte er nicht einmal von der Existenz der Familie Ming. All dies ließ ihn an seine Überlegenheit denken. Herr Ming war eben eine

Kanaille; das einzige, was er konnte, war ein paar Geldscheine ergattern. Und weil Herr Ming eine Kanaille war, hatte er, Yang, das Recht, den Brief zu öffnen. Anderer Leute Briefe zu lesen war zwar ein Vergehen, aber wäre Herr Ming in solchen Dingen wohl ebenso kleinlich? Andererseits, was wäre, wenn ihm Herr Ming den Brief abforderte? Nein, es ging nicht. Wieder und wieder nahm er den Brief in die Hand, aber traute sich schließlich doch nicht, ihn zu öffnen. Abschicken wollte er ihn freilich auch nicht mehr. Es konnte nützlich sein, solch einen für Herrn Ming wichtigen Brief in Händen zu haben. Das war zwar auch nicht die feine, korrekte Art, aber wer hatte Herrn Ming auch geheißen, sich wie eine Kanaille zu verhalten, wer hatte ihn geheißen, sich mit den Yangs anzulegen? Eine Kanaille mußte bestraft werden. Die Weintrauben fielen ihm ein.

Lange sinnierte er hin und her, um am Ende seinen Entschluß doch wieder zu ändern. So kam der falsch zugestellte Brief am Tag darauf doch noch in den Briefkasten. Gleichzeitig warf Herr Yang seinen eigenen Brief ein, in dem er Herrn Ming ermahnte, seine Kinder besser im Zaum zu halten. Herr Ming, diese Kanaille, sollte eine Ahnung von der Höflichkeit und Freundlichkeit von Akademikern bekommen. Er erwartete nicht, daß Herr Ming bereute. Doch wenn er nur einsehen würde, daß ein Lehrer ein Gentleman war, dann war ihm das schon genug.

Herr Ming befahl seiner Frau, die Herausgabe des Briefes zu verlangen. Zwar kannte er den Inhalt bereits, da er mit dem Verfasser des Briefes zusammengetroffen war, doch hielt er es nicht für angezeigt, daß sich dieser Brief länger in den Händen dieses Yang befand. Die Sache verhielt sich so: Er hatte unter Ausnutzung seiner Stellung in der ausländischen Firma zusammen mit einem Freund unlautere Privatgeschäfte getätigt, was von jenem ebenso bigotten wie reichen Ausländer entdeckt worden war. Der Brief enthielt eine Vorwarnung seines Freundes, die es ihm ermöglichen sollte, sich seine Verteidigung zurechtzulegen. Nicht daß Herr Ming fürchtete, Herr Yang würde die Sache ans Licht bringen: für ihn gab es keine chinesische Regierung, er respektierte kein chinesisches Gesetz. Selbst wenn die Chinesen von den Transaktionen erführen, wäre das nicht so wichtig. Was er befürchtete, war, daß Herr Yang den Brief als Beweis für seine Machenschaften an den Ausländer schicken könnte. Herr Yang hatte in seiner Verschlagenheit bestimmt den Brief gelesen und würde nun darangehen, ihm, Ming, Knüppel zwischen die Beine zu werfen. Er selbst konnte den Brief nicht holen. Wenn er mit diesem Yang zusammenträfe, käme es bestimmt zu einer Prügelei. Denn Leute wie der waren ihm zutiefst verhaßt, und daß dieser Yang einmal eine tüchtige Abreibung brauchte, das war ihm schon mehr als einmal durch den Kopf gegangen. Er schickte also seine Frau, um den Brief zu holen. Schließlich hatte sie mit ihrer Ablehnung des Briefes den ganzen Schlamassel verschuldet. Er mußte sie bestrafen.

Doch Frau Ming wollte nicht, das war zuviel für sie. Lieber ließ sie sich noch einmal von ihrem Mann verprügeln, als daß sie vor den Yangs ihr Gesicht verlor. Sie versuchte, Zeit zu gewinnen. Als ihr Mann endlich gegangen war, spähte sie hinüber, um sicherzugehen, daß die Yangs schon aus dem Haus waren, und schickte ihre Magd zu der der Nachbarn.

Herr Yang hatte die beiden Briefe mit dem Gefühl der Selbstzufriedenheit in den Briefkasten geworfen. Er stellte sich vor, wie dieser höfliche Brief Herrn Ming zur Besinnung bringen und ihm Bewunderung für seinen Charakter und Briefstil einflößen würde.

Herr Ming wurde von dem Ausländer herbeizitiert und einem strengen Verhör unterzogen. Zum Glück war er durch die Unterredung mit jenem Freund, der die Adresse falsch geschrieben hatte, so vorbereitet, daß der Ausländer ihm mit seinen Fragen nichts anhaben konnte. Nur der Brief machte ihm noch Sorgen. Daß er ausgerechnet dem armen Schlucker Yang in die Hände geraten war! Er mußte diesen Yang bestrafen.

Zurück zu Hause, fragte Herr Ming sofort seine Frau, ob sie den Brief bekommen habe. Frau Ming, die immer auf der Hut war, schob die Schuld auf die Yangs, die den Brief nicht herausgäben. Das verdoppelte die Wut des Herrn Ming. Da wagte es doch dieser arme Schlucker, der nichts als ein lumpiger kleiner Lehrer war, sich mit ihm anzulegen. Pah! Er befahl: Seine Kinder mußten über die Mauer klettern und die Blumen der Yangs zertrampeln. Dann würde man weitersehen. Die Kinder waren glücklich. Sie zertrampelten die Blumen, bis keine mehr übrig war.
Die Kinder waren von ihrem Feldzug bereits zurückgekommen, als der Postbote mit der Nachmittagszustellung die zwei Briefe brachte. Herr Ming hätte kaum zu sagen gewußt, ob ihm die Briefe angenehm oder unangenehm waren. Der mit der falschen Adresse war ihm angenehm, da er sehen konnte, daß Herr Yang ihn nicht geöffnet hatte. Der von Herrn Yang war ihm unangenehm. Er machte ihm diesen armen Schlucker noch verhaßter. Nur ein armer Schlucker konnte so höflich sein, so ekelhaft höflich. Allein für diese Ekelhaftigkeit hatte er es schon verdient, daß man seine Blumen zertrampelte.
Herr Yang war auf dem Heimweg bestens gelaunt. Er hatte den Brief an den rechtmäßigen Empfänger weitergeleitet und seinem Nachbarn in höflicher Weise ins Gewissen geredet, was seine Wirkung bestimmt nicht verfehlen würde.
Doch als er in seinen Hof kam, war er sprachlos. Alles war übersät mit abgerissenen und zertrampelten Pflanzen; es sah aus, als wäre die Mülltonne Amok gelaufen. Er wußte, wer das gewesen war. Aber was war zu tun? Eigentlich wollte er kühl und überlegt handeln. Ein gebildeter Mensch wie er ließ sich nicht einfach zu irgend etwas hinreißen. Doch er brachte es nicht fertig, kühl und überlegt zu sein. Der Rest wilden Blutes in seinen Adern brodelte und kochte und machte es ihm unmöglich, noch lange nachzudenken. Er warf seinen Überrock hin, hob ein paar Ziegelsteine auf und zielte mit ihnen über die Mauer hinweg auf die Fenster der Mings. Das

Krachen und Poltern zeigte ihm, daß er schon einiges Unheil angerichtet hatte, aber er fühlte sich gut und warf weiter. Er hörte das Fensterglas splittern, und das machte ihn glücklich. Ihm war jetzt alles gleich. Er spürte nur noch, daß sein Tun lustvoll und heroisch war. Als wäre aus ihm, dem zivilisierten Menschen, ein Wilder geworden, spürte er plötzlich seine Kraft und seinen Mut. Aller Bindungen und Fesseln ledig, empfand er ein neues Lebensgefühl, das ihm so wohl tat, als stünde er splitternackt unter der Brause. Er fühlte sich jung und enthusiastisch, frei und verwegen.

Als er mit den Fensterscheiben so ziemlich fertig war, ging er hinein und ruhte sich aus. Er wartete darauf, daß Herr Ming kommen würde, um sich mit ihm zu schlagen. Aber davor hatte er keine Angst. Er paffte Zigaretten wie ein Soldat nach einer gewonnenen Schlacht. Er wartete und wartete, doch von Herrn Ming war weit und breit nichts zu sehen.

Herr Ming wollte nicht hinüber, weil er Herrn Yang jetzt nicht mehr so ekelhaft fand. Der Anblick der Glasscherben machte ihn zwar ärgerlich, war ihm aber auch nicht ganz unangenehm. Er spielte mit dem Gedanken, seinen Kindern das Stehlen im Garten der Yangs zu verbieten, was ihm früher unter keinen Umständen in den Sinn gekommen wäre.

Es waren die Glasscherben, die ihn auf diesen Gedanken brachten, und als er weiter überlegte, kam ihm auch Frau Yang in den Sinn. Der Gedanke an sie wiederum ließ ihn Haß auf Herrn Yang empfinden. Doch er spürte jetzt, daß es nicht dasselbe ist, jemanden zu hassen oder ihn ekelhaft zu finden. Im Haß steckt immer ein Stück Bewunderung.

Am nächsten Tag, es war ein Sonntag, kümmerte sich Herr Yang um die Pflanzen in seinem Hof, Herr Ming ging an die Reparatur seiner Fenster. Es schien Friede auf der Welt zu herrschen, und die Menschen schienen einander nun besser zu verstehen.

(*Übersetzt von Rupprecht Mayer*)

SHEN CONGWEN

Der Ochse

Da war also folgendes passiert: Dieser Mann, der im Marschland von Sangxi lebt und dem man den Spitznamen »Ochsenonkel« angehängt hatte, war damals im Buchweizenfeld wegen irgendeiner Kleinigkeit auf den jungen Zugochsen wütend geworden und hatte ihm mit dem Holzhammer eins übers Hinterbein gezogen. Gewöhnlich stand er zu diesem Ochsen wie zu einem Sohn, sie waren schließlich beide für ihren Lebensunterhalt voneinander abhängig, und selbst wenn er einmal mit ihm schimpfte, steckte darin nicht wenig Liebe, ganz als ob es sich um ein eigenes Kind handelte. Aber als der Zorn in ihm aufgelodert war, hatte er jede Selbstkontrolle verloren und sich gehenlassen, und so war es zu diesem ungewöhnlichen Vorfall gekommen. Zuerst hatte der »Ochsenonkel« es gar nicht so recht bemerkt. Aber als er den Ochsen am nächsten Tag hinausführen wollte, um das Buchweizenfeld fertig zu pflügen, war das Tier außerstande, wie sonst aus dem Stall zu trotten. Mit dem Hinterbein stimmte etwas nicht. Das hatte der »Ochsenonkel« nun also von seinem unbedachten Schlag!

Er sah jetzt, daß der Ochse nur mit Mühe auftreten konnte, und führte ihn am Halsstrick zu einem Pflock im Hof, hockte sich unter seinen Leib und zog das Bein zu sich heran, um es näher zu betrachten. Ganz behutsam untersuchte er es, und der Ochse schien zu begreifen, daß der Mann sich schuldig fühlte. Als wüßte er, wie sie zueinander standen, wandte er den Kopf seinem Herrn zu. Seine großen Augen schimmerten feucht, er sah elend aus und schien seinem Herrn zureden zu wollen: »Onkel, ich trag' dir nichts nach, du bist ja sonst immer sehr gut zu mir. Hast mich geschlagen und mein Bein verletzt, aber das war gestern. Heute vertragen wir uns schon wieder. Ich hab' ja nur eine Verletzung, in ein paar Tagen ist alles wieder gut.«

Da kniff der Bauer vielsagend das linke Auge zu, wie es seine Gewohnheit war, und massierte das Bein nicht weiter. Er stand auf, klopfte dem Ochsen aufs Hinterteil, klatschte in die Hände und rief: »Du Gauner, ich kenn' dich schon! Wie ein verzogenes Kind – so ein Schlauberger! Wo hast du denn das gelernt? Bloß ein kleiner Schlag, und tust, als könntest du nicht mehr gehen. Hast wohl irgendwelche Geschichten gehört, was? Denkst, wenn du dich so benimmst, hat Onkel Mitleid mit dir. Ganz schön schlau! Wenn ich mir deine Augen anseh', weiß ich schon Bescheid. Je mehr du wächst, desto frecher wirst du. Deine Arbeit läßt gewöhnlich auch zu wünschen übrig, und fressen tust du, wo und wie du grad' Lust hast. So herrschaftlich führ' nicht mal ich mich auf!«

Nachdem er all diese klugen Worte gesagt hatte, ging er um den Ochsen herum, stellte sich vor ihn hin, sah ihn an und tippte ihm mit dem Finger an die Stirn.

»Wenn du nicht brav bist und gehorchst, schlag' ich dich vielleicht noch mal, da hin, auf die rechte Seite. Und hier, auf die linke, kriegst du auch noch was. Bei uns im Dorf machen die Lehrer das so, wenn Kinder nicht in die Schule gehen wollen: Sie geben ihnen Schläge auf die Handfläche, und dann müssen die Rangen sich vor Konfuzius* und dem Herrn Lehrer verbeugen. Weinen ist nicht erlaubt. Willst du etwa weinen? Du böses Ding! Weiß du denn nicht, daß das Wetter in den letzten Tagen vortrefflich war? Weißt du nicht, daß es vor fünf Tagen geregnet hat, weil der Himmel sich unser erbarmt, denn er weiß, daß der Buchweizen ausgesät werden muß und daß er den Boden feucht und weich gemacht hat, bloß um deine Kräfte zu schonen?...«

* Konfuzius (Kong-*fuzi* = »Meister Kong«) lebte etwa von 551–479 v. Chr. Der Meister, auf dessen Lehre die spätere Staatsethik (seit etwa 100 v. Chr.) und die »Gelehrtenschule« (*rujia*) der chinesischen Philosophie beruht, galt (und gilt in Taiwan bis heute) als eine Art »Patron« aller Lehrer und Schüler.

Während der »Ochsenonkel« dem Tier diese Predigt hielt, blickte er nach dem Wetter. Es sah wirklich gut aus. Darum schleppte er den Pflug herbei und führte den Ochsen zur Arbeit aufs Feld. Zwar waren der Ochse und auch sein Meister versöhnlich gestimmt, aber das Wetter war nun einmal zu gut, da half alles nichts. So zog der Ochse, ein wenig hinkend, den Pflug durch die feuchte Erde.
Der »Ochsenonkel« hatte das junge Tier eigentlich ein wenig an Disziplin gewöhnen wollen und ihm deshalb trotz allem das Joch über den Rücken gelegt, doch als er hinter dem Pflug herging und sah, wie der Ochse humpelte, konnte er sein Mitleid nicht ganz unterdrücken und fühlte sich ziemlich schuldig. Es tat ihm leid, daß er derart unbedacht zugeschlagen hatte. Wie jeder Vater, der einen Fehler gemacht hat, wollte er sein schlechtes Gewissen zwar nicht zeigen, aber im stillen hätte er am liebsten Abbitte getan und arbeitete deshalb kräftiger als sonst mit dem Ochsen zusammen, so daß ihm der Schweiß von den Schläfen übers Gesicht rann. Auch beschimpfte er das Tier weit weniger als gewöhnlich. Sonst nämlich, wenn der Ochse etwas zu behäbig kehrtmachte, weil er erst die Landschaft betrachten oder einigen Passanten nachblicken mußte, dachte sich der Bauer immer eine Unzahl seltsamer Schimpfwörter aus.
Nun gibt es gewöhnlich auf dieser Welt kein besseres Mittel, von anderen verstanden zu werden, als zu schweigen. Manche Leute meinen zwar, der Himmel habe uns den Mund lediglich zum Reden gegeben, und wenn wir etwas auf dem Herzen hätten, brauchten wir uns bloß auszusprechen, um von anderen verstanden zu werden. Aber sollte der Mund tatsächlich nur zum Sprechen dasein? Die großen Ochsen, die kleinen Vögel – sie alle haben schließlich ein Maul oder einen Schnabel. Das Ochsenmaul ist wahrhaftig groß genug, daß »große Worte« ohne weiteres hineinpassen. Warum können es diese Tiere aber trotzdem nicht mit den Herren Regierungsbeamten aufnehmen und bedeutende Reden halten? Und was das »kleine Geschwätz« betrifft, so können sich

auch die Vögel keinesfalls mit den Menschen messen. Daran gibt es nach Ansicht des »Ochsenonkels« nichts zu rütteln.
Eins war klar: Der Ochse und sein Herr verstanden einander schweigend. An einem Tag wie damals beruhte ihre Freundschaft geradezu auf dieser Wortlosigkeit. Das Tier gab keinen Laut von sich, auch stöhnte es nicht, schrie nicht vor Schmerz, sagte nicht einmal: »Bitte, Meister, gib mir ein wenig Arznei« oder, was ein Mensch sicher verlangt hätte: »Geld für Medizin.« Ebensowenig drohte er seinem Herrn: »Dafür werde ich mich rächen!« In seiner ganzen Haltung lag kein Unmut, kein Zähneknirschen. Er arbeitete wie sonst und gab sich redlich Mühe, den Pflug durch den Ackerboden zu ziehen, wobei er den Duft der frischen Erde einsog. Dennoch spürte der Bauer seine Beschwerden, weil der Ochse wegen der schmerzenden Ferse mühsam atmete und weniger leicht auftrat als sonst. Er »atmete«, aber er »seufzte« nicht. Das stimmte den »Ochsenonkel« schließlich ganz mild, denn er verstand das wortlose Tier. Meist ist es ja so, daß Worte den gescheiten Leuten bloß dazu dienen, sich selbst zu brüsten.
Aber wie weich er auch gestimmt war, der Bauer brachte ebenfalls kein einziges Wort heraus. Würde er nämlich sagen: »Freundchen, das war meine Schuld«, dann könnte sich der Ochse womöglich fragen, ob das nicht unaufrichtig sei – erst wolle man den Fehler durch bloße Worte wieder gutmachen, nur um ihn dann zu überlisten, wie gewohnt zu schuften; unter Menschen wäre das ja keine Seltenheit, er hätte daher seine guten Gründe, mißtrauisch zu sein. – Würde der Bauer aber sagen: »Da kann man nichts mehr machen, ich hab' dich nun mal geschlagen. Aber ich bin hier der Herr! Und obgleich es etwas unüberlegt war, lag es doch auch an dir, weil du nicht dein Bestes geleistet hast. Also sind wir quitt. In Zukunft wollen wir besser zusammenarbeiten«, dann wäre der Ochse jetzt bestimmt nicht so folgsam. Denn im Grunde glaubte dieser guten Gewissens, sich immer nach besten Kräften angestrengt zu haben, ohne zu faulenzen und ohne je

um Lohn zu betteln. Wenn der Meister überhaupt noch ein Herz besaß, hätte er ihn nicht schlagen dürfen! Mit dem Hammer schlagen und mit Worten trösten – das bewies nichts als die unaufrichtige Art der Menschen. Reden, das können sie – mit Worten ihre Moral, ihre Güte herausstreichen, auch mit Worten Gefälligkeiten erweisen, aber eben bloß so, ohne wirklich etwas zu tun.

Doch gerade weil sein Herr schwieg, verstand ihn der junge Ochse, denn der Bauer zeigte weder Reue, noch hielt er es für nötig, irgend etwas zu erklären, auch behauptete er nicht, das Unglück wäre nur geschehen, weil er betrunken war. Wie gern entschuldigen doch manche Leute die schlimmsten Übeltaten mit dem Wörtchen »betrunken«! Nicht so der »Ochsenonkel«. Er ging wie immer wortlos hinter dem Ochsen her, trieb ihn beim Wenden mit lauten Zurufen an und knallte ihm die Peitsche über den Rücken. Aber er schämte sich für das, was er getan hatte. Er strengte sich beim Pflügen ungewöhnlich an, und sogar durch die Peitsche sprach noch sein Herz. Zugleich schaute er auch ein wenig nach dem Wetter. »Eigentlich hätte ich nichts dagegen gehabt, dich zu schonen«, dachte er, »aber man muß schließlich im nächsten halben Jahr auch leben – was soll man da machen!« Sein Ochse verstand alles. Sie waren vollkommen versöhnt.

Nachdem sie ein Stück Feld gepflügt hatten, rasteten sie eine Weile, und der Bauer nahm dem Tier zur Erleichterung das Joch vom Rücken. Dann sagte er: »Ich bin wirklich schon ein bißchen schwach im Kopf. Wenn der Mensch alt wird, macht er manchmal Dummheiten. Ich glaube, wenn du dich einen halben Tag herumtummelst und verschnaufst, wirst du wieder ganz auf der Höhe sein, stimmt's?« Da der junge Ochse darauf nichts zu antworten wußte, blickte er in den Himmel, wo gerade eine Elster* vorüberflog.

Am Ufer des Grabens, wo es Gras und Wasser gab, ließ der Bauer den Ochsen frei, damit er grasen und saufen konnte.

* Die Elster gilt im chinesischen Volksglauben als Glücksbote.

Er selbst setzte sich auf den Pflug und hing seinen Gedanken nach. Er hoffte wirklich, daß sein Ochse am nächsten Tag wieder gesund wäre. Obwohl er noch nicht einmal mit der Aussaat begonnen hatte, kalkulierte er bereits den Preis, den die neue Buchweizenernte auf dem Markt erzielen würde. Auch ein paar andere, ganz alltägliche Dinge beschäftigten ihn. Er schlug seinen Feuerstein, rauchte und beobachtete das Wetter. Der Himmel sah so blau, so hoch und endlos aus, daß man sich fürchten konnte. Nur hie und da schwebten ein paar weiße Wolken. Die grelle Sonne brannte einem auf den Pelz, als wäre es schon Frühling, obwohl man den Neunten Monat schrieb und der Frühling in Wirklichkeit noch weit war.
Der Ochse stand eine Weile am Grabenrand. Das Wasser war klar und kühl, das Gras verdorrt. Sein Bein schmerzte, und er war müde von der Arbeit. So legte sich das ehrliche, gutmütige Tier an der Böschung zum Schlafen nieder. Von der Sonne wohlig gewärmt, träumte es etwas besonders Schönes: Der »Ochsenonkel« trug neue Kleider, es selbst hatte um seine Hörner ein rotes Tuch geschlungen*; beide kamen sie mit langen Schritten aus dem Dorf, wo alle in heiterer Frühlingsstimmung waren, und strebten nach Hause. Etwas Herrlicheres konnte ein Ochse gar nicht träumen. Natürlich vergaß er über diesem Traum alles, was geschehen war, und auch sein schmerzendes Bein hatte er völlig vergessen.
Gegen Mittag krähten ringsum in den Bergdörfern die Hähne, und der Meister führte seinen Ochsen heim.
Unterwegs bemerkte das Tier, daß sein Herr ziemlich besorgt dreinsah. Das lag daran, so begriff es, daß das Bein beim Gehen lahmte. Es bemühte sich redlich, wie sonst aufzutreten, und hoffte selbst, sein Bein würde bald gesund. Es war sogar bereit, den schrecklichen, groben, unvernünftigen Tierarzt ein wenig daran herumreiben zu lassen.
Der Meister nun – der war wirklich etwas in Sorge! Denn als der Ochse geruht und im Gras gelegen hatte, hatte er gese-

* Der rote Stoffstreifen deutet an, daß der Ochse einen Preis erhielt.

hen, wie das verletzte Bein sich immer wieder schmerzartig verkrampfte. Es schien, als ob es wohl doch nicht in ein, zwei Tagen heilen würde. Außerdem betrachtete er die Furchen, die der Ochse gepflügt hatte, und entdeckte, daß die frisch aufgeworfenen Schollen wie Blüten aussahen. Da begann er ernstlich um die Zukunft zu bangen, obwohl er kaum wagte, sich eine genaue Vorstellung davon zu machen. »Falls...?« Ja, dann – dann brauchte ihn der Buchweizenpreis nicht mehr zu kümmern... dann ging ihn eigentlich gar nichts mehr etwas an.

Auf dem Heimweg beobachtete er den Tritt des Ochsen und dachte an Dinge, die nichts mit den Getreidepreisen zu tun hatten. Was genau das war, mochte er gar nicht zu Ende denken. Kurz... falls es also wirklich zum Schlimmsten kommen sollte, wäre es mit ihm und seiner Wirtschaft aus und vorbei. Das war, wie wenn man sein Geld im Spiel verlor: man schloß eine Wette mit dem Himmel – und das Glück stand beim Himmel, nicht bei den Menschen; verlor man, dann war eben alles aus. Wenn also der Ochse wegen der dummen Schläge von nun an lahmen würde und es keine Heilung gab, dann würde nichts anderes übrigbleiben, als ihn in ein paar Mahlzeiten zu verwandeln, getrocknetes Rindfleisch aus ihm zu machen, ihn in Stücke zu drei oder fünf Pfund zu zerteilen, die man an Kokosschnüren in den Rauch überm Herd hängen und später nach und nach herunterholen, in feine Streifen schneiden und mit scharfen Paprikaschoten braten würde. Gab es wirklich keinen anderen Ausweg, dann müßte er selbst... denn wenn der Ochse erst tot war, wäre es auch mit dem »Ochsenonkel« vorbei.

Als er den Ochsen zu seinem Pflock in den Hof führte und dann Süßkartoffeln aus dem großen Bambuskorb holte, um sie mit Reis zu kochen, war der Bauer noch immer besorgt. Später streute er den Hühnern eine Handvoll Bruchreis in den Hof und sah nun, daß der Ochse sich niedergelegt hatte, um das verletzte Hinterbein einzuziehen. Da wurde der Stein, der auf seinem Herzen lag, noch schwerer.

Nach dem Mittagessen machte er sich auf zu dem einen Kilometer entfernten Marktflecken, um den Amtmann des *Jia** aufzusuchen, den dortigen Regierungsbeamten, der zugleich Rinderarzt der Gegend war. Wie viele berühmte Ärzte gab dieser sich stets überaus beschäftigt, hatte aber in Wirklichkeit gar nichts zu tun. Die beiden kannten einander seit langem.

Der Bauer begann das Gespräch: »Amtmann, mein Ochse hat ein schlimmes Bein.«

Der Amtmann stellte fest: »Das liegt an der Rinderbeinseuche**. Nimm diese Arznei und reib' sie ihm ein, dann wird es bald besser.«

»Nein, das ist es nicht«, antwortete der »Ochsenonkel«.

»Wie willst du das wissen? In letzter Zeit sind mehrere Fälle von Rinderbeinseuche aufgetreten. Erst heute waren zwei Leute aus Sangxi hier, deren Ochsen daran erkrankt sind.«

»Es ist keine Krankheit, es ist eine Verletzung.«

»Nun, auch für Verletzungen habe ich ein Mittel.« Der Amtmann vertrat die Ansicht, daß es nur eine Art von Beinverletzung geben konnte, egal ob bei Mensch oder Tier, nämlich Sehnenzerrung, und seine Arznei war einzig und allein dafür geeignet.

So mußte der Bauer schließlich berichten, daß die Verletzung von einem Schlag mit dem Holzhammer herrührte.

»... Ich füchte, der Schlag war wohl zu heftig. Heut früh hat mich das dumme Ding angeflennt, als ob es einen freien Tag von mir erbetteln wollte. Sag selbst, mein Bruder, was kann man denn machen? Fällt Regen, dann nützt das uns armen Leuten, und scheint die Sonne, so dient das auch zu unserem Nutzen. Wenn wir in diesen Tagen nicht unsere Felder pflügen, na, wieviel Zeit bleibt uns dann noch? So hab' ich ihn

* Der *Jia* war eine Verwaltungseinheit und umfaßte gewöhnlich 10 Haushalte; 10 *Jia* bildeten ihrerseits einen *Bao*. Das *Bao-Jia*-System bestand bereits zur Kaiserzeit, wurde nach 1911 von der Republik übernommen und oft mit KMT-Militärbeamten besetzt.

** Eine Art Knochentuberkulose bei Rindern.

eben trotzdem hinausgetrieben. Vormittags hab' ich härter geschuftet als er. Aber es ging ihm wirklich nicht gut. Er hat auf der Wiese geschlafen, und es hat ausgesehen, als ob es ihm weh tut. Ich glaube, er hat Angst, daß ich ihn fortgebe. Als er gemerkt hat, daß ich nichts sage, sah er ganz traurig aus. Ich versteh' alles, was er mit seinen großen Augen sagen will, und weiß genau, was ihn bedrückt.«

Der Amtmann versprach, mit ihm in sein Dorf zu gehen und nach dem jungen Ochsen zu sehen. Als sie gerade aufbrechen wollten, kam jemand mit einem »Hühnerfeder-Brief«*, worin es hieß, daß ein Regierungsbataillon durch den *Jia* kommen würde und eine Hauptleuteversammlung einberufen werden solle, um Quartier und Verpflegung zu dessen Empfang bereitzustellen und die nötigen Gelder aufzubringen. Er habe sogleich auf der Versammlung zu erscheinen.

Ganz wie ein Landedelmann fluchte der Amtmann: »Immer diese Empfänge, nichts als Empfänge!« Gleichzeitig zog er seine Mandarinjacke aus schwarzem Satin über, erteilte laut Befehle und verlangte, daß sein Pferd bereitgehalten und Gebäck als Geschenk für den Regierungsbeamten gerichtet werden solle. Er war schrecklich beschäftigt und in Eile. Der »Ochsenonkel« seufzte tief und ging allein nach Hause.

Nachdem er heimgekehrt war, blickte er den Ochsen an, und der Ochse blickte ihn an, und die zwei waren wirklich restlos versöhnt, zumal sie nun beide wußten, daß das Bein nicht in ein, zwei Tagen heilen konnte. Der Bauer streckte es noch einmal, schuldbewußt und sehr sanft, und betrachtete die verletzte Stelle. Dann legte er ein paar Heilkräuter darauf, die er um die Zeit des Drachenbootfestes** gesammelt hatte und die man gewöhnlich bei Menschen verwendete, und umwickelte sie schließlich sehr vorsichtig mit einem Stoff-

* Im alten China wurden Eilbriefe mit einer an den Umschlag gesteckten Hühnerfeder markiert.

** Das Drachenbootfest wird nach dem chinesischen Mondkalender am 5. Tag des 5. Monats gefeiert; es dient hier lediglich der Bezeichnung der warmen, regenreichen Jahreszeit.

streifen. Der junge Ochse tat sehr vernünftig, ließ sich die Behandlung brav gefallen und trottete dann in den Stall zurück, um zu schlafen.
Nachts hörte der Bauer, wie der Ochse Heu kaute, und mehrmals ging er in den Stall und leuchtete mit einer Öllampe nach ihm. Das Tier wußte, daß er seinetwegen um den Schlaf kam. Alle Augenblicke streckte der Meister seinen großen runden Kopf und die Lampe über das Gatter, und jedesmal öffnete der Ochse die Augen und blickte seinen Herrn an.
Der Bauer fragte nie: »Geht's dir besser?« oder »Du bist wohl ungerecht behandelt worden?« Und der Ochse antwortete ebensowenig: »Das macht doch nichts« oder »Bitte, mach dir nichts draus.« Wortlos verstanden sie einander, verstanden einander sogar ausgezeichnet.
In dieser Nacht ging auch dem Ochsen etwas durch den Kopf. Er begriff, welche Beziehung zwischen ihm und seinem Herrn bestand. Der Meister brauchte die Hilfe des Tieres, daher lebte es bei ihm; würde aber klar, daß es nicht mehr tüchtig arbeiten könnte, so würde ein anderer Mensch es fortführen. Was danach geschehen würde, war ihm nicht ganz klar. Mitunter hörte es zwar seinen Herrn in der Verzweiflung sonderbare Dinge ausrufen: »Hol' ihn die Pest!«, »Opferstier« oder »Kommst unters Schlachtermesser«, doch der Ochse verstand allenfalls undeutlich, daß es ihm, wenn er erst seinen Herrn verlassen hätte, schlechtgehen würde und daß seine Leiden dann vielleicht nicht auf Flüche und Peitschenhiebe beschränkt blieben. Gleich manchen Menschen dachte er lange über diese ungewisse Zukunft nach, zum Beispiel darüber, wie er dem Metzger davonlaufen oder mit seinen Hörnern auf ihn losgehen und um sein Leben kämpfen würde, oder auch... nur geloben konnte er nichts, denn Gelübde waren etwas, worauf allein die Menschen sich verstanden. Sie flehten um den Schutz des Himmels und gelobten, nach glücklich überstandenem Unheil einen Ochsen, ein Schaf oder wenigstens ein Huhn zu opfern; wenn man nun

aber nichts besaß, was man opfern konnte (wie dieser Ochse, dem nichts gehörte als seine jetzt wertlose Körperkraft), dann versagte einem der Himmel seinen Schutz.

Der Ochse begann im Halbschlaf zu träumen, daß er drei Pflüge ziehen könnte: flink lief er hügelan und wieder in die Felder hinunter; wohin die Pflüge kamen, flogen Erdschollen wie Wellen zur Seite; der Herr stand auf dem Feld, die Beine bis zum Knie in loser Erde, und lachte aus voller Kehle. Zur gleichen Zeit, als der bedauernswerte Ochse so fröhliche Dinge träumte, hatte auch der Bauer einen schönen Traum. Er sah darin vier große Bastmatten, zum Getreidetrocknen am Boden ausgebreitet, und der frischgeerntete Buchweizen häufte sich darauf wie ein kleines Gebirge; er nahm eine Handvoll braunen Buchweizen und ließ ihn von der Sonne bescheinen, so daß das Getreide wie Gold aufleuchtete. Dieser Buchweizen, die diesjährige Ernte, lag am Boden bereit, um nach *hu** abgemessen zu werden und die Speicher zu füllen. Der Bauer trug ein Bündel Bambusbrettchen** herbei, die er vom Amtmann ausgeliehen hatte, und warf sie geräuschvoll zu Boden. Neben ihm jedoch stand derjenige, der sich besonders um die Ernte verdient gemacht hatte – sein junger Ochse, dessen Hörner mit einem roten Seidenband geschmückt waren. Er sprach mit ihm wie mit einem alten Freund: »Dieses Jahr sind wir fein raus, Kamerad. Wir können eine neue Hofmauer bauen; wir können die alte Tür durch eine neue ersetzen; wir können im Hof ein paar Trauben pflanzen; wir...« Er sagte jedesmal »wir«, denn er wollte betonen, daß am Aufstieg dieses Hauses auch der Ochse seinen Anteil hatte, und zwar an Ruhm und Ansehen ebenso wie an der vorausgegangenen Mühe. Da konnte er deutlich erkennen, daß in den blanken, klugen Augen des

* Das Hohlmaß *hu* entsprach in der Kaiserzeit 10, später 5 *dou* (1 *dou* = 1 Dekaliter).

** Solche etwa 30 cm langen, 3 cm breiten Brettchen dienten den analphabetischen Bauern als Gedächtnisstütze: für jedes abgemessene *dou* wurde ein Brett beiseite gelegt, später zählte man sie zusammen.

Ochsen wie schon früher die zwei Wörter geschrieben standen: »Völlig einverstanden.«
Schöne Träume gelten als Feinde des Lebens*, als Scherze, die die Götter mit den Menschen treiben. Daher fühlte sich der »Ochsenonkel«, sobald er erwachte, noch unbehaglicher, als wenn er nicht geträumt hätte. Sofort wurde ihm bewußt, daß der Buchweizen noch keineswegs die Speicher füllte, und als nächstes erinnerte er sich an den Ochsen, dessen Blick »völlig einverstanden« sagen konnte und der immer noch mit Schmerzen im Stall lag. Vor Morgengrauen zündete er abermals die Lampe an und sah nach seinem Hausgenossen. Wie im Traum nannte er ihn »Kamerad« und fragte ihn, ob es ihm nach Auflegen des Verbandes besser ginge. Der Ochse schwieg, weil er nicht erzählen konnte, was er geträumt hatte. Er blickte seinen Herrn traurig an, erinnerte sich dann an die übliche Tagesordnung und wollte aufstehen, um dem Meister aus dem Stall hinaus zu folgen.
Er erhob sich und ging ein paar Schritte. Der Bauer sah, daß er immer noch lahmte, blies die Lampe aus, seufzte und ging in seine Kammer zurück, wo er sich aufs Bett legte.
Beide vergossen für sich allein Tränen. Beide wußten, daß die Traumbilder hoffnungslose Zauberei gewesen waren, und litten unter der Wirklichkeit.
Am nächsten Morgen um die Zeit, da sie gewöhnlich aufs Feld gingen, wanderte der »Ochsenonkel« bereits die Landstraße entlang, denn er hatte von einem Lehrmeister gehört, der in der etwa zehn *li*** entfernten Garnisonskaserne von Dehu lebte und kranke Rinder kurieren konnte. Er hatte sich eigens umgezogen und hundert Kupfermünzen in rotes Papier gewickelt, um den Tierarzt zu bitten, die Verletzung seines Hausgenossen zu heilen. Als er angekommen war, ver-

* In der Vorstellung vieler Chinesen verweisen schöne Träume auf bevorstehendes Unheil, Alpträume dagegen auf künftiges Glück. Der Autor dürfte den Topos hier ironisch verwenden, da er an späteren Stellen Träume nach modernem Verständnis als Reflexionen von Erfahrungen deutet.

** *li* = ½ km.

setzte ihn dort der Hund zunächst in Angst und Schrecken. Dann erfuhr er, daß der Lehrmeister dummerweise ausgegangen war; er würde aber bald zurück sein. Mit seiner Weisheit am Ende, setzte er sich vor der Kaserne unter einen großen Baum und wartete. Von hier aus konnte er die Felder sehen, die andere gepflügt hatten, 80 *mu*★, 100 *mu*. Stolz lagen sie vor seinen Augen ausgebreitet. Er mußte lange warten, bis der Lehrmeister zurückkehrte. Sie begrüßten einander, der Lehrer fragte nach dem Anlaß des Besuchs und meinte dann ebenfalls auf Anhieb, daß es sich zweifellos um Rinderbeinseuche handelte.

Der »Ochsenonkel« gab zurück: »Nein, mein Bruder, es kommt daher, daß ich ein bißchen zu fest zugeschlagen habe. Vielleicht ist eine Sehne gerissen.«

»Die Wunde ist aber wegen der Seuche entstanden, da bin ich ganz sicher. Nimm diese Arznei. Geh nur, es ist schon in Ordnung.«

Der Bauer dachte: »Als ob ich zu Hause nicht genug Seuchenmittel hätte! Ich werde auch zehn *li* laufen wegen diesem Dreckszeug!« Er preßte die Lippen zusammen und schnitt ein verächtliches Gesicht.

Es war schon merkwürdig. Zuerst hatte er allen Ernstes gedacht, es sei völlig unmöglich, jemanden wegen einer so unbedeutenden Kleinigkeit so weit laufen zu lassen. Aber dann kam ihm plötzlich die Erleuchtung, daß sein Geldpäckchen einfach zu leicht war. So versprach er eine weitere Schnur Kupferkäsch★★. Der Arzt begann in seinem Vorsatz zu schwanken, und bald eilte er mit dem Ochsenbauern über die Landstraße nach Sangxi.

★ 1 *mu* = 0,0667 Hektar.

★★ Käsch sind Kupfermünzen mit einem Loch in der Mitte, die zu je 100 Stück auf Schnüre gebunden wurden. Gegen Ende der Kaiserzeit um die Jahrhundertwende entsprach eine Schnur Käsch einem Silberdollar (Candarin). Nach der Revolution von 1911 – zu der Zeit also, in der diese Erzählung spielt – sank der Wert der Münzen wegen der politischen Unruhen immer tiefer.

Dieser berühmte Tierarzt trat ebenso großspurig auf wie die renommierten Ärzte in den großen Städten. Im Haus angekommen, trank er erst einmal ein Schlückchen Branntwein, um warm zu werden, und nahm einen Imbiß dazu, dann stocherte er sich die Zähne sauber und rauchte eine Weile. Schließlich ließ er den Ochsen in die Mitte des Hofes führen. Er krempelte sich die Ärmel hoch und schüttete einige silberne Akupunkturnadeln aus einem Bambusröhrchen, nahm sie auf, ließ seinen Gehilfen das Bein des Ochsen anheben, drückte ein wenig an der verwundeten Stelle herum und besah sich Zunge und Ohren des Ochsen. Da er etwas sagen mußte, schalt er zunächst nach seiner Gewohnheit den Hausherrn für dessen Unachtsamkeit. Wie hatte der »Ochsenonkel« nur so grausam sein und einfach zuschlagen können? Man durfte niemals so heftig schlagen. Auch machte er ihm Vorwürfe, dem Ochsen die für Menschen bestimmten Heilkräuter auf das Bein gelegt zu haben, und ermahnte ihn, künftig weniger nachlässig zu sein. Anschließend brachte er ein paar Akupunkturnadeln am Bein des Ochsen an. Dann zerbiß er etwas Arznei, kaute sie weich, legte sie auf die Stellen, wo vorher die Nadeln gesteckt hatten, und verband sie mit Chinabast. Nachdem er ein »In drei Tagen ist bestimmt alles gut« gemurmelt hatte, wies er seinen Gehilfen an, die Schnur Kupferkäsch, die ihm als Aufgeld versprochen worden war, über der Schulter heimzutragen, und brach so seelenruhig auf wie ein Wandermönch.

Der Bauer begleitete den Lehrmeister hinaus und stand noch vor dem Tor, als ein Einheimischer, der Zuckerscheiben verkaufte, auf der breiten Straße am Haus vorüberging und ihm freundschaftlich zurief: »Ochsenonkel, heut' gibt's schönes zartes Rindfleisch auf dem Markt, hast du's schon gehört?«

Um den gutmütigen Zuckerverkäufer nicht zu verletzen, dämpfte der Bauer die Stimme, als er antwortete: »Pfui, du Satansbraten!« Er spuckte aus, ging hinein und schlug das Tor hinter sich zu.

Er war nur allzu bereit gewesen, dem Lehrmeister zu ver-

trauen, und hatte daher ohne zu murren das Geld ausgehändigt. Aber als dieser dann die Straße hinunter verschwunden war und mit ihm die Schnur Kupfermünzen über der Schulter des Gehilfen, hatte er an der Kunst des Meisters zu zweifeln begonnen. Fast war es ihm so vorgekommen, als hätte er schon wieder einen Fehler gemacht, und zwar einen ebenso schweren wie den Schlag gegen seinen jungen Ochsen. Jetzt bereute er sein Vorgehen. Er fragte sich, ob ein paar Akupunkturstiche wirklich 200 Kupferkäsch und eine Mahlzeit wert wären. Es mußte sich um einen klaren, himmelschreienden Fall von Betrug handeln. Nur wegen seiner Ungeduld war er darauf hereingefallen. Diese Überlegungen hatten ihn schon ein wenig beunruhigt, und als dann auch noch der Süßigkeitenverkäufer vorbeigekommen war, ihm etwas von »Rindfleisch kaufen« zugerufen und damit auf seine Sorgen angespielt hatte, da war er noch wütender geworden. Während er nun in den Hof trat und den jungen Ochsen dort schlafen sah, schalt er laut: »Morgen wird man dich schlachten und aufessen, kochen wird man dich, im Schmortopf braten – du wirst schon sehen, was passiert, wenn dein Bein sich nicht bessert!«
Da der Lehrmeister das Tier mit Akupunktur behandelt und Arznei aufgelegt hatte, schmerzte das Bein des Ochsen, und nun bekam er auch noch Schüttelfrost und Fieber. Beim Klang der grimmigen Worte seines Herrn öffnete er die Augen, und als er dessen Gesichtsausdruck wahrnahm, wurde ihm ganz elend zumute, so daß er am liebsten geweint hätte. Dem Bauern entging dies nicht, er fand selbst, daß er seinem Ärger wohl nicht so heftig hätte Luft machen sollen. Wortlos setzte er sich auf den Dreschstein* und ließ sich den Rücken von der Sonne rösten. Dieses Wetter war wie geschaffen zum Pflügen. Er überlegte, ob er wohl von jemandem einen Ochsen borgen sollte, um das liegengebliebene Feld zu bearbeiten

* Es handelt sich um eine zylinderförmige Steinwalze mit einer Achse aus Holz, die von einem Zugtier über das ungeschälte Getreide gerollt wurde.

und möglichst bald mit der Aussaat zu beginnen. Aber er konnte sich nicht vorstellen, wo es um diese Jahreszeit einen Zugochsen zu borgen gab.
Bald konnte er seinen Zorn nicht länger zügeln und zankte wieder mit dem Ochsen: »Du verhätscheltes Kind, auch mit drei Beinen mußt du an die Arbeit!«
Was konnte der Ochse sagen? Er verhielt sich ja nicht absichtlich falsch. Er wußte überhaupt nicht, daß ein »Rind« einen guten Grund dafür haben konnte, sich mitten in der arbeitsreichen Zeit zu schonen, oder daß diese Ruhepause als »faule Ausrede« gelten konnte. Wer hätte wohl bei diesem herrlichen Wetter keine Lust gehabt, auf die Felder zu gehen und sich ins Zeug zu legen? Natürlich war er mehr als bereit, sich mit aller Kraft für seinen Meister zu mühen, bis der Tag gekommen sein würde, an dem das Getreide Kammern und Speicher füllte, der Tag des »völlig einverstanden«. Er hatte nun einmal dieses schlimme Bein, aber sagte er etwa »Ich will nicht arbeiten« oder »Ich brauche Schonung«? Immerhin – daß sein Herr ärgerlich war, das verstand er. Das war nicht dasselbe wie die völlig unbeherrschten Wutausbrüche anderer Leute. Doch was konnte er schon sagen? Vielleicht »Morgen geht's mir sicher wieder gut« oder »Wenn du's nicht glaubst, laß uns sofort aufbrechen«? Da er um keinerlei Schonung gebeten hatte, war es ja auch völlig überflüssig zu sagen: »Ich brauche mich nicht zu schonen.«
Er gehorchte in allem seinem Herrn, das war nun einmal seine Natur. Wenn der Bauer jetzt den Pflug herausgeholt hätte, wäre er ihm trotz allem aufs Feld gefolgt, hätte zu arbeiten begonnen und wäre darüber nicht im geringsten betrübt oder ungehalten gewesen.
Aber da kam der »Ochsenonkel«, der gerade erst gesagt hatte, er müsse unter allen Umständen an die Arbeit, tätschelte ihm die Ohren und strich ihm über Augen und Wangen. Der Bauer war innerlich noch keineswegs soweit, ihn in die tiefste Hölle, in den Kochtopf des Satans zu wünschen, und eben weil er noch nicht bereit war, sich von ihm zu tren-

nen und ihn dem Schlächter zu überlassen, war er so wütend geworden! Der Ochse schwieg still, er wußte genau, welch schönen Träumen sich der »Ochsenonkel« normalerweise hingab, wenn sie beisammen waren. Das Tier kannte seine Pflicht. Es konnte sich jedoch auch vorstellen, daß der Herr, wenn nach weiteren drei Tagen das Bein nicht geheilt wäre, ausgesprochen jähzornig werden würde – mit Sicherheit!
Der Bauer ging ins Haus, um sein krummes Messer zu suchen, mit dem er ein paar kleine Bolzen für den Griff des Pfluges schnitzen wollte. Als der Ochse allein war, trottete er ruhig im Hof umher, um zu prüfen, ob alles wie immer war. Der arme Kerl – genau wie manche Menschen war er es einfach nicht gewöhnt, an schönen Tagen untätig zu bleiben und sich auszuruhen. Das nun konnte der »Ochsenonkel« nicht durchschauen und daher auch nicht wissen, daß der Ochse sich wegen seiner langen Ruhepause unbehaglich fühlte. So ist es eben: Herrschaften zeigen weder Verständnis noch Mitgefühl für die arbeitenden Menschen und Tiere.
Der Bauer hatte einige Bolzen geschnitten, ging in den Vorhof und klopfte, als sei er wütend, eine Weile am Pflug herum. Er dachte: »Selbst wenn der Kamerad in drei Tagen wieder der alte sein sollte, ist es nicht recht, daß er in diesen drei Tagen faulenzt, denn schönes Wetter läßt sich nicht beim Pfandleiher auf Zinsen borgen; selbst für ein Opfergelübde ist es nicht leicht zu haben.« Nachdem er eine Zeitlang besorgt gegrübelt hatte, machte er sich auf den Weg zur Vierten Bergfestung, um einen Zugochsen auszuleihen. Bei drei Bekannten, so schätzte er, konnte man vorsprechen, und bei einem von ihnen bestand die größte Hoffnung auf Erfolg. Wenn er erst einen Ochsen hätte, würde er notfalls bis in die tiefe Nacht hinein das Feld fertigpflügen.
Kaum bei dem ersten Bekannten angekommen, trug er dem Hausherrn seine Bitte vor: »Achter Bruder*, leih mir dei-

* In kinderreichen Familien ruft man in China die Geschwister bei der Zahl

nen Ochsen für zwei bis drei Tage, ich gebe dir zwei *dou* Getreide dafür.«

Doch der Hausherr erwiderte: »Ochsenonkel, ich brauche selbst deine Hilfe, um mir irgendwie einen Zugochsen zu borgen, eigentlich wollte ich gerade zu dir aufbrechen. Ich bin bereit, vier *dou* Getreide zu geben.«

»Na, dann gebe ich auch vier *dou*.«

»Wie das? Dein Ochse ist doch kräftig und gesund, oder?«

»Rinderbeinseuche hat er...«

»Wie ist denn das möglich?«

»Hab' den Rinderdoktor gebeten, ihn zu untersuchen, eine Schnur Käsch ausgegeben.«

Der Hausherr, dem bekannt war, wie tüchtig und wohlgepflegt der Zugochse des »Ochsenonkels« sonst war, bohrte nach, um zu erfahren, wieso ihm gerade jetzt ein Zugtier fehlte. Dem Bauern blieb, da er hier keinen Ochsen ausleihen konnte, natürlich nichts anderes übrig, als in allen Einzelheiten zu berichten, wie er seinen Kameraden geschlagen hatte. Er sparte dabei nicht mit Selbstvorwürfen. Doch »Reue« konnte den »Fehler« nun auch nicht mehr gutmachen. So ging er ohne weitere Worte und suchte das zweite Haus auf.

Als er dort angekommen war, fragte der Hausherr ihn sogleich, ob er sein Feld schon fertiggepflügt hätte. Der Bauer berichtete, daß sein Zugochse erkrankt sei und nicht arbeiten könne. Darauf der Hausherr: »Großonkel, das soll ich dir glauben? Falls du dein Feld schon bestellt hast, leih mir doch bitte deinen Ochsen, ja? Dein kleiner Brauner, der wird doch nicht krank, selbst wenn er hundert Holzhammerschläge über den Rücken kriegt!«

»Hundert Schläge? Ja, ja, selbst wenn ich ihm hundert über den Rücken verpasse, arbeitet er tadellos für mich.«

»Sogar wenn du ihm tausend verpaßt, wird er nicht... ich

der Reihenfolge ihrer Geburt. Ein solcher Name wird oft zum bleibenden Rufnamen, den auch Außenstehende verwenden.

meine, da würde er immer noch spuren. Ich bin sicher, du kannst ihn gar nicht ernstlich verletzen.«

»Tausend Schläge? Ja, ja...«

»Zweitausend, und er wär' immer noch tüchtig.«

»Zweitausend? Ja, ja...«

Hier mußten beide lachen, denn die Art, wie sie die großen Zahlen nannten, ließ sie an eine entsprechende Geldsumme oder Getreidemenge denken. Später erzählte der »Ochsenonkel«, daß der Ochse tatsächlich bloß von einem einzigen Schlag lahm geworden war und nicht mehr frei laufen konnte. Der Hausherr wollte das immer noch nicht glauben, und so mußte unser Bauer schließlich erklären, daß er nicht den Rücken, sondern das Gelenk des Hinterbeins geschlagen hatte. Eigentlich war er gekommen, um sich einen Ochsen auszuborgen, und nun saß er hier und vertat seine Zeit mit Geschwätz. So war das also: Der Ochse dieses Bekannten war nicht etwa krank, sondern unabkömmlich, und der Hausherr versuchte zusätzlich einen zweiten zu borgen, um das günstige Wetter auszunutzen.

Er hatte gerade den dritten, den meistversprechenden Haushalt erreicht, als der »Ochsenonkel« bemerkte, daß es bereits dunkelte. Der Hausherr war noch nicht von der Feldarbeit heimgekehrt. Von der Frau erfuhr der Bauer, daß ihr Mann für ein *hu* Getreide einen Ochsen vom *Bao*-Kommandanten der Wachstation Changning ausgeborgt hatte, um mit dem geliehenen und dem eigenen Tier zu pflügen, und daß man ihn erst spätnachts zurückerwartete.

Wieder zu Hause auf seinem Hof, untersuchte der »Ochsenonkel« nochmal das Bein seines »Kameraden« und hätte gern den Arzneiverband gelöst, um sich die verletzte Stelle anzusehen, wenn der Ochse nicht hätte durchblicken lassen, daß er diese Untersuchung für überflüssig hielt. Sonst wäre das Geld, das sein Herr vormittags für die Arznei bezahlt hatte, ja wirklich zum Fenster hinausgeworfen.

Nirgend konnte man ein Zugtier finden, und der eigene Ochse war nun einmal arbeitsunfähig. So blieb dem wacke-

ren Mann keine andere Wahl, als noch spätabends ins nahe Dorf zu gehen und ein paar Hilfsarbeiter zu mieten, um mit Menschenkraft zu pflügen. Lange mußte er reden, bis endlich ein Handel zustande kam. Die Hilfskräfte versprachen, am nächsten Tag bei Morgengrauen auf seinem Feld zur Arbeit zu erscheinen. Zwei Arbeiter und er selbst – das machte drei Männer. Gewiß, sie waren zusammen nicht so stark wie ein junger Ochse, aber eigentlich müßte es ihnen gelingen, das ganze Feld durchzupflügen, solange das schöne Wetter anhielt. Recht vergnügt kam der »Ochsenonkel« heim, genehmigte sich eine kleine Kürbisflasche klaren Schnaps, trank, wie es sich für einen anständigen Menschen gehört, gerade so viel, daß er angenehm berauscht war, ohne Dummheiten zu machen, und legte sich dann zu Bett. Daß er sein Feld nun doch noch bestellen konnte, genügte, daß ihm die ganze Nacht die wirrsten und schönsten Träume kamen.
Um Mitternacht konnte der Ochse nicht mehr schlafen. Er meinte, sein Herr würde sicher plötzlich wieder seinen großen runden Kopf und die Laterne über das Gatter strecken. Aber merkwürdig, im Morgengrauen riefen irgendwelche Leute laut nach seinem Meister – denn dieser war noch immer nicht erwacht.
Die drei Männer pflügten dann stundenlang, zwei gingen vor, einer hinter dem Pflug. Unterdessen stand der junge Ochse auf dem Feldweg, graste wieder und blickte sich in der schönen Gegend um. Er glich durchaus einem Schulkind, das wegen Zahnschmerzen nicht zum Unterricht geht und erst, wenn es hört, wie die anderen Schüler ihre Lektionen hersagen und sich anstrengen, begreift, daß ein Schülerdasein wahrhaftig nicht leicht ist. Doch wie ein solches Schulkind wußte der Ochse natürlich auch, daß er nach seiner Genesung keine andere Wahl hatte, als seine frühere Arbeit wieder aufzunehmen.
Die drei Menschen pflügten gemeinsam das Feld. Der »Ochsenonkel« ging hinten und führte den Pflug. Als er seinen Hausgenossen allein im Sonnenschein stehen sah, rief er, um

ihn zu necken: »Na, Kumpel, komm, mach mit!« Wäre es kein Scherz gewesen, so hätte der Ochse dieser Aufforderung auf keinen Fall widerstanden. Der Bauer jedoch mußte an die Schnur glänzender Kupfermünzen denken, die er gestern dem Tierarzt in die Hand gedrückt hatte, und gewährte dem jungen Ochsen seine Freizeit.

Dieser aber? Obwohl er überhaupt nicht arbeitete, nur frei herumlief, graste, Wasser soff, sich schlafen legte oder ungehindert den Sonnenschein genoß, war er doch ausgesprochen betrübt. Denn während sie den Pflug zogen, redeten die beiden Arbeiter darüber, wie man den Ochsen schlachten und das Fleisch verkaufen würde. Kein Gedanke an das junge Tier, das in ihrer Nähe stand. Sie überlegten laut, warum ein lahmer Ochse bloß noch dazu taugte, als Rindfleisch verspeist zu werden, und malten sich obendrein aus, wie man aus seiner Haut Stiefel und Blasebälge machen könne. Diese Schufte, sie betonten sogar immer wieder, daß zum Schnaps am besten junge Ochsenkutteln schmeckten, daß an der Luft getrocknetes junges Ochsenfleisch beim Kochen schön weich würde und daß eine Leibbinde aus junger Ochsenhaut angenehm zu tragen sei. Der Ochse, der alles mit anhörte, wußte nicht recht, ob die Männer absichtlich so redeten oder nicht. Er faßte einen leisen Widerwillen gegen die beiden, besonders gegen den jüngeren, der sogar etwas so Boshaftes zu sagen wagte wie: »Ob der sich vielleicht bloß krank stellt?« Er hatte es darauf abgesehen, die Freundschaft zwischen dem Ochsen und seinem Herrn zu zerstören, und wenn seine Worte auch keinen Eindruck auf den Meister machten, verfolgte dieser Mensch doch üble Absichten, daran war gar nicht zu zweifeln.

Abends, als alle nach Hause gegangen waren und der Meister ihn mit der Lampe anleuchtete, gab der junge Ochse wie immer durch seine glänzenden, klugen Augen zu verstehen, was er zu sagen hatte: »Großonkel, morgen bin ich wieder wohlauf, schick doch die zwei Arbeiter weg, die du für dein gutes Geld gemietet hast. Ich kann ihre hämischen Bemer-

kungen und Beleidigungen nicht länger hören. Ich will gerne ein wenig härter arbeiten, damit das Feld fertig wird. Sei unbesorgt, ich lasse auf keinen Fall zu, daß du von dem Segen, den das schöne Wetter notwendigerweise bringt, fremden Leuten etwas abgeben mußt – du brauchst nicht zu teilen.«
Nun, der Meister hatte ihn vermutlich verstanden, denn bald darauf sagte er zu seinem Ochsen:
»Ganz recht, mein Freund, sicher bist du bald wieder gesund. Der Tierarzt hat von höchstens drei Tagen gesprochen. Um die Feldarbeit sollten wirklich am besten wir zwei uns kümmern. Laß uns nur rasch mit dem Pflügen fertigwerden und dann an die Aussaat gehen. Ich hab' diese Leute bloß wegen deinem schlimmen Bein um Hilfe gebeten. Und stell dir vor, obwohl ich dafür bezahlen mußte, ist nur ein kleines Stück gepflügt worden. Wer ist schon so stark wie du? Diese Arbeiter heutzutage haben schlechte Manieren, man spürt kein bißchen mehr vom alten Anstand. Sie arbeiten nicht halb soviel wie du, verlangen aber Lohn dafür, wollen mein Geld, trinken meinen Schnaps. Und außerdem glauben sie noch, sie hätten Grund, über andere herumzustänkern: ›Heute hat mich der Ochsenonkel von Sangxi als Zugochsen vor den Pflug gespannt und den ganzen Tag pflügen lassen. Man braucht ja was zu beißen, ohne Arbeit geht's nun mal nicht. Aber Junge! – wie mein Rücken schmerzt! Grad, daß er mich nicht wie 'nen Ochsen gepeitscht hat...‹ Bestimmt werden sie solches Zeug reden. Aber ich wußte wirklich nicht, was ich machen sollte, da hab' ich sie eben als Hilfskräfte genommen.«
Der Ochse wollte antworten: »Gerne will ich morgen wieder arbeiten, denn diese zwei Kerle, die dein Geld und deinen Schnaps verlangen, die kann ich nicht leiden. Sie haben keinesfalls die besten Absichten.« Der Herr verstand ihn wie immer – ohne Worte. Als er den Stall verließ, sagte er laut und mit Nachdruck: »Ich hasse sie! Nicht genug, daß sie den ganzen Tag mein Geld verprassen, reden sie auch noch davon, daß man aus junger Ochsenhaut schöne Leibbinden machen kann. Richtige Gauner sind das!«

Es war vier Tage später, da pflügte, ganz unerwartet und als sei es das Natürlichste von der Welt, der junge Ochse mit seinem Herrn das unfertige Feld um. Das schöne Wetter war Sangxi treu geblieben, wie eigens zum persönlichen Glück des »Ochsenonkels« bestellt. In kaum zwei Tagen wurden sie fertig. Aus Rücksicht auf das schlimme Bein seines Kameraden schonte der Bauer sich selbst nicht, und auch der junge Ochse dachte an seinen Herrn und trieb mit äußerster Kraft voran. An einem Tag pflügten sie mehr als doppelt soviel wie die beiden Arbeiter.

Als sie dieses Mal nach Hause kamen, hatte jeder von ihnen wirklich allen Grund, sich heiteren, glücklichen Träumen zu überlassen. Der »Ochsenonkel« träumte, was sogar ihn selbst ein wenig überraschte, daß vier Ochsen im Pferch stünden, darunter zwei gefleckte, die noch stattlicher aussahen als sein Kamerad. Am nächsten Morgen ging er nach dem Aufstehen in den Stall hinüber und erzählte dem Tier mit lauter Stimme: »Mein Freund, du brauchst einen Gefährten, das wär' eine feine Sache. Warten wir mal bis zum Zwölften Monat*, dann sehen wir weiter.«

Der Kamerad dachte, daß es bis zum Zwölften Monat noch ein Weilchen hin sei, und nickte bloß: »Gut, im Zwölften Monat also.«

Im Zwölften Monat werden alle Ochsen im Marschland beschlagnahmt und an einen unbekannten Ort gebracht.** Der »Ochsenonkel« kann nichts weiter tun als zum *Bao*-Kommandanten gehen und sich nach seinem Tier erkundigen, doch er bekommt es nicht zurück. Als sein Blick zufällig auf

* Mit dem Zwölften Monat endet das Mondjahr des chinesischen »Bauernkalenders«. In China ist es alter Brauch, vor dem Neujahrsfest – nach dem westlichen Kalender im Februar – wichtige Entscheidungen zu treffen, Geschäfte abzuschließen und die Schulden zu bezahlen.

** Hier wird auf die Willkürherrschaft mancher »Warlords« und Staatsbeamten angespielt; derartige Konfiskationen waren keine Seltenheit. Selbstverständlich erhielten die Bauern keinerlei Entschädigung.

den Holzhammer fällt, den er damals selbst in einen Winkel geschleudert hat, bedauert er, nicht ein wenig fester zugeschlagen und dem elenden Vieh das Bein gebrochen zu haben.

(*Übersetzt von Ursula Richter*)

XIAO HONG

Auf dem Ochsenkarren

Der März ging zu Ende, und blühender Klee säumte die Ufer des Baches. Unser Karren rollte in der Morgensonne über kleine rote und grüne Gräser, wie sie am Fuße der Berge wachsen, rollte hinaus aus dem Dorf meines Großvaters.

Der Kutscher, ein entfernter Verwandter meiner Mutter, knallte mit seiner Peitsche, ohne den Rücken des Ochsen zu streifen; nur das Peitschenende rollte sich in der Luft ein und wieder aus.

»Willst du schon schlafen? Der Wagen hat doch gerade erst das Dorf verlassen! Trink ein bißchen Pflaumensaft! Wenn wir an dem Bach da vorne sind, kannst du schlafen.« Schwägerin Wuyun, die Dienstmagd aus dem Hause meines Großvaters, fuhr mit in die Stadt, um ihren Sohn zu besuchen.

»Was für ein Bach, sind wir nicht gerade an einem vorbeigekommen?« Die gelbe Katze, die ich vom Großvater mitbekommen hatte, machte es sich auf meinen Knien bequem, sie war wohl genauso schläfrig wie ich.

»Der Houtangbach«, meinte Schwägerin Wuyun.

»Was für ein Houtangbach?« sagte ich abwesend. Meine ganze Aufmerksamkeit galt Großvaters Haus, das immer weiter hinter uns zurückblieb und bald nicht mehr zu erkennen war. Nur noch von den roten Fahnenstangen vor dem Tempel am Dorfeingang lugten zwei goldene Spitzen hervor.

»Trink eine Tasse Pflaumensaft, das macht munter.« In der einen Hand hielt sie eine Tasse mit dem gelben Pflaumensaft, mit der anderen verschloß sie wieder die Flasche.

»Keine Lust, mach dich selber munter!«

Beide fingen an zu lachen, der Kutscher ließ seine Peitsche kräftig knallen.

»Was bist du bloß für ein freches, vorlautes Mädchen, du... ich... ich werde dich...« Er drehte sich vom Kutschbock um und langte nach meinen Haaren.
Ich duckte mich und rannte zum rückwärtigen Teil des Wagens. Im Dorf gab es kein Kind, das den Kutscher nicht fürchtete; es hieß, daß er Soldat gewesen sei, und es furchtbar weh tue, wenn er einen am Ohr zog.
Schwägerin Wuyun stieg vom Wagen und pflückte Blumen für mich. Hier auf dem offenen Lande blies der Wind etwas kräftiger, so daß ihr Kopftuch leicht flatterte. Weil die Erinnerungen an das Dorf immer noch in meinem Kopf herumspukten, verwandelte sich ihr Tuch vor meinen Augen zuweilen in eine Krähe oder Elster. Sie hüpfte wie ein kleines Kind, und als sie wieder auf den Wagen stieg, begann sie mir all die Blumennamen vorzusingen. Noch nie zuvor hatte ich sie so ausgelassen und fröhlich erlebt.
Auch der Kutscher vorn brummte mit tiefer rauher Stimme eine Melodie, deren Text allerdings unverständlich blieb. Ab und zu stieg der Rauch aus seiner kurzen Pfeife und folgte dem Wind; unsere Reise hatte gerade erst begonnen, und was wir erhofften und erwarteten, lag noch in weiter Ferne.
Schließlich schlief ich ein, ich weiß nicht, ob wir den Houtangbach schon passiert hatten. Irgendwo wachte ich einmal auf, doch es mischten sich Traum und Erinnerung: mir war, als ob mir das Kind, das die Enten hütete, immer noch zuwinkte; der kleine Gen erschien mir noch einmal, er saß auf dem Rücken des Ochsen und sagte mir auf Wiedersehen... Und mein Großvater, der vom Lande, drückte fest meine Hand und sagte: »Wenn du nach Hause kommst, bestell deinem anderen Großvater in der Stadt, er soll mal in den kühlen Herbsttagen zu uns hinauskommen... sag ihm, daß eingelegte Wachteln und der beste Gaoliangschnaps auf ihn warten... Und sag ihm auch, wie gebrechlich ich schon bin, sonst hätte ich ihn in den letzten Jahren schon längst einmal besucht...«
Ich wurde nicht von einem Menschen, sondern von dem

hohlen Klappern der Räder geweckt. Als erstes sah ich, daß der Ochse allein auf der großen Straße lief, der Kutscher saß gar nicht mehr auf seinem Bock. Als ich nach ihm suchte, entdeckte ich ihn hinter dem Wagen. Die Peitsche in der rechten Hand hatte er gegen die Pfeife eingetauscht. Seine Augen schweiften über die endlose Weite.

Als ich mich nach der gelben Katze umsah, fand ich sie auf den Knien von Schwägerin Wuyun, die ihr zärtlich über den Schwanz fuhr. Das blaue Kopftuch war ihr inzwischen bis über die Augenbrauen gerutscht, die Falten auf ihrer Nase kamen durch den Staub der Landstraße noch deutlicher zum Vorschein.

Die beiden hatten gar nicht gemerkt, daß ich aufgewacht war.

»... und vom dritten Jahr an kam kein Brief mehr von ihm! Ach ihr Soldaten...«

»Ist denn dein Mann auch Soldat?« fragte ich Schwägerin Wuyun.

»Onkel« Kutscher packte meinen Zopf und zog mich mit einem Ruck nach hinten.

»Und später... Hast du nie wieder einen Brief von ihm bekommen?« fragte er.

»Ich will's dir erzählen: Das Mittherbstfest war gerade vorüber... Ich weiß nicht mehr genau, in welchem Jahr es war. Gleich nach dem Frühstück ging ich in den Hof, um die Schweine zu füttern. Ich klopfte laut an den Trog und schnalzte mit der Zunge, um sie herbeizulocken... Wie konnte ich da noch irgend etwas anderes wahrnehmen? Es rief mich nämlich die zweite Tochter der Wangs aus dem Süddorf: ›Schwägerin Wuyun, Schwägerin Wuyun...‹ So rief sie auch noch, als sie auf mich zugelaufen kam: ›Meine Mutter meint, daß hier vielleicht ein Brief an dich von Bruder Wuyun gekommen ist!‹ Wirklich, ich hatte einen richtigen Brief vor Augen, ich hielt ihn in der Hand! Ich sah ihn immer nur an...

Ich weiß auch nicht, warum plötzlich so eine grenzenlose

Traurigkeit in mir aufkam... er lebte doch noch! Er... Meine Tränen fielen auf das rote Siegel. Als ich sie wegwischen wollte, verliefen sie als rote Kreise auf dem weißen Papier.
Das Schweinefutter ließ ich einfach verstreut im Hof liegen... Ich ging wieder ins Haus und zog mir frische Sachen an. Dann rannte ich los, zur Schule im Süddorf. Unter Lachen und Weinen erklärte ich dem Lehrer: ›Ein Brief von jemandem, der weit fort ist, würden Sie ihn mir bitte vorlesen, mein Herr?... Seit einem Jahr habe ich kein Wort mehr von meinem Mann gehört!‹ Der Lehrer nahm den Brief, warf einen kurzen Blick darauf und sagte, daß er nicht für mich sei. Ich ließ den Brief in der Schule zurück und lief nach Hause... Die Schweine blieben ungefüttert, die Hühner kamen nachts nicht auf die Stange... ich lag immer nur auf der Ofenbank... ein paar Tage war ich wie von Sinnen.«
»Und danach kam auch kein Brief mehr?«
»Nein.« Sie öffnete die Flasche mit dem Pflaumensaft, trank einen Becher und noch einen Becher.
»Ach, ihr Soldaten! Nur zwei, drei Jahre, hat er gesagt... aber zurückgekommen ist er nicht... Ein Geist ist mir geblieben, ein Geist in der Erinnerung...«
»Was denn«, sagte der Kutscher, »ist er etwa gefallen?«
»Ja, so sah's wohl aus! Jedenfalls kam schon über ein Jahr keine Nachricht mehr.«
»Ob er wohl gefallen ist?« Der Kutscher sprang vom Wagen, nahm die Peitsche und ließ sie zweimal durch die Luft sausen, daß es fast wie eine kleine Explosion klang.
Schwägerin Wuyuns Mund, dünn wie zerschlissene Seide, verzog sich zu einem bitteren Lächeln. »Was fragst du noch... euch Soldaten wird weiß Gott übel mitgespielt.«
Sobald wir Huangdorf passiert hatten, begann die Sonne zu sinken, und über tiefgrünen Weizenfeldern flogen Elstern und Spatzen auf.
»Als Bruder Wuyun gefallen ist, hast du da geweint?« Wäh-

rend ich die Frage stellte, packte ich die Katze spielerisch am Schwanz.

Aber Wuyun schenkte mir keine Beachtung, sie brachte nur ihr Kopftuch in Ordnung.

Der Kutscher kam hinter dem Wagen hervor, stützte sich auf den Karrenrand und schwang sich mit einem Satz auf seinen Bock. Immer wenn er, wie auch jetzt, seine Pfeife rauchen wollte, wirkten seine fest zusammengepreßten dicken Lippen wie ein Flaschenverschluß.

Schwägerin Wuyuns Worte rieselten wie ein leichter Regen auf uns nieder, ich lehnte mich an den Karrenrand und schlief wieder ein.

Als ich erneut erwachte, hielten wir in einem kleinen Dorf. Der Ochse trank an einem Brunnen. Sicherlich hatte Schwägerin Wuyun geweint, ihre Augen waren aus ihren tiefen Höhlen getreten, die Falten in ihren Augenwinkeln noch sichtbarer geworden. Der Kutscher schöpfte einen Eimer Wasser aus dem Brunnen und stellte ihn neben den Wagen: »Willst du nicht einen Schluck trinken, das erfrischt!«

»Nein«, sagte sie.

»Nun trink doch ein Schlückchen, oder kühl dir mit dem Wasser wenigstens das Gesicht.« Er zog sein Handtuch aus dem Gürtel und tauchte es kurz ein. »Wisch dir mal die Augen, die sind ja vom Staub ganz verklebt...«

War es möglich, daß ein Soldat jemandem sein Handtuch anbot? Das erstaunte mich. Ich wußte nur, daß Soldaten kämpfen, Frauen schlagen und Kindern die Ohren langziehen konnten.

»In jenem Winter ging ich in die Stadt, um auf dem Neujahrsmarkt Schweineborsten zu verkaufen...«, fuhr Schwägerin Wuyun fort. ›Hier gibt's schöne steife Schweineborsten, schöne lange Schweineborsten!‹ rief ich. Nach einem Jahr hatte ich den Vater meines Kindes fast vergessen... Wozu sollte denn das Warten noch gut sein? Im Herbst habe ich dann auf den Feldern Gaoliang geschnitten. Sieh dir diese Hände an, die haben schwer geschuftet... Im Frühjahr bin ich mit meinem Kind losgezogen und habe bei den Bauern gearbeitet, zwei, drei Monate waren wir von Zuhause weg. Im Winter haben wir uns dann dort wieder häuslich eingerichtet. Das war auch die Jahreszeit, in der ich mir Rinderborsten, Schweineborsten, und ein paar hier und dort aufgelesene Vogelfedern zurechtlegte, um sie an einem wärmeren Tag in der Stadt zu verkaufen. Wenn zufällig ein Wagen in die Stadt fuhr, nahm ich meinen ›kleinen Glatzkopf‹ mit, aber an jenem Tag hatte ich ihn nicht dabei. Das Wetter war nämlich gar nicht gut, den ganzen Tag fiel frischer Schnee, und auf dem Neujahrsmarkt war kaum etwas los. Ich konnte nicht mal ein paar Bündel Schweineborsten verkaufen. Vom frühen Morgen bis zur Abenddämmerung hockte ich da. An einer Kreuzung stand ein großes Handelshaus, an dessen Mauer ein Zettel hing, und die Menschen, die dort vorbeikamen, guckten ihn sich an. Nachträglich schien mir, als hätte der Zettel dort schon seit dem frühen Morgen gehangen. Aber vielleicht war er auch erst mittags angebracht worden. Einige Leute lasen laut vor, was dort stand. Ich verstand gar nicht, worum es ging ... ›Amtliche Bekanntmachung, amtliche Bekanntmachung‹ hieß es immer, aber was da nun eigentlich bekanntgemacht wurde, das verstand ich nicht. Ich wußte nur, daß ›Bekanntmachungen‹ etwas mit Beamten zu tun hatten, was ging uns kleine Leute das an! Ich hatte keine Ahnung, warum so viele Menschen die Bekanntmachung lasen ... Ich hörte, daß es sich um Deserteure handelte, die man gefaßt hatte ... hörte, daß sie in ein paar Tagen in die Kreisstadt gebracht und erschossen werden sollten ...«

»Wann war denn das? War das vielleicht 1921, im zehnten Jahr der Republik, als sie die zwanzig Deserteure erschossen haben?«

Nachdenklich öffnete der Kutscher seinen eingerollten Ärmel, um sich mit der Hand am Kinn zu kratzen.

»Keine Ahnung, in welchem Jahr das war ... Was hatte das außerdem mit mir zu tun, wer da erschossen würde, ich mußte ja zusehen, daß ich meine Schweineborsten losbekam, ein Unglück, wenn ich das nicht schaffte...« Sie rieb sich einen Moment lang die Hände. Plötzlich klatschte sie, als wollte sie eine Mücke totschlagen, unvermittelt die Handflächen zusammen:

»Ein Mann in einer schwarzen Mandarin-Jacke las die Namen der Deserteure vor. Ich sagte zu ihm: ›Lesen Sie noch einmal!‹ Erst hielt ich meine Schweineborsten noch fest in der Hand. Jiang Wuyun, hörte ich, Jiang Wuyun, es war, als ob der Name mehrere Male erklang... Dann, nach einer Weile, glaubte ich, mich übergeben zu müssen, ein übler Geschmack würgte in meiner Kehle; ich versuchte, ihn herunterzuschlucken... doch es gelang mir nicht... Alles verschwamm vor meinen Augen... Die Menschen, die die ›Amtliche Bekanntmachung‹ lasen, schoben sich nach vorn, ich wurde zur Seite gedrängt. Wieder ging ich vor, aber es war unmöglich, an einer Stelle stehenzubleiben! Immer mehr Leute kamen herbei, um die Bekanntmachung zu lesen, wieder mußte ich zurückweichen! Immer weiter zurück...«

Der Schweiß lief ihr über Stirn und Nase.

»Ein Wagen nahm mich mit aufs Land zurück. Als ich zu Hause ankam, war es fast Mitternacht. Erst als ich abstieg, fielen mir wieder meine Schweineborsten ein... Warum dachte ich überhaupt noch an sie? Meine Ohren waren völlig gefühllos geworden, wie zwei Holzsplitter. Das Kopftuch hatte ich unterwegs irgendwo verloren, vielleicht schon in der Stadt...«

Sie schlug ihr Kopftuch zurück, sie hatte keine Ohrläppchen mehr.

»Schau her, so sieht die Frau eines Soldaten aus...«

Dieses Mal band sie ihr Kopftuch noch fester, so daß die beiden Zipfel leicht vibrierten, wenn sie redete.

»Wuyun war also doch noch am Leben. Ich wollte ihn sehen, schließlich war ich ja mal seine Frau gewesen...

Im Februar ging ich mit dem ›kleinen Glatzkopf‹ auf dem Rücken jeden Tag in die Stadt... Ich erfuhr, daß die ›Amtliche Bekanntmachung‹ noch mehrmals angebracht worden war. Ich wollte sie gar nicht erst sehen, sondern ging gleich zum Yamen, dem Amtsgebäude. Dort erklärte man mir: ›Dafür sind wir hier nicht zuständig!‹, und schickte mich zur Kaserne. Schon immer habe ich mich vor Behörden gefürchtet... Als Kind vom Lande hatte ich doch nichts mit ihnen zu schaffen... Beim Anblick der Soldaten mit ihren Messern und Gewehren fing ich an zu zittern... doch ich gab mir einen Ruck: ›Geh rein!‹, sagte ich mir, ›die legen auch nicht gleich jeden um.‹ Später ging ich noch öfter hin, und verlor schließlich meine Angst vor den Soldaten, denn einen von uns dreien hatten sie sowieso schon in ihrer Hand... Sie erklärten mir, daß die Deserteure noch nicht zur Kaserne gebracht worden seien. Wann denn das geschehen würde, fragte ich sie. ›In einem Monat‹, war die Antwort... Als ich wieder im Dorf war, hörte ich, daß die Deserteure bereits in irgendeine Kreisstadt verlegt worden waren. Welche Kreisstadt? Bis heute habe ich mir diesen Namen nicht merken können... Jedenfalls hatte man sie in die Kreisstadt gebracht... Alle meinten, wenn ich mich nicht beeilte, würde ich meinen Mann nicht mehr lebend sehen. Also nahm ich meinen ›kleinen Glatzkopf‹ wieder auf den Rücken, ging wieder in die Stadt... Ich erkundigte mich in der Kaserne, da wurde mir gesagt: ›Du bist aber ungeduldig, wie oft willst du denn noch fragen? Wir wissen das auch nicht, vielleicht kommen sie auch gar nicht hierher‹...

Eines Tages sah ich in einer Pferdekutsche, die aus der Kaserne herausgefahren kam und an der ein paar Glöckchen klingelten, einen hohen Beamten sitzen. Ich setzte meinen ›kleinen Glatzkopf‹ ab und rannte der Kutsche entgegen. An einer Stelle, wo sie direkt auf mich zukommen mußte, kniete ich nieder. Ich fürchtete nicht die Pferdehufe.

›Ehrwürdiger Herr, mein Mann, Jiang Wu...‹ Ich hatte noch nicht zu Ende gesprochen, als ich einen dumpfen Schmerz in der Schulter spürte... der Kutscher hatte mich nach hinten gestoßen, und ich war im Straßengraben gelan-

det. Ich konnte nur noch erkennen, daß er auch eine Soldatenmütze trug.
Ich stand auf, hob meinen ›kleinen Glatzkopf‹ wieder auf den Rücken... Vor der Kaserne lag ein Fluß. Einen ganzen Nachmittag lang starrte ich auf das Wasser. Einige Angler waren da, und Leute, die Wäsche wuschen. Etwas weiter entfernt, dort, wo der Fluß einen Bogen machte, wurde das Wasser tiefer, eine Welle nach der anderen glitt an meinen Augen vorüber. Hunderte von Wellen muß ich wohl angestarrt haben, während ich dort saß. Ich wollte Glatzköpfchen am Ufer absetzen und dann mit einem Satz hineinspringen! Sein kleines Leben wollte ich ihm lassen, sobald er zu schreien anfing, würde sich schon irgend jemand seiner annehmen.
Ich tätschelte seine kleine Brust und sagte: ›Schlaf schön, kleiner Glatzkopf‹, oder so was Ähnliches. Dann streichelte ich noch ein Weilchen seine runden Öhrchen, wirklich wahr, dieses Kind hat so prächtige Ohren, ganz wie sein Vater. Immer wenn ich sie sehe, muß ich an seinen Vater denken.«
Sie lächelte ein wenig, wie sie ihr Kind so lobte.
»Wieder tätschelte ich seine kleine Brust und sagte noch einmal: ›Schlaf, Glatzköpfchen.‹ Mir fiel ein, daß ich noch ein paar Kupfermünzen besaß, die konnte ich dem Kleinen doch ins Hemd stecken! Gerade als ich die Hand ausstreckte, um ihm das Geld zuzustecken, öffnete das Kind die Augen... Im selben Augenblick glitt ein Boot mit einem Segel heran, auf dem ein Kind nach seiner Mama schrie. Als ich das hörte, hob ich den ›kleinen Glatzkopf‹ aus dem Sand, nahm ihn in die Arme, drückte ihn an mein Herz...«
Sie band ihr Kopftuch so fest, daß es ihr fast die Kehle zuschnürte, über ihre Hände liefen Tränen.
»Also... also ging ich wieder mit ihm auf dem Rücken nach Hause! Selbst wenn wir unseren Reis erbetteln mußten, hatte er doch noch eine Mutter, seine eigene Mutter...«
Die Enden ihres blauen Kopftuches begannen zu zittern, der Bewegung ihres bebenden Kinns folgend.
Vor unserem Wagen ging gerade eine Schafherde vorbei. Der

kleine Schafhirt blies auf einer Pfeife, die er aus einem Weidenzweig geschnitzt hatte. Auf dem freien Land konnte man in der untergehenden Sonne nicht mehr die Blumen von den Gräsern unterscheiden. Da war nur noch eine einzige verschwommene gelbe Fläche.
Der Kutscher lief neben dem Wagen her, das schleifende Ende seiner Peitsche ließ feine Staubfädchen aufsteigen.
»Erst im Mai, da sagte man mir in der Kaserne: ›Jetzt kommen sie, jetzt kommen sie.‹ Ende Mai legte ein großer Dampfer am Ufer vor der Kaserne an. Was für eine Menschenmenge! Noch viel mehr als beim Flußlampenfest Mitte Juli ...«
Eine ausholende Bewegung ließ ihre Ärmel flattern.
»Die Angehörigen der Deserteure standen auf der rechten Uferseite ... Ich stellte mich dazu. Es kam ein Mann mit einer Soldatenmütze, der jedem von uns ein Schild umhängte ... Aber ich, ich konnte doch gar nicht lesen, was darauf stand ...
Als die Gangway heruntergelassen werden sollte, kam ein Trupp Soldaten und kreiste diejenigen von uns ein, die Schilder umhatten. ›Rückt ein Stück vom Ufer ab, noch ein Stückchen ...‹ Mit ihren Gewehrkolben drängten sie uns zehn, zwölf Meter vom Dampfer weg. Ein alter Mann, der neben mir stand, hielt ein Bündel in jeder Hand. ›Alter‹, fragte ich ihn, ›wozu hast du das noch mitgebracht?‹ ›Wieso! Ich habe einen Sohn und einen Neffen dabei! Ein Bündel für jeden ... Wenn man ins Reich der Finsternis einkehrt, soll doch keiner in schmutziger Wäsche dort ankommen ...‹
Die Gangway wurde herabgelassen. Einige der Wartenden fingen zu weinen an ... Ich weinte nicht, ich stand fest auf meinen Beinen und schaute zum Dampfer hin, aber es kam keiner heraus ...
Nach einer Weile lehnte sich ein Offizier mit einem Schwert an der Seite über die Reling und rief: ›Noch ein Stück zurück mit den Verwandten, sie kommen jetzt raus ...‹ Der rauhe Ton veranlaßte den Soldatentrupp, uns wieder mit ihren Ge-

wehrkolben zurückzudrängen, sie trieben uns in ein Bohnenfeld neben der Straße, wo wir auf den Keimlingen stehen mußten. Die Gangway wurde knarrend herabgelassen... Sie kamen heraus, ein Soldat ging vorneweg. Ihre Fußketten klirrten... Ich erinnere mich noch an den ersten, einen Kleinen, Untersetzten... Fünf, sechs Männer kamen heraus, und keiner dabei, der so breite Schultern hatte wie ›Glatzköpfchens‹ Vater; wirklich, es war ein schrecklicher Anblick, wie sie alle die Arme weit nach vorne gestreckt hielten... ich merkte erst nach einer ganzen Weile, daß sie Handschellen trugen. Die Leute neben mir schluchzten immer lauter, ich wurde dabei noch ruhiger. Meine Augen hefteten sich nur auf die Gangway... Ich wollte ›Glatzköpfchens‹ Vater fragen: ›Warum konntest du nicht ein anständiger Soldat sein, warum mußtest du zum Deserteur werden? Sieh dir deinen Sohn an, wie konntest du ihn nur im Stich lassen?‹
Mehr als zwanzig Deserteure wurden von Bord geführt. Ich wußte aber nicht, welches ›Glatzköpfchens‹ Vater war, von weitem sahen sie alle gleich aus. Eine junge Frau, sie trug ein grünes Kleid, rannte wie wahnsinnig gegen die Reihe der Soldaten an und durchbrach sie. Doch die waren keineswegs bereit, sie vorbeizulassen... Sie packten sie und brachten sie wieder an ihren Platz zurück. Sie rollte sich auf dem Boden und schrie: ›Er war noch nicht mal drei Monate eingezogen, nicht mal drei Monate!‹ Zwei Soldaten aus dem Trupp hoben sie auf, ihr Haar war völlig aufgelöst. Es verging noch eine ganze Weile, bis wir mit unseren Schildern wieder heranduften... Wir kamen immer näher, und je näher wir kamen, um so weniger konnte ich erkennen, welches der Vater von ›Glatzköpfchen‹ war... Ein weißer Schleier legte sich über meine Augen, hinzu kam das Jammern und Geheule um mich herum, das mich ganz durcheinanderbrachte...
Einige der Deserteure hatten Zigaretten zwischen den Lippen und rauchten, einige fluchten, andere wieder lachten sogar. Diese Soldaten! Es ist schon was dran, wenn die Leute sagen, die Soldaten pfeifen aufs Leben...

›Glatzköpfchens‹ Vater war wirklich nicht dabei. Sehr merkwürdig... Ich drehte mich ruckartig um und packte einen Offizier am Ledergürtel: ›Und Jiang Wuyun!‹ – ›Wie bist du mit ihm verwandt?‹ ›Er ist mein Mann.‹ Da setzte ich den ›kleinen Glatzkopf‹ auf die Erde. Er quengelte und fing dann an, laut loszuheulen... Ich versetzte ihm einen Klaps, gab ihm eine Ohrfeige... Danach schlug ich auf den Offizier ein: ›Wohin habt ihr ihn verschwinden lassen?‹

›Die ist in Ordnung..., hat Haare auf den Zähnen..., die zeigt's denen...‹ riefen die Deserteure immer lauter, wobei sie mit den Füßen aufstampften.

Da ließ mich der Offizier eilig von seinen Soldaten fortschleifen... Sie sagten: ›Jiang Wuyun ist nicht der einzige, zwei andere sind auch nicht mitgekommen. Morgen oder übermorgen kommt das Boot mit der nächsten Abteilung. Die drei sind die Rädelsführer der Deserteure.‹

Ich nahm ›Glatzköpfchen‹ wieder auf den Rücken und verließ das Flußufer, das Schild hatte ich immer noch um den Hals hängen. Beim Laufen zitterten mir die Beine. Von überallher kamen Menschen angerannt, um sich das Spektakel anzusehen. Als ich hinten an der Kaserne vorbeiging, saß da der Alte mit den beiden Bündeln am Fuße der Kasernenmauer, von seinen Bündeln war nur noch eins da. ›Alter‹, fragte ich, ›ist denn dein Sohn auch nicht gekommen?‹ Noch während ich ihn ansprach, krümmte er seinen Rücken, schob sich seinen Bart in den Mund und weinte; verzweifelt biß er auf seine Barthaare.

Dann sagte er doch noch etwas: ›Weil er ein Rädelsführer war, haben sie an Ort und Stelle kurzen Prozeß mit ihm gemacht!‹

Damals wußte ich noch nicht, was ›kurzer Prozeß‹ bedeutete...«

Als sie nun weitersprach, klang es völlig aus dem Zusammenhang gerissen.

»Drei Jahre später, als ›Glatzköpfchen‹ sieben wurde, habe ich ihn in eine Bohnenkäsefabrik arbeiten geschickt... Seitdem halten wir es so: Zweimal im Jahr gehe ich ihn besuchen. Alle zwei Jahre kommt er einmal nach Hause..., für zehn, vierzehn Tage...«

Der Kutscher entfernte sich vom Wagen und ging auf einem kleinen Trampelpfad, die Hände auf dem Rücken. Die Sonne am Horizont verlängerte seinen Schatten, der sich mit jedem Schritt in die Form einer Gabel verwandelte.

»Ich hab' auch Frau und Kinder...«, kam es ihm von den Lippen, und es schien, als ob er diese Worte in die Ferne gesprochen hätte.

»Wirklich!« Schwägerin Wuyun lockerte ihr Kopftuch ein wenig.

»So was!« Ihre runzlige Nase bebte einen Moment, »aber warum bist du dann nicht nach Hause gegangen, als deine Zeit beim Militär zu Ende war?«

»Nach Hause, wie stellst du dir das denn vor? Sollte ich vielleicht mit leeren Händen nach Hause kommen?« Der Kutscher wischte sich mit seiner breiten Hand über die Nase und lachte verächtlich.

»Hast du denn in den letzten Jahren nichts verdient?«

»Ich bin ja gerade von der Armee abgehauen, weil ich Geld verdienen wollte!« Er zog seinen Gürtel noch etwas fester.

Ich zog mir eine weitere Jacke an, Schwägerin Wuyun legte sich eine Decke um die Schultern.

»Hhm, noch drei Meilen... Wenn wir ein Pferd hätten, tja! Dann wären wir im Nu da. So ein Ochse taugt ja nichts, dieses Vieh ist einfach von Natur aus viel zu lahm, auch auf dem Schlachtfeld, da kann man mit Ochsen überhaupt nichts anfangen...« Der Kutscher holte eine Baumwolljacke aus seinem Strohsack; sie flatterte im Wind, Grashalme flogen umher. Dann zog er die Jacke über.

In der Abenddämmerung blies der Wind kalt wie im Februar. Im hinteren Teil des Karrens öffnete der Kutscher den Weinkrug, den mir der Großvater vom Land für den Großvater in der Stadt mitgegeben hatte.

»So, ich werd' jetzt einen trinken! ›Auf der Reise soll man den

Weinkrug aufmachen!‹ ›Arme Leute spielen und saufen gern‹... zwei Becherchen werden da wohl erlaubt sein...« Nachdem er sich einige Becher zu Gemüte geführt hatte, war seine Brust vollständig entblößt. Er knabberte an einem Stück Trockenfleisch, wobei ihm der Speichel auf die Lippen trat. Immer wenn der schneidende Wind seinen Mund berührte, vermehrte sich der Speichel ein wenig.
Als wir uns der Stadt näherten, konnte man in jenem grauen Dunst nur noch erkennen, daß hier kein freies Land, keine Bergkette, weder ein Meeresufer, noch ein Wald waren...
Je mehr der Wagen seinem Ziel näherrückte, desto weiter schien sich die Stadt zu entfernen. Auf unsere Gesichter und Hände legte sich ein feuchter Schleier. Wir fuhren weiter. Nicht einmal das Ende der Straße konnte man erkennen...
Der Kutscher verstaute den Weinkrug und holte die Peitsche hervor... Inzwischen konnte man die Hörner des Ochsen nur noch verschwommen wahrnehmen.
»Und du bist nie wieder zu Hause gewesen? Hat deine Familie denn nie geschrieben?« Der Kutscher hatte Schwägerin Wuyuns Fragen wahrscheinlich nicht gehört, denn er schien außerordentlich damit beschäftigt, den Ochsen durch Pfeifen und Zurufen anzutreiben. Dann sprang er vom Wagen herunter und ging mit dem Ochsen vorneweg.
Ein unbeladener Wagen kam uns entgegen. Auf dem Kutschbock hing eine rote Laterne.
»Dichter Nebel!«
»Ganz schön dichter Nebel!« riefen sich die Kutscher gegenseitig zu.
»Dichter Nebel im März... das gibt ein schlechtes Jahr! Wenn's nicht Krieg bedeutet, dann ein Dürrejahr...«
Die beiden Wagen rumpelten aneinander vorbei.

(*Übersetzt von Ruth Keen*)

Der Sohn ist zur Versammlung gegangen

Der Vater hatte gerade die Manuskriptseiten glattgestrichen und den Pinsel zur Hand genommen, da öffnete sich ganz leise die Tür. Von seinem Schreibtisch aus konnte er es nicht sehen, aber er erkannte am Schritt, daß es sein Sohn war. Der Vater warf einen Blick auf die große Uhr, die genau gegenüber vom Schreibtisch stand. Es war zwölf Minuten nach elf Uhr.

Warum geht die Uhr nun schon wieder nach? dachte der Vater und legte den Pinsel aus der Hand.

»Papa, ich möchte heute nachmittag zur städtischen Handelskammer gehen!«

»Hm«, murmelte der Vater, der noch über seinen Artikel nachdachte. Er überlegte, wie er die eine Stelle besser formulieren könnte.

Der Sohn wollte schon gehen, weil er keine Antwort erhielt, aber gerade in diesem Augenblick schenkte ihm der Vater Aufmerksamkeit. »Zur Handelskammer willst du gehen?« Er entsann sich plötzlich eines Gesprächs, das er am Vortag mit seiner Frau geführt hatte. Sie hatte ihm erzählt, daß Axiang in letzter Zeit sehr oft fortginge. Sogar im zehn Li entfernten Wenmiao-Park sei er gewesen. Die Mutter meinte, diese Strapazen würden dem Sohne nur schaden, denn er sei noch zu jung.

»Warum willst du denn zur Handelskammer gehen?« fragte der Vater.

»Ich will zu einer Kundgebung!« Der Sohn konnte ein kleines Lächeln nicht unterdrücken. Da erst erinnerte sich der Vater, daß heute der 30. Mai* war. Er blickte dem Sohn ins Gesicht

* 30. Mai: Am 30. Mai 1925 demonstrierten in Shanghai Werktätige und Stu-

und dachte: Nun willst du dich also auch schon an einer Aktion beteiligen!
»Wir gehen doch zu dritt, alles Jungen aus meiner Klasse.«
Vielleicht hatte der Sohn erraten, daß er die Erlaubnis erhalten würde, denn er hatte das eigentlich nicht sagen wollen. Bisher war er in eigenen Angelegenheiten immer recht schweigsam gewesen.
»Kennst du den Weg?«
»Ja. Meine Freunde kennen ihn auch!«
Der Vater sagte: »Fahre aber so weit wie möglich mit dem Bus. Ich gebe dir das Fahrgeld.« Dann blickte er wieder auf das unvollendete Manuskript. Er wollte zumindest mit dem einen Abschnitt fertig sein, bevor er zum Mittagessen hinunterging.
Er begann wieder zu schreiben und hörte deutlich, wie der Junge sich im Nebenraum ein Buch aus dem Regal nahm und dann die Treppe hinunterstieg. Als er den Absatz beendet hatte, las er alles noch einmal durch. Er schüttelte den Kopf. Dann legte er den Pinsel aus der Hand und ging nach unten. Zuvor hatte er noch zwei Geldscheine aus dem Kasten genommen, denn ihm war eingefallen, daß er seinem Sohn das Fahrgeld versprochen hatte.
Der Sohn saß auf einem kleinen Rohrstuhl und lächelte den Vater verschmitzt an. Das tat er immer, wenn er sich den Erwachsenen überlegen fühlte; er glaubte, daß sie sich um alles viel zuviel Sorgen machten.
Die Mutter bügelte. Als sie ihren Mann kommen sah, sagte sie: »Axiang will an einer Massenkundgebung vor der städtischen Handelskammer teilnehmen. Du hast es ihm erlaubt? Er ist zuerst zu dir gegangen, weil er wußte, daß du nichts einwendest. Ich möchte ihn lieber nicht fortlassen,

denten, um einen Streik der Textilarbeiter zu unterstützen. Im britischen Konzessionsgebiet schoß ausländische Polizei auf die Demonstranten. Dieses Ereignis bildete den Auftakt zur Revolution 1925/27.

das ist doch zu gefährlich für ihn. Aber er antwortete mir, du hättest es bereits erlaubt.«
»Es ist sicher nicht gefährlich!« Der Vater schaute den Sohn noch einmal fest an und dachte: Ist es wirklich schon soweit, daß auch du dich an einer Aktion beteiligst? Willst du nur dorthin, weil du das recht unterhaltsam findest, oder?
In diesem Augenblick fragte die Mutter den Sohn: »Wenn du aber verhaftet wirst, was willst du dann sagen?«
»Ich werde sagen, daß der Lärm mich dorthin gelockt hat!« antwortete der Sohn und lächelte wieder verschmitzt.
»Ach, sieh mal an, sogar eine Ausrede hat er sich schon ausgedacht«, sagte die Mutter aufgeregt zum Vater. »Alles ist gut vorbereitet, sie rechnen also bereits mit Zwischenfällen!«
Bevor der Vater antworten konnte, sagte der Sohn: »Wir sollen nur wenig Geld, kein Papier und keinen Bleistift bei uns haben.«
»Dann schickt euch wohl die Schule dorthin?« fragte der Vater.
»Nein!«
»Aber wer hat denn veranlaßt, daß ihr zu dieser Kundgebung geht? Woher wißt ihr überhaupt, daß heute eine stattfindet?«
»Die Schule hat sie zwar nicht offiziell aufgefordert, aber sie hat sie ermuntert, daran teilzunehmen«, erklärte die Mutter. »Der versäumte Unterricht wird denen, die hingehen, nicht als Fehlstunde angerechnet. Von den Lehrern gehen auch einige.«
»Die Lehrer gehen gesondert, nicht mit uns zusammen.«
»Ach so.« Der Vater blickte die Mutter an und stellte fest, daß die Sorgen, die sie sich wegen möglicher Zwischenfälle machte, nicht unbegründet waren. Aber mußte man nicht damit rechnen? Man lebte doch in China!
Die Mutter stellte das Bügeleisen weg und sagte: »Meiner Meinung nach sollte er nicht gehen, er ist noch zu klein!«
Aber der Sohn ließ dem Vater keine Zeit zur Antwort, er

drängte die Mutter: »Mach das Essen rasch fertig, ich will mich um zwölf mit ihnen treffen.«

»Ist es denn noch nicht zwölf?« fragte der Vater erstaunt, denn er wußte, daß der Sohn sonst immer erst um zwölf aus der Schule kam.

»Heute ist er eine Stunde früher gekommen, das wird auch nicht als versäumter Unterricht gerechnet«, antwortete die Mutter, bevor sie in die Küche ging.

Als der Vater den Sohn noch einmal anschaute, erinnerte er sich jenes Tages vor elf Jahren. Damals war der Sohn zwei Jahre alt und hatte gerade laufen gelernt. Damals, vor elf Jahren, war die Mutter am Abend nach dem Blutbad auf der Nanking-Straße mit zwei Freundinnen vom Platz der Handelskammer nach Hause gekommen. Dort hatte sie an einer Massenkundgebung, die die Schließung der Läden forderte, teilgenommen. Sie hatte das zweijährige Kind in die Arme geschlossen und aufgeregt berichtet: »In unserer Gruppe waren auch Grundschüler. Als die Berittenen die vorderen Reihen, in denen die Erwachsenen standen, auseinandergetrieben hatten, wurden die Schüler niedergeritten. Ich sah einen Schüler, kaum älter als zwölf, dreizehn Jahre, der unter die Pferdehufe geriet. Glücklicherweise kam sofort der Verkehrstrupp und barg ihn. In dem Augenblick habe ich an unseren Axiang gedacht! Aber wenn Axiang groß ist, wird die Welt sich verändert haben!«

Später, wenn die Mutter wieder einmal an einer Demonstration teilgenommen hatte, wenn sie wieder einmal gesehen hatte, daß Schüler dabei von Hufen getreten oder von Pferdepeitschen geschlagen wurden, umarmte sie, sobald sie nach Hause kam, ihr Kind und sprach ähnliche Worte. Vor kurzem hatte sie Bilder von Schülern gesehen, die am 16. Dezember bei den Demonstrationen in Peking verwundet worden waren. Da hatte sie Axiang zu sich gerufen und ihm gesagt: »Sieh mal, Axiang, dieser Schüler mit dem verbundenen Arm ist kaum älter als du! Sie scheuen nicht einmal davor zurück, sich an Kindern zu vergreifen!«

Nun war es also auch für Axiang soweit, daß er sich an Aktionen beteiligen wollte! Damals, vor elf Jahren, hatten sich sicherlich unzählige Kinder, die so alt waren wie jetzt Axiang, mit genausoviel Neugierde und Begeisterung auf die erste Demonstration, an der sie teilnehmen durften, vorbereitet. Der Gedanke erweckte bei dem Vater Schmerz, aber auch Freude.

Der Sohn aß hastig den gebackenen Reis. Vater und Mutter beobachteten ihn von der Seite. Der Vater glaubte, daß es notwendig sei, dem Sohn noch einiges zu sgen, aber es wären zu viele Worte für die wenige Zeit, die sie noch hatten, gewesen. Und sicherlich hätte der Sohn nicht einmal alles verstanden, denn er war ja noch so klein!

Schließlich begann die Mutter als erste zu sprechen. »Axiang, wenn im Anschluß an die Kundgebung noch eine Demonstration stattfindet, gehst du aber nicht mit!«

Der Sohn aß unbekümmert weiter.

»An der Demonstration brauchst du wirklich nicht teilzunehmen. Du bist gerade erst wieder gesund geworden, das viele Laufen könnte dir also schaden. Und wenn ihr unterwegs auseinandergetrieben werdet, wie willst du dann nach Hause finden?« schaltete sich nun auch der Vater ein.

Aber der Sohn lächelte verschmitzt, aß langsam auf und antwortete erst dann: »Ich habe keine Angst. Wenn ich den Weg nicht weiß, kann ich ja fragen oder mir einen Wagen nehmen!« Er streckte die Hand aus. »Wie ist es nun mit dem Fahrgeld?«

Der Vater gab ihm zwei Geldscheine, dann ging der Sohn. Die Mutter stand in der Tür und sah ihm nach, bis er das Gäßchen verlassen hatte.

»Du hättest es ihm nicht erlauben dürfen«, warf die Mutter dem Vater vor, als sie in das Zimmer zurückkehrte.

»Und wenn man es ihm nicht erlaubt? Dann wird er dich das nächste Mal belügen!«

»Aber er ist doch noch zu klein!« sagte die Mutter und seufzte. Der Vater schüttelte den Kopf. Dann zündete er sich eine Zigarette an. Dabei fiel ihm wieder der Artikel ein, der noch nicht fertig war, den er aber am Abend unbedingt abliefern mußte.

Als der Vater und die Mutter sich beim Mittagessen allein gegenübersaßen, empfanden sie ein Unbehagen. »Ich wollte ihn eigentlich begleiten und nach Hause bringen, wenn eine Demonstration stattfindet. Aber dann habe ich mir gesagt, daß man dort sicherlich viele Bekannte treffen wird, und außerdem würde er auch nicht mit mir gehen wollen«, sagte die Mutter wie zu sich selbst.

Der Vater lachte schallend. »Natürlich, er will doch mit den Massen demonstrieren und nicht mit seiner Mutter!«

»Er versteht das doch nicht, er ist nur aufgestachelt und dadurch mutig! Du solltest ihm das alles einmal erklären!«

»Wie soll ich es ihm erklären, und was soll ich sagen? Vielleicht, daß er ein sinnloses Opfer vermeiden soll? Er ist noch zu jung, er würde das nicht verstehen!« Der Vater lachte plötzlich wieder laut auf. Sie beendeten ihre Mahlzeit, ohne das Thema noch einmal zu berühren. Mit großen Schritten ging der Vater rauchend im Zimmer auf und ab, blieb ein paarmal vor der Mutter stehen und schaute sie mit begeisterter Miene an. Schließlich sagte er: »Massenkundgebungen werden wahrscheinlich erst dann ungefährlich sein, wenn Axiangs Sohn schon zur Schule geht! Die chinesische Revolution ist ein langer, schwerer Kampf!«

»Unser Axiang wird bestimmt einmal sehr mutig. Wenn er zwanzig wäre, würde ich mir keine Sorgen machen. Aber er ist kaum dreizehn. Ich wünschte, er wäre schon zwanzig!«

»Laß nur, die Zeit vergeht manchmal sehr schnell!«

Vater und Mutter lachten, sie sahen einander an und merkten, daß ihnen die Augen feucht wurden, aber ihr Lachen war natürlich und froh.

Der Nachmittag war bald vorüber, aber nach sechs Uhr wurden die Alten wieder recht sonderbar; mal verging ihnen die Zeit wie im Fluge, dann schien sie stehenzubleiben. Die Mutter überlegte schon, wo sie sich erkundigen und wen sie um

Hilfe ersuchen könne. Nach acht Uhr wurde auch der Vater unruhig, aber dann erschien ein Freund und brachte ihm verschiedene Flugblätter, die bei der Demonstration verteilt worden waren. Erst als man von ihm erfahren hatte, daß es nicht zu Zwischenfällen gekommen war, beruhigte die Mutter sich etwas.

Aber nun hatte sie wieder andere Sorgen. Ob er sich verlaufen hat? Oder ob er überfahren worden ist? Die Mutter war so besorgt um ihr Kind, als wäre es hilflos wie ein neugeborenes Lämmchen.

Erst Viertel nach neun kam der Sohn nach Hause.

Als er zur Tür hereintrat und die Flugblätter auf dem Tisch sah, fragte er: »Wo sind die denn her?« Auch er hatte eins mitgebracht und holte es geschwind aus der Tasche.

Vater und Mutter lachten; die Mutter zog den Sohn an sich und sagte: »Nun erzähl mir mal, wie war die Demonstration?«

»Sie ging zum Friedhof der Gefallenen des 30. Mai und dann zum Nordbahnhof. Dort haben uns Soldaten aufgehalten, und wir sind auseinandergegangen. Die Füße tun mir gar nicht weh!«

Während der Sohn erzählte, holte er ein kleines rotbeschriebenes Blatt hervor und erklärte: »Das sind die Losungen, die wir gerufen haben. Wir haben viel Spaß dabei gehabt!«

(*Übersetzt von Fritz Gruner*)

BA JIN

Regen

I

Seit einigen Tagen regnete es ununterbrochen, nicht ein winziges helles Fleckchen war am Himmel zu entdecken.

Vom frühen Morgen bis in die späte Nacht saß ich am Schreibtisch, der dicht am Fenster stand. Hob ich den Kopf, so konnte ich beobachten, wie das Regenwasser die Fensterscheiben hinabrann. Wanderten meine Augen durch das Glas nach draußen, sahen sie nichts als grauen Nieselregen. Die Tropfen fielen mit monotonem Geräusch auf die Steinplatten unter dem Fenster. Sie fielen in diesen Tagen pausenlos; ihre einförmige Melodie erreichte zuerst nur meine Ohren, allmählich aber drang sie in mein Herz. Sie bedrückte mich wie eine schwere Last und ließ nicht zu, daß meine Gedanken bei dem Buch verweilten. Am Abend konnte ich nicht mal mehr die Schriftzeichen unterscheiden. Ich ertrug es nicht länger, schlug das Buch zu und stand auf. Langsam ging ich im Zimmer auf und ab und zündete mir eine Zigarette an.

Wieder und wieder blies ich den Rauch aus und bedeckte meine Augen mit der Hand. Doch meine Ohren nahmen noch immer angespannt jedes Geräusch wahr. Ich lauschte meinen eigenen Schritten.

Da kam mir ein merkwürdiger Gedanke: Sollte ich etwa der einzige Mensch auf dieser Welt sein? Ich konnte nicht mehr im Zimmer bleiben, zögerte nicht länger, warf den Zigarettenstummel weg, zog den Mantel über, setzte die Mütze auf, lief eilig die Treppe hinunter und trat durch die Hintertür ins Freie.

Es regnete noch immer. In dem kleinen Gäßchen war es sehr still. Der Regen hatte die Steinplatten blank gewaschen.

Tropfen schlugen mir ins Gesicht und benetzten meine Brille. Ich achtete nicht darauf, ich spürte nur das Feuer in meinem Innern. Gerade jetzt brauchte ich den Regen, es zu löschen. Hastig verließ ich die schmale Gasse.

Die nächste Straße war breiter, doch mir bot sich nur ein Bild von Öde und Verlassenheit. Vor den Ladentüren flackerte mattes Lampenlicht, auf der Fahrbahn rollten lautlos ein paar Rikschas vorüber. Schwache Schatten tauchten vor meinen Augen auf und verschwanden wieder. Es war alles wie ausgestorben, nur der Regen fiel weiter herab. Er fiel pausenlos, und die Tropfen klopften drohend auf den leblosen Boden.

Ich lief den Gehsteig entlang, ohne den Schritt zu verhalten. Das Regenwasser troff in kleinen Rinnsalen von meinem Mützenschirm und sammelte sich auf den Brillengläsern. Ich wischte es nicht fort, ich zog nicht einmal die Hand aus der Manteltasche. Nur undeutlich sah ich, was vor mir lag, und ich wollte es auch gar nicht sehen. Es war, als würde mich eine geheime Kraft niederdrücken. Verbissen kämpfte ich gegen sie an, doch alles, was ich tun konnte, war laufen.

Wohin lief ich? Ich wußte es nicht und dachte nicht darüber nach. Selbst an einer Straßenkreuzung blieb ich keine Sekunde stehen. Ein paarmal durchquerte ich Pfützen, das Wasser drang in meine Schuhe und durchnäßte die Strümpfe. Ich achtete auch darauf nicht, ich hatte nur eines im Sinn: Vorwärts, so schnell es geht!, als würde ich in eine Umklammerung geraten, sobald ich nur innehielte.

Ich lief durch eine Straße, durch eine zweite. Alles, was vor meinen Augen auftauchte und wieder verschwand, glich wie vordem einem Bild von Ödnis und Verlassenheit. Ich wußte nicht, wie lange ich schon gelaufen war, aber in meinem Innern loderte noch immer ein quälendes Feuer. Die kalten Regentropfen auf meinem Körper konnten nichts dagegen ausrichten. Ich spürte weder Kälte noch Müdigkeit.

Plötzlich verharrte ich an einer Straßenecke. Nein – nein, ich verharrte nicht, ich bog in eine Seitenstraße ein, ohne nachzudenken, weshalb.

Auch hier war es totenstill. In vielen Wohnungen hatte man das Licht schon gelöscht, und von dort, wo noch Licht brannte, drang nicht der leiseste Laut eines fröhlichen Lachens. Ich kam an die Hintertür des Hauses Nummer drei und blieb davor stehen. Erst als ich die Hand ausstreckte, um zu klopfen, stellte ich verwundert fest, daß es das Haus war, in dem Yu wohnte.

Und es war Yu, der mir öffnete. Ich hatte ihn vier oder fünf Tage lang nicht gesehen. Er sah noch blasser und abgezehrter aus als vorher. Als er mich erkannte, fuhr er erschrocken zusammen, sagte aber nichts, sondern ließ mich hinauf in sein Zimmer.

»Warum bist du hergekommen? Habe ich dir nicht gesagt, daß du nicht kommen sollst?« Yu sprach diese ersten Worte in vorwurfsvollem Ton, drückte aber dabei freundschaftlich meine Hand. Ich sah ihn dankbar an, doch die Dankbarkeit verwandelte sich schnell in Bitternis. Ich ließ seine Hand los und fragte leise:

»Gibt es etwas Neues?«

Seine Augen weiteten sich und blickten mich schmerzerfüllt an. Er nickte, dann aber schüttelte er verzweifelt den Kopf.

»Ja besteht denn gar keine Hoffnung?« rief ich angstvoll.

Er klopfte mir sacht auf die Schulter und warnte mich leise:

»Sprich nicht so laut!« Einen Augenblick später sagte er: »Ich habe gehört, daß sie schonend behandelt wird, aber wir konnten noch immer nicht herausbekommen, wo sie jetzt ist.«

»Ist es denn sicher, daß man sie schonend behandelt?« fragte ich beklommen.

»Wer weiß ... Es ist das einzige, was zu uns gedrungen ist. Wir haben so viele Freunde gebeten nachzuforschen, es war alles umsonst. Es gibt keine Möglichkeit, sie zu sehen.« Seine Stimme klang gleichgültig, aber ich spürte den tiefen Schmerz, den er dahinter verbergen wollte. Vor vier oder fünf Tagen hatte ich ihn gesehen, und da hatte er mir dasselbe gesagt. Offensichtlich war in den letzten Tagen keine neue

Nachricht hinzugekommen. »Du bist ja ganz durchnäßt!« fuhr er plötzlich fort. »Du hättest nicht herkommen sollen. Du mußt auch an deine eigene Sicherheit denken.« Aus seiner tadelnden Stimme klang große Sorge.

Ich lachte bitter auf, zog den Mantel aus, nahm die Mütze ab und legte sie auf einen Schemel, setzte mich dann an den Schreibtisch und antwortete:

»Ich kann so nicht leben. Ich kann nicht bei lebendigem Leibe im Zimmer ersticken. Du weißt ja nicht, wie schrecklich das ist, es ist noch schlimmer, als im Gefängnis zu sitzen!«

»Sprich etwas leiser. Du solltest dich nicht immer nur über dein eigenes Leid beklagen.« Er setzte sich ebenfalls und sah mich besorgt an. Seine Stimme war von großer Bitterkeit erfüllt, während er auf mich einredete. »Du mußt noch ein wenig aushalten! Sieh mich an, denk doch an mein Leben!« Er hielt inne und strich sich schweigend übers Haar, als überlege er, worin sein Leid bestehe, oder als hindere ihn eine quälende Erinnerung daran, fortzufahren. Mir war klar, daß er nur an sie denken konnte.

Meine Erregung ebbte allmählich ab, aber in meiner Brust spürte ich stärker als zuvor einen stechenden Schmerz.

»Huas Mutter ist gekommen.« Er preßte die Hand auf den Schreibtisch und sprach plötzlich leise und entschlossen. »Sie wohnt in der Mansarde. Sie weiß nicht, was mit ihrer Tochter ist. Ich habe nicht den Mut, es ihr zu sagen. Du wirst verstehen, daß es mir nicht leichtfällt, ihr etwas vorzumachen. Sie ist meine Tante und hat mich aufwachsen sehen. Sie hatte mit Hua vereinbart, herzukommen. Ihr Briefwechsel mit Hua lief hier über mich. Wir haben damals nicht gedacht, daß es so kommen könnte. Überleg doch mal, wie kann ich ihr die Wahrheit sagen... sie ist fast fünfzig.« Während er sprach, zitterte seine Stimme immer stärker, und bei den letzten Worten klang sie wie von verhaltenen Tränen erstickt. Aber er wollte nicht zeigen, wie sehr er litt, deshalb brach er ab und stöhnte nur einmal leise auf.

Hua hatte mir erzählt, daß ihre Mutter sie sehr liebte. Oft

hatte sie zu uns davon gesprochen, was für ein gütiger Mensch sie sei. Nach dem Tode ihres Mannes war sie zwanzig Jahre lang allein geblieben und hatte Hua großgezogen, hatte sie studieren lassen. Die einzige Hoffnung dieser klugen und herzensguten Frau war, daß Hua einen Mann nach ihren Wünschen heiraten und glücklich sein möge. Obwohl sie Hua nicht verstand, liebte sie sie doch von ganzem Herzen, und jetzt... Ich dachte daran, was geschehen war, dachte daran, was Hua mir früher erzählt hatte, und von neuem überkam mich der Schmerz. Ich versuchte mit aller Kraft, den Schmerz zu unterdrücken, denn auch ich wollte ihn nicht zeigen.

»Wir müssen sie unbedingt retten«, sagte ich leise zu mir selbst. Angestrengt grübelte ich nach einem Ausweg, aber mein Kopf wurde mit einemmal so schwer wie Blei, und die Gedanken erstarrten. Verzweifelt rieb ich mein Gesicht, als peinige mich Aussatz.

»Was können wir denn noch tun? Ich habe so viele Freunde um Hilfe gebeten, aber nicht einer wußte, wo sie ist«, fuhr Yu fort. Ich war sicher, daß er nicht übertrieb. Er war wirklich tagelang wegen Hua umhergelaufen, hatte aber nicht das geringste ausrichten können.

Plötzlich ergriff ein Gedanke von mir Besitz: »Vielleicht ist sie schon nicht mehr auf dieser Welt...« Ich versuchte, ihn zu verdrängen, doch es gelang mir nicht. Ohne es zu wollen, hatte ich den Satz ausgesprochen und erschrak selbst, als ich ihn hörte.

»Das kann nicht sein... nein – das kann auf gar keinen Fall sein!« widersprach Yu heftig. Er bot beim Reden die letzten Kräfte auf, gerade als müsse er Hua vor mir schützen. »Sie hat doch gar nichts getan, hat sich nicht aufrührerisch verhalten!«

»Warum muß sie sich aufrührerisch verhalten haben?« Ich stand ruckartig auf und stützte eine Hand auf den Schreibtisch. »Sie hatte den Mut, auszusprechen, was sie dachte, und zu tun, was sie glaubte, tun zu müssen«, entgegnete ich in

verärgertem Ton, als wollte ich seine Argumente widerlegen. »Ist das nicht genug?«
Er sah mich verständnislos an, mein Zorn verflog. Ich setzte mich wieder. Vor meinen Augen tauchte undeutlich das Bild eines Leinensackes auf... dann ein Fluß... der Sack glitt ins Wasser, die Wellen trugen ihn davon, bis er schließlich langsam in die Tiefe sank. Ich fühlte, daß es ihr Körper war, den dieser Sack umhüllte. Von bohrendem Schmerz gepackt, schloß ich die Augen und schlug die Hände vors Gesicht.
»Das kann nicht sein! So kann man nicht mit ihr abgerechnet haben! Ich glaube, daß sie noch am Leben ist«, sagte Yu voller Überzeugung. Der Klang seiner Stimme ließ mich die Augen wieder öffnen. Ich begegnete seinem festen Blick, der jedoch gleich wieder unsicher wurde. Zweifelnd fuhr er fort: »Aber in dieser Zeit ist nichts genau vorauszusehen, wer kann es wissen?«
In der Mansarde ertönte das trockene Hüsteln einer alten Frau, das einen Moment später verstummte. Dieses Geräusch hatte Yu unterbrochen. Im Zimmer war es nun wieder ganz still, doch das Husten der alten Frau tönte noch immer in meinen Ohren und klang in meinem Innern nach. Es war die Stimme von Huas Mutter. Sie erinnerte mich an Hua... Zorn und Schmerz überwältigten mich von neuem.
»Sie schläft noch nicht. Sie ist immer bis spät in die Nacht hinein wach.« Yus Gesicht verfinsterte sich. Er sah mich an und fuhr niedergeschlagen fort: »Sie denkt an ihre Tochter. Ich befürchte, sie ahnt schon etwas. Weshalb sieht sie mich sonst oft so traurig und tadelnd an, als wollte sie etwas sagen, tut es dann aber doch nicht? Es fällt mir so schwer, diese Frau zu belügen, wie leicht kann die Wahrheit herauskommen.«
»Sie kann nichts wissen«, erwiderte ich leise, nicht um ihn zu trösten, nur um irgend etwas zu sagen. Mir war das Herz unendlich schwer, ich hatte meine Hände nicht mehr in der Gewalt und schlug sie heftig vors Gesicht.
»Ich glaube, eines Tages werde ich ihr alles sagen. Ich kann

sie nicht täuschen.« Er sprach leise und mutlos und doch so, als wolle er in mich dringen und fordere von mir eine bestimmte Antwort. Aber ich antwortete nicht. Er sah mich plötzlich angsterfüllt an und schrie auf: »Blut! Blut! Auf deinem Gesicht...«

Ich verstand, was er meinte, hob die Hand und fuhr mir über das Gesicht. Die Handfläche war blutbeschmiert.

»Was macht schon das bißchen Blut«, entgegnete ich ruhig.

Er rührte sich nicht, Staunen und Verwunderung lagen in seinem Blick.

Ich saß ihm schräg gegenüber. Ich hatte Angst, seine Stimme zu hören, Angst, ihm in die Augen zu sehen, ich hatte schreckliche Angst, die abgrundtiefe Stille im Zimmer ertragen zu müssen. Ich stand auf, zog den Mantel an, setzte die Mütze auf und ging, ohne ein Wort zu sagen. Als ich an der Mansardentür vorüberkam, erschreckten wohl meine Schritte Huas Mutter. Sie begann wieder laut zu husten. Dieses Geräusch traf mich wie ein Peitschenhieb. Ich hastete die Treppe hinunter.

Yu kam mir nachgelaufen und bat mich leise, in Zukunft etwas vorsichtiger zu sein. Er hatte mich schon einige Male darum gebeten. Ich antwortete ihm unbestimmt und ging hinaus.

Mit einem Feuer in meinem Innern war ich hierhergekommen, und mit einem Feuer in meinem Innern ging ich wieder fort. Es regnete noch immer. Der Boden war eine einzige Wasserlache. Das Wasser umspülte meine Füße. Ich schlug den Mantelkragen hoch und sah in den Himmel. Er war stockfinster. Eiskalte Regentropfen peitschten mein brennendes Gesicht und wuschen die Blutspuren ab. Die Wunde schmerzte leicht. Ich seufzte mutlos, zog den Kopf ein und verließ die Gasse.

Vor meinen Augen verschwamm alles, als würde der Himmel seine endlose Finsternis auf mich herniedersenken. Mein Gesicht war naß, die Mütze lastete schwer auf meinem Kopf, vom Mützenschirm troff das Regenwasser. Auch der Mantel war durchnäßt, und die Hosenbeine waren von oben bis unten mit Straßenschmutz besudelt. Ab und zu lief ich durch eine große Pfütze, doch ich zog nur den Kopf ein und eilte weiter, ohne zu wissen wohin. Nach Hause wollte ich nicht zurückkehren, mein kaltes und leeres Zimmer hatte mich schon genug gequält. So irrte ich unruhevoll und ziellos durch die Straßen.

Ich lief durch eine Straße, durch eine zweite... Ich merkte nicht, wie viele es schließlich waren, da bog ich in eine kleine Gasse ein. Meine Füße trugen mich bis zu einer Hintertür und hielten dort inne. Erst jetzt hob ich erstaunt den Kopf. Auf der rot und gelb lackierten Holztür leuchtete ein weißes Schild mit der schwarzen Ziffer 15.

Plötzlich war ich wie ernüchtert, klopfte nicht an, sondern trat ein paar Schritte zurück und starrte angestrengt auf die Mansarde, aus der kein Lichtschimmer drang. Es war alles still, und mein Herz begann wieder zu schmerzen. Noch vor kurzer Zeit brauchte ich hier unten nur einmal »Hua« zu rufen, und sogleich steckte sie ihren Kopf aus dem Mansardenfenster und öffnete mir. Wir saßen an ihrem kleinen runden Tisch, tranken Tee und redeten über die verschiedensten Dinge. Ich berichtete von meiner Arbeit in den letzten Tagen, und sie erzählte mir von ihrer. Voller Freude zeigte sie mir dieses und jenes, oder sie blätterte in irgendwelchen Büchern und stellte mir Fragen. Dann sah sie mich mit ihren großen lackschwarzen Augen herzlich an und erzählte mir ganz offen alles über die Ihren. Auch ich konnte ihr alles anvertrauen. Oft saßen wir so beieinander, manchmal gesellte sich auch Yu zu uns. Noch vor etwa zehn Tagen waren Yu und ich bei ihr gewesen. Zwei oder drei Stunden hatten wir in dem Mansardenstübchen zusammen verbracht. Doch jetzt war alles anders... Und es war so unerwartet gekommen!

Ich hatte mich entschlossen, nicht mehr herzukommen. Freunde hatten mich gewarnt. Ich wußte ja auch, daß ich hier ihre Spur nicht finden würde, aber meine Füße hatten mich dennoch hergeführt. Es schien, als fiele ihnen das Vergessen noch schwerer als meinem Kopf. Sie waren schuld daran, daß jetzt alles Vergangene mit solcher Deutlichkeit in mir aufstieg.

Ich konnte diesen Ort nicht sofort wieder verlassen. Aus einiger Entfernung starrte ich wie gebannt auf die Mansarde. Beide Fensterflügel waren fest geschlossen, drinnen herrschte pechschwarze Finsternis. Wahrscheinlich wohnte noch niemand dort. Plötzlich durchfuhr mich der Gedanke: Vielleicht schläft sie? Doch erbittert mußte ich darüber lachen. Ich sah ein Paar große lackschwarze Augen vor mir aufleuchten. Ich wollte genauer hinsehen, aber die Gläser meiner Brille waren vom Regen blind, und ich erkannte nur die Umrisse dessen, was vor mir lag. Die Regentropfen prasselten erbarmungslos auf meinen Kopf, mein Gesicht und meinen Körper. Regungslos, als wäre jedes Gefühl aus mir gewichen, stand ich da und unternahm nicht den geringsten Versuch, mich vor dem Regen zu schützen. Ich war wie von Sinnen. Erst als die Hintertür eines Hauses in der Nähe mit lautem Geräusch geöffnet wurde, durchzuckte mich ein anderer Gedanke, und erschrocken stürmte ich davon.

Ich wußte noch immer nicht, wohin ich gehen sollte. Meine Füße trugen mich aus der Gasse fort. Die Lichter in den Straßen flackerten matt. Der Verkäufer eines kleinen Ladens war dabei, zu schließen. Zwei oder drei Fußgänger, die mit Mühe ihre Schirme hielten, kamen mir entgegen. Alles das schien mit mir in keinerlei Beziehung zu stehen. Ich empfand mit einemmal, daß ich in der großen Stadt ein Fremder war. Dieser Gedanke ließ mich noch mehr leiden und das Feuer in meinem Innern erneut auflodern. Der Regen trommelte weiter, aber ich fühlte das Peitschen der Tropfen nicht mehr. Mir blieb keine Wahl, ich konnte mich nur willenlos von meinen Füßen irgendwohin tragen lassen.

Ich lief dicht neben der Fahrbahn. Die Füße wurden mir schwer, und in meinen Schuhen sammelte sich Unrat. Ich konnte nicht sehr schnell gehen. Als mich ein Auto überholte, das von hinten herangerast war, ertönte ein schriller Ruf. Erschrocken sprang ich zur Seite und wurde doch mit Schmutz bespritzt. Ich konnte noch hören, wie jemand schallend lachte.

Die Menschen sind einander völlig gleichgültig! Klar und schmerzlich durchzuckte mich dieser Gedanke. Dann spürte ich, wie sich mein Gesicht zusammenkrampfte. Zur selben Zeit, da in meinem Kopf quälende Gedanken bohrten, lachten die Menschen in dem Auto vergnügt. Meine Sorgen, mein Leid kümmerte niemanden. Ich litt, ich kämpfte mit letzter Kraft, vielleicht war das Ende schon nah, doch es gab keinen, der es wußte. Meine Erregung wurde immer größer. Ich spürte, wie alles in mir in Aufruhr geriet. Es war, als wolle mein Herz zerbersten. Meine Hand in der Manteltasche ballte sich zur Faust. Ich hatte den Wunsch, etwas zu zerstören oder selbst auf der Stelle vernichtet zu werden. Ich hoffte, der Regen möge stärker und stärker werden, sich schließlich in eine Flut verwandeln und mich und alles um mich herum mit sich fortreißen.

Aber der Regen wurde nicht stärker. Im Gegenteil – er ließ nach. Dieses Brennen, dieses Aufwallen meiner Qual – jeden Augenblick konnte mein Herz zerspringen. Ich biß die Zähne zusammen und stürzte wie ein Wahnsinniger vorwärts. Ich sah die kalte Straße nicht mehr und achtete nicht darauf, welche Richtung ich einschlug.

Ich lief durch eine Straße, durch eine zweite... Ich wußte nicht, weshalb ich in eine Gasse einbog und meine Füße wieder an der Hintertür des Hauses Nummer drei verharrten. Unsicher stand ich da und zögerte, noch einmal zu Yu hineinzugehen.

Ich hatte wirklich kein zweites Mal hierherkommen wollen. Ich hatte Angst, Yus abgezehrte Gestalt zu sehen, Angst, das Husten der alten Frau zu hören, ja ich hatte Angst, die Hand auszustrecken, um an die Tür zu klopfen. Doch meine Füße hatten mich wie zum Trotz hierher zurückgetragen. Sie

schienen klarer zu sehen als mein Kopf. Sie waren es, die nicht vergessen konnten. Selbst als ich es wollte, hatten sie mich wieder an diesen Ort geführt.
Doch ich brachte es nicht fertig, anzuklopfen und hineinzugehen. Ich stand an der Tür und beobachtete die Mansarde. Die Fenster waren fest geschlossen, Dunkelheit auch dort drinnen. Beinahe ebenso wie eine andere Mansarde, die ich gerade erst gesehen hatte. Schlief die alte Frau schon? Gern hätte ich gewußt, wovon sie träumte. Ganz sicher war Hua in ihrem Traum gesund und lebensfroh. Meine Gedanken verweilten wieder bei der alten Frau. Hua hatte mir ihre Fotografie gezeigt. Ein gutes Gesicht. Die Augen und der Mund waren Hua sehr ähnlich. In diesem Moment wünschte ich plötzlich, sie einmal zu sehen. Der Wunsch war so stark, daß ich ihn kaum zu unterdrücken vermochte. Doch dann hörte ich ihr trockenes Hüsteln. Es kam nicht aus der Mansarde, es klang aus meinem Innern wider. Und mir wurde klar, daß ich nicht anklopfen und hineingehen konnte. Ich seufzte leise und ging entschlossen davon.
Den ganzen Weg schien mir, ich würde verfolgt. Ich lief sehr schnell, blieb nirgends stehen und wandte auch nicht den Kopf, um zu sehen, was links und rechts von der Straße war. Sanft strichen die Regentropfen über mein Gesicht, ich nahm es nicht wahr. Mit schwankenden Schritten kehrte ich nach Hause zurück.

II

Es war dunkel und sehr kalt. Blickte ich in den aschgrauen Himmel, so schien mir selbst die letzte Hoffnung zu schwinden. Doch ich wollte mich nicht, auf dem Bett liegend, der Verzweiflung überlassen, ich konnte auch nicht ruhig am Schreibtisch sitzen, ich konnte nur sorgenvoll im Zimmer auf und ab gehen. Dabei rauchte ich ununterbrochen, bis mir schwarz vor Augen wurde.
Den ganzen gestrigen Tag war ich allein gewesen, hatte

nichts Neues erfahren. Der Gedanke an Hua quälte mich, und so wartete ich auf einen Freund, der ein paar Worte mit mir reden würde. Aber die Nacht kam, und niemand klopfte an meine Tür.

Später ging ich hinaus und stand einen Augenblick zögernd an der Hintertür des Hauses Nummer 15. Doch dann kehrte ich mit unsicheren Schritten nach Hause zurück, um zu schlafen. In dieser Nacht hatte ich einen langen Traum. Auch Hua tauchte darin auf, aber es war alles verworren und zusammenhanglos. Daher hatte ich, als ich erwachte, keine deutliche Erinnerung.

Wieder lief ich lange im Zimmer hin und her und rauchte viel zuviel. Mein Kopf war bleischwer. Schließlich setzte ich mich erschöpft an den Schreibtisch, schlug ein Buch auf und las ein paar Sätze, ein paar Seiten – ich verstand nichts.

Da knarrte ganz sachte die Tür. Ich blickte auf und sah Huas Gestalt hereinschweben, sie lächelte mir zu wie immer. »Hua!« rief ich freudig überrascht. Ich stand auf, und vor meinen Augen tanzten bunte Kreise.

Die Tür war fest geschlossen, kein Mensch hatte das Zimmer betreten. Langsam beruhigte ich mich wieder. Ich wußte, daß Hua nicht gekommen sein konnte, und mein Herz krampfte sich zusammen.

Ich durchsuchte die Schubfächer und den Bücherschrank, ich wollte etwas finden, was mich an Hua erinnerte. Ich suchte überall – doch umsonst. Es waren weder Artikel noch Briefe von ihr da. Eine Reihe von Eintragungen in meinem Tagebuch hatten Hua gegolten. Früher brauchte ich es nur aufzuschlagen, und sie stand wie leibhaftig vor mir. Oft sagte ich im Scherz zu ihr, daß sie in meinem Tagebuch lebe. Doch jetzt war auch dieses Tagebuch vernichtet. Wo sollte ich nun ihr Bild suchen?

Später fand ich in einem alten Buch zufällig eine schon verblaßte, undeutliche Fotografie. Sie zeigte Hua und mich und zwei Freunde. Normalerweise ließen wir uns nicht fotografieren. Ich weiß nicht, wieso dieses eine Mal im Park dennoch

ein Bild entstand. Das lag jetzt zwei Jahre zurück. Damals trug Hua noch kurze Zöpfe.
Ich starrte die Aufnahme an und wollte darauf unser ganzes glückliches Leben jener Tage wiederfinden. Aber Huas mädchenhaftes Äußeres war nicht mehr gut zu erkennen, ihre großen schwarzen Augen waren viel blasser als in Wirklichkeit. Bei flüchtigem Hinsehen schien das abgebildete Gesicht ihr eigentlich gar nicht ähnlich. Mir war klar, daß sich selbst diese einzige existierende Fotografie allmählich in Nichts auflösen konnte. Voller Bedauern hielt ich sie in den Händen und wußte nicht, was ich tun sollte.
Mit großer Mühe überbrückte ich die Zeit bis zum Abend, als Yu kam. Obwohl wir uns nur zwei Tage nicht gesehen hatten, war sein Haar merklich ergraut. Diese Veränderung erschütterte mich.
»Gibt es etwas Neues?« fragte ich ungeduldig.
»Ich fürchte, es gibt keine Hoffnung mehr«, antwortete er schmerzerfüllt und ließ sich ermattet auf das Bett fallen.
Wenn ich auch keine andere Antwort erwartet hatte, so war ich doch nicht fähig, weiter zu fragen. Ich fürchtete, die gleichen Worte noch einmal zu hören. Bekümmert ging ich auf und ab und rauchte verbissen.
»Huang!« Yu hatte sich plötzlich aufgerichtet und meinen Namen gerufen. Ich wandte mich um und sah ihn an. »Es gibt kaum noch Hoffnung für Hua«, wiederholte er, »die Dienststellen bestreiten alle, daß diese junge Frau bei ihnen gewesen sei. Man behauptet, ihren Namen nicht zu kennen. Das heißt bestimmt, sie lebt nicht mehr. Nur deshalb können sie nichts anderes sagen. Deine Worte neulich waren ganz richtig.« Er sah mich aus weit aufgerissenen Augen an.
Auf seinen Augäpfeln entdeckte ich ein paar blutige Äderchen. Sein Gesicht hatte einen seltsamen Ausdruck angenommen, wie wenn er gleich in lautes Weinen ausbrechen würde. Doch es kam nicht dazu, er runzelte nur die Stirn, so daß sich in sein ohnehin zerfurchtes Gesicht zahllose neue Falten gruben.

Mein Herz schien zu zerspringen. Mit äußerster Anstrengung unterdrückte ich die in mir aufwallenden Gefühle. Yu bestätigte also meine eigenen Worte, doch diese Bestätigung schmetterte mich zu Boden. Mein Gesicht krampfte sich zusammen, für einen Augenblick schwanden mir die Sinne.

»Und Huas Mutter?« Das hatte ich nicht fragen wollen, die Worte waren ohne Überlegung aus mir hervorgebrochen.

»Huas Mutter will nach Hause zurückkehren«, kam leise die Antwort.

»Nach Hause zurückkehren? Wartet sie denn nicht mehr auf ihre Tochter?« fragte ich überrascht.

»Gerade will ich es dir erzählen.«

Er stand plötzlich auf und setzte sich an den Schreibtisch. Während er weitersprach, hatte er den Körper aufgestützt und wandte mir sein Gesicht zu. Neben dem Schreibtisch stehend, den linken Arm auf einem Stapel Bücher, hörte ich ihn an. Seine Miene war noch immer gramvoll.

»Ich habe ihr erzählt, was mit Hua geschehen ist, weil ich ihr einfach nichts mehr vormachen konnte. Gestern abend kam ich sehr spät nach Haus. In der Mansarde brannte kein Licht, und ich glaubte, sie schläft bereits. Doch kaum hatte ich das Zimmer betreten und mich gesetzt, da hörte ich sie nach mir rufen. Sie war ganz leise hereingekommen, das Haar hing ihr wirr um den Kopf, und ihr Körper schwankte. Ihr abgezehrtes Gesicht mit den geröteten Augen wirkte gespenstisch, als es sich mir näherte. Sie stand vor mir und rief meinen Namen. Sie sagte, daß sie in diesen Nächten kaum ein Auge habe zutun können. Sie wisse genau, daß ihrer Tochter etwas zugestoßen sei. Sie flehte mich an, ihr die Wahrheit zu sagen, sie würde ohnedies schon das meiste erraten. Zuerst versuchte ich noch, sie zu täuschen, doch dann begann sie zu weinen. Weißt du, Huang, sie hat mich aufwachsen sehen, hat mich auf ihren Armen getragen, als ich Kind war. Jetzt weint sie und fleht mich um die Wahrheit an. Kann ich sie ihr verwehren? Ich erinnere mich an die Zeit, als Hua die Schule abschloß. Damals bat mich ihre Mutter darum, an ihrer Statt gut auf das Mädchen achtzugeben, dafür zu sorgen, daß ihr draußen in der Welt niemand etwas Böses antun würde. Jedesmal, wenn ich nach Hause kam und sie sah, bedankte sie sich auf das herzlichste bei mir. Und nun... Huang, glaubst du, ich könnte ihr noch immer gelassen diese Lügen erzählen? Ich dachte nicht daran, was passieren würde, ich habe geredet, ich habe ihr die ganze Wahrheit gesagt.« Plötzlich schossen Tränen aus seinen Augen, die Stimme wurde tonlos und versagte ihm. Sein Gesicht nahm einen erschreckenden Ausdruck an – nicht furcht-, doch mitleiderregend. Dieser Ausdruck verriet den Schmerz eines Mannes, der jegliche Entschlußkraft eingebüßt und sich selbst nicht mehr in der Gewalt hat.

Mein Herz erbebte vor Mitgefühl. Das Leid, das auch auf meiner Brust lastete, wuchs ins Unendliche. Ich fürchtete zu verbrennen. Aus trockenen Augen starrte ich ihn an und fragte wie unter Zwang:

»Und danach?«

»Sie war durchaus nicht überrascht.« Nach einer kurzen Pause fuhr Yu fort: »Sie begann auch nicht, laut zu weinen, nur ihr Körper zitterte ganz fürchterlich, so daß mir ein paarmal schien, sie würde zu Boden stürzen. Aus tränengefüllten Augen sah sie mich tadelnd und bedauernd zugleich an, und ganz deutlich sprach sie weiter: ›Ich habe es schon immer erwartet... Ich habe es schon immer erwartet. Die ganze Zeit, über zwanzig Jahre, bin ich unruhig gewesen. Ich habe gedacht, es ist vielleicht möglich, dem zu entgehen. Wer kann denn ahnen, daß die Vergangenheit so stark ist.‹ Sie ging zu einem Stuhl in der Zimmerecke und setzte sich. Dort erst gab sie einen leisen Laut von sich, der halb Lachen, halb Weinen war. Ich glaubte, dieser Schlag würde sie um den Verstand bringen, und wußte nicht, was tun. Ich trat zu ihr, sie hob den Kopf und sah mich an. Ihr Gesicht war schmerzerfüllt, doch es zeigte keine Spur von Wahnsinn. Zwei Tränenbäche rannen ihre Wangen hinab. Sie wartete nicht, bis ich zu sprechen begann, sondern hatte meine Gedanken bereits erraten. Gequält sagte sie: ›Du brauchst mich nicht zu trösten. Ich habe alles verstanden. Ich habe es schon immer erwartet. Sie kam ganz nach ihrem Vater. Schon früher fürchtete ich, daß es ihr mal so ergehen könnte. Ich wollte nicht, daß sie studiert, wollte ihr nur Handarbeiten beibringen und sie später mit einem guten Mann verheiraten. Sie sollte ein ruhiges und zufriedenes Leben haben. All meine Mühe bei ihrer Erziehung sollte doch nicht umsonst gewesen sein. Aber ich habe sie wohl zu sehr geliebt. Sie war ja auch wirklich ein liebenswertes Kind. Sie wollte um jeden Preis studieren. Schließlich konnte ich es ihr nicht mehr abschlagen. Alles, was sie tun wollte, erlaubte ich ihr. Nur mein eigenes, zu weiches Herz ist schuld. Hätte ich sie nicht studieren lassen, wäre heute vielleicht alles anders... Dein Onkel, ihr Vater... du weißt ja nicht, wie es ihm ergangen ist. Selbst Ruohua habe ich getäuscht, habe es ihr verschwiegen. Er starb nach noch nicht einmal zwei Monaten im Gefängnis, weil er die Folterungen nicht aushalten konnte. Es war im letzten Regierungsjahr von Xuan Tong Di.* Als ich ihn damals im Gefängnis besuchte, trug ich Ruohua unter meinem Herzen. Er erklärte mir, weshalb er so hatte handeln müssen. Für sich selbst fürchtete er nichts, er konnte es nur nicht ertragen, mich mit dem ungeborenen Kind zurückzulassen. Er war ganz sicher, daß es ein Junge würde, und bat mich, gut für ihn zu sorgen, ihn in der Zukunft die Sache des Vaters fortsetzen zu lassen. Ich hörte ihn an und fragte unwillkürlich: »Und wenn es nun ein Mädchen ist?« Die Antwort klang nicht sehr erfreut: »Dann wirst du sie, wenn sie erwachsen ist, mit irgendeinem Mann verheiraten, und das ist alles.« Zwei Monate nach seinem Tod wurde Ruohua geboren. Ich war sehr froh, denn ich glaubte, weil es ein Mädchen war, könnte ich sie mir bewahren. Wer konnte wissen, daß heute selbst ein Mädchen den Weg des Vaters geht.‹ Sie

* *im letzten Regierungsjahr von Xuan Tong Di* – Im letzten Jahr der mandschurischen Qing-Dynastie, 1911.

schwieg und hielt die Augen fest geschlossen, ihren Kopf hatte sie an den Stuhl gelehnt und schüttelte ihn ganz leicht – wie verständnislos. Ich beobachtete sie, erst jetzt hatte ich ganz verstanden. Sie sah die Dinge viel klarer als ich. Ihre Worte hatten mich auf das äußerste bewegt, zugleich aber meinen letzten Funken Hoffnung getötet. Ich fühlte plötzlich, daß Hua nicht zu retten war. Es kam mir vor, als hätte ich mein eigenes Todesurteil gehört. Sie stand mit einemmal auf, sah mich voller Herzlichkeit an und sagte seufzend: ›Ich gebe dir keine Schuld. Ich habe es schon immer erwartet. Ich gehe jetzt schlafen.‹ Mit unsicheren Schritten ging sie hinaus. Wahrscheinlich hat sie die ganze Nacht nicht geschlafen, ich habe sie ständig husten hören. Dieses Husten – es war so voller Verzweiflung und Einsamkeit. Ich mußte über ihr leiderfülltes Leben nachdenken, und mein eigener Schmerz wurde noch verstärkt durch den ihren. Auch ich konnte in dieser Nacht nicht gut schlafen. Heute morgen wollte ich fortgehen, da war es in der Mansarde ganz still, ich glaubte, sie würde fest schlafen. Als ich aber an der Tür vorüberkam, öffnete sie sie plötzlich und rief nach mir. Ich blieb stehen, um mit ihr zu sprechen. Ihr Gesicht war zum Fürchten bleich. Sehr leise sagte sie zu mir: ›Ich warte noch einen Tag. Morgen nachmittag werde ich nach Hause zurückkehren.‹ Das war alles. Ohne meine Antwort abzuwarten, schloß sie hastig die Tür. Ich stand auf der Treppe und überlegte, ob ich noch einmal zu ihr hineingehen sollte, um mit ihr zu reden, da hörte ich Schluchzen. Also hatte sie zu weinen begonnen. Mir wurde so schwer ums Herz, ich wagte es nicht, sie noch einmal aufzustören, und lief eilends hinaus. Erst nachdem ich in meinem Büro war und noch ein paar Wege erledigt hatte, bin ich zu dir gekommen. Jeder, der mir begegnete, fragte mich, ob ich krank sei. Wie hätte ich in den zwei Tagen nicht krank werden sollen? Ich kann dieses Leben einfach nicht mehr ertragen, verstehst du?«

Yu stand auf und ging zum Bett, wo er sich fallen ließ. Die

ganze Zeit hatten wir uns nicht angesehen. Im Zimmer war es schon längst dunkel geworden, und ich wollte kein Licht anschalten.

Ich setzte mich an den Schreibtisch, auf den Platz, auf dem Yu gerade noch gesessen hatte. Jetzt lag er auf dem Bett und schwieg. Lange verharrten wir so in der Dunkelheit. Er atmete tief. Allmählich versank ich in einen Zustand, in dem ich nichts dachte, nichts fühlte. Mein Inneres war leer wie bei einem Toten. Yu stand schließlich auf, schaltete das Licht an und sagte:

»Ich gehe. Wenn ich etwas Neues erfahre, komme ich wieder her. Sei du vorsichtig und geh nicht zuviel aus dem Haus.«

Er schwieg und ließ mich allein im Zimmer zurück.

Ich hatte seine Worte genau verstanden und wollte mich auch danach richten. Doch er war noch keine Stunde fort, da ging ich selbst hinaus. Meine Füße ließen mich nicht ruhig im Zimmer sitzen. Sie trugen mich an den Ort, den mein Herz vergessen wollte.

III

Am nächsten Morgen erwachte ich wie benommen, die Sonne schien schon ins Fenster. Die ganze letzte Nacht war ich durch die Straßen geirrt, und als ich nach Hause zurückkehrte, fand ich auch keine innere Ruhe. Wann mich schließlich der Schlaf übermannt hatte, wußte ich nicht zu sagen. Ich erinnerte mich dunkel daran, daß ich, kurz nachdem ich jene Gasse verlassen hatte, eine Frau sah, die von hinten Hua glich. Durch ein paar Straßen lief ich ihr nach, mehrmals wollte ich »Hua« rufen, doch meine Stimme versagte. Ich wußte nur zu gut, daß sie es nicht sein konnte. Gleichzeitig kam mir wieder der Gedanke: Vielleicht ist sie schon nicht mehr auf dieser Welt... Doch allein eine Frau zu sehen, die ihr ähnelte, war ein wenig tröstend für mich. Meine Füße schienen das zu wissen. Sie trugen mich ihr nach durch die Straßen. Als mir an einer Kreuzung Autos den Weg versperr-

ten, verlor ich sie aus den Augen. Zusammen mit ihr verschwand auch Hua. Ich suchte überall, doch nirgends fand ich eine Spur von ihr.
Diese Erinnerung stieg nach und nach immer deutlicher in mir hoch. Ich öffnete das Fenster und ließ die Sonnenstrahlen sacht über mein Gesicht streichen. Noch einmal durchlebte ich den gestrigen Abend und machte im Geiste jene Frau zu der wahren Hua. Doch auch das konnte mich nur für kurze Zeit trösten. Zorn und Schmerz brannten in meinem Herzen, Yus Warnung fiel mir wieder ein, und meine Verbitterung wurde noch schlimmer. So konnte ich nicht existieren – ständig im Verborgenen. Ich konnte mich nicht aus Angst verstecken, nichts tun und mein junges Leben mit sinnlosem Schmerz vergeuden.
Ich rauchte wie ein Süchtiger – umsonst, es half mir nicht, zu vergessen. Grauer Zigarettendunst hüllte mich ein, doch selbst durch diesen Nebel hindurch sah ich ein Paar große lackschwarze Augen vor mir, und in meinen Ohren klang jenes trockene Hüsteln. Ich begriff, daß ich etwas tun mußte, sollte mich nicht sinnloser Schmerz zu Tode quälen. Wenn ich so weiterlebte, dann war mein Leben langsamer Selbstmord.
Um zwei Uhr nachmittags kam Yu. Sein Gesicht war düster, die Augen rot und verschwollen, man sah, daß er geweint hatte. Sein Aussehen überraschte mich nicht. Ich hatte wohl erwartet, daß er in einer ähnlichen Verfassung zu mir käme, und ich begriff sogleich, was er mir sagen wollte.
Wir wechselten einen kurzen, angstvollen Blick miteinander, und er begann:
»Ich habe gerade meine Tante zum Bahnhof gebracht. Als der Zug abfuhr, weinte sie nicht, ich aber habe geweint. Sie schien entschlossen, Hua aufzugeben, und hat es mir übertragen, herauszufinden, was geschehen ist. Sie sagte, sie würde alles stillschweigend ertragen, ganz gleich, welch ein Schlag es auch für sie sei. Aber man sieht es ja genau – sie hat nur wenige Tage hier gelebt, und schon scheint es, als hätte sie

sich eine schwere Krankheit geholt. Sie hustet fürchterlich, ihr Gesicht ist abgemagert, zum Nichtwiedererkennen. Ich weiß nicht, warum, aber wenn ich sie so ansehe, habe ich das Gefühl, ich hätte eine schwere Schuld auf mich geladen. Deshalb habe ich geweint...« Bei den letzten Worten wurde seine Stimme lauter, er konnte nicht weitersprechen und brach in Tränen aus.

In meiner Brust schmerzte es, dem Leid, das ich durchlebt hatte, fügte er ein Vielfaches hinzu. Die Welt ist so groß, doch allen Schmerz, den es gibt, hatte er in dieses Zimmer gebracht. Ich hatte gewartet, daß er käme, hatte lange auf ihn gewartet, und nun war er nur gekommen, um zu weinen. Sein Schluchzen ließ mich noch mehr verzweifeln. Ich spürte im Herzen einen kaum noch zu ertragenden Krampf. Es schien, als wolle der Schmerz nie enden. Um mich herum drohten die Wände einzustürzen. Ich kämpfte mit ganzer Kraft, doch schließlich konnte ich nicht mehr an mich halten und schrie zornig:

»Weshalb weinst du? Kannst du nichts anderes als weinen, Yu? Nicht mal Huas Mutter hat geweint. Ich frage dich: Wie viele Menschen haben geweint von grauer Vorzeit an bis heute? All ihre Tränen sind längst zu einem riesigen Strom geworden. Glaubst du, nur deine hätten noch gefehlt? Ich frage dich: Was hat das für einen Sinn? Halte deine dummen Tränen zurück, ich will dein Weinen nicht länger mit ansehen!«

Meine Worte waren nicht gegen Yu gerichtet, ich wollte ihn gar nicht tadeln. Ich wollte gegen den Schmerz anreden, der mich umklammert hielt. Viele Tage hatte ich ihn ertragen, jetzt aber war ich am Ende, nun wollte ich stolz den Kopf erheben und ihn besiegen.

Yu sah mich bestürzt an. Er schien meine Gefühle nicht zu verstehen, doch er hörte auf zu schluchzen. Er wischte seine Tränen fort und sagte nach einer langen Pause mit bitterer Stimme: »Ich weine nicht... Ich weine nicht... nur Hua – Hua ist tot.«

Er zog ein zusammengeknülltes Stück Papier aus der Tasche und reichte es mir. Ich ergriff es zitternd. Meine Augen starrten voller Entsetzen auf den zerknitterten Bogen. Die Zeichen darauf waren mit Bleistift gekritzelt:

»Es gibt keine Hoffnung mehr für mich. Es hat den Anschein, es sei zu schnell so gekommen, doch es ist nicht überraschend. In diesem Jahr ist nichts überraschend. Alles ist möglich. Mein Herz ist voll von Erinnerungen, aber ich bereue nichts, im Gegenteil – ich bin sehr froh. Ich werde Euch nicht vergessen. Sorgt für meine Mutter! Sie hat mich zu sehr geliebt. Ich fürchte, sie wird diesen Schlag nicht verwinden können. Das beste ist, ihr verhindert, daß sie es mit einemmal erfährt. Erzählt es ihr nach und nach! Vergeßt mich nicht und seid vorsichtig! Hua«

Wieder und wieder las ich, bis jedes Zeichen, jeder Satz in meinem Kopf unauslöschbar war. Ich erfaßte alles mit äußerster Klarheit, als stünde sie vor mir und hätte zu mir gesprochen.

»Der Mann, der den Brief gebracht hat, sagte mir, daß sie nicht mehr lebt.« Yus Stimme klang in meinen Ohren wie Trauerglocken. »Ich habe es meiner Tante verschwiegen, dieses eine Mal habe ich sie getäuscht. Ich mußte Huas Wunsch erfüllen, es war ihr letzter.« Von neuem stürzten Tränen aus seinen Augen, und seine Stimme ging über in Schluchzen. Er weinte ununterbrochen – leise, doch es drang durch das ganze Haus und erfüllte das Zimmer mit Trauer.

Selbst meine gerade gewonnene Klarheit schwand. In meinen Ohren klang nur ein einziger Satz: »Mein Herz ist voll von Erinnerungen.« Das war einer ihrer letzten Sätze. Wie konnte ich sie zurückholen und ihr sagen, daß auch ich voller Erinnerungen war? Zu spät – uns trennte eine Welt. Schmerz und Verzweiflung steigerten sich ins Unerträgliche. Sogar die Sonnenstrahlen verblaßten, und der Himmel sah wieder aus, als würde es gleich regnen. Alles war düster, bedrückend und trübe. Hoffnungslosigkeit ergriff von mir Besitz. Yus Weinen hämmerte in meinem Kopf, so daß ich glaubte, jeden Moment den Verstand zu verlieren.

Ich konnte es nicht länger ertragen. Meine Füße zitterten schrecklich, sie lehnten sich als erste auf. Ich vergaß die Warnungen von Yu und den anderen Freunden, fürchtete nicht, daß mich das gleiche Schicksal ereilen könnte wie Hua, ich wollte nicht mehr im Zimmer versteckt leben. Ich mußte hinaus und etwas tun, es war keine Zeit mehr zu verlieren.
»Yu, laß uns gehen! Laß uns zu Cheng gehen!« sagte ich fest.
»Aber es regnet«, war die leise Antwort, und Yu blickte mich erstaunt an, während er sich die Augen auswischte.
Ich schaute auf die Regentropfen, die sich auf das Fenster zubewegten und kraftlos am Glas haftenblieben, ohne einen Laut.
Ich lachte hart. Stolz und entschlossen entgegnete ich: »Was macht schon das bißchen Regen? Laß uns gehen!«

(*Übersetzt von Sylvia Nagel*)

DING LING

Das verstörte Herz

Pingping hatte schon von der Eisenbahn gehört, er hatte auch auf Bildern einen Zug gesehen, und im Fenster der Commercial Press Agentur in Taiyuan war sogar ein Modell ausgestellt gewesen. Wenn Pingping mit seinem Vater die Straße entlanggegangen war, hatte er sich jedesmal an dieses Schaufenster gedrückt und es angeschaut. Er hätte nicht im Traum daran zu denken gewagt, einen Zug zu besitzen, aber das kleine Modell wäre schon wunderschön gewesen. Als er einmal mit einer Rikscha aufs Land gefahren war, hatte er ein seltsames Fauchen gehört, und seine Mutter hatte gesagt, das sei der Zug, der gleich vorbeikäme, aber leider hatte er ihn nicht gesehen. Diesmal aber war es ganz toll: er fuhr tatsächlich mit einem Zug!

Am Abend war er mit seiner Mutter, dem älteren Bruder und der älteren Schwester zum Bahnhof gegangen. Die Straße war mit Fuhrwerken verstopft, die sie aufhielten; der Bruder sagte, sie seien zum Transport von Munition, und die Schwester meinte, zum Transport von Weizenmehl bestimmt. Pingping wunderte sich, daß abends in der Dunkelheit viel mehr Betrieb war als am hellen Tag. Im Bahnhof herrschte noch mehr Gedränge, lauter unbekannte Leute. Diese Leute waren alle nicht nett und höflich, sondern sehr in Eile. Eine Gruppe ging hierhin, die andere dahin; keiner kümmerte sich um den anderen. Pingping zerrte mit aller Kraft an seinem Bruder. Er wollte den Zug anschauen gehen, aber der Bruder ging nicht mit, und dann wurde Pingping in einen schwarzen Kasten hineingestopft. Oh! – Das war also der Zug!

Pingping war traurig und enttäuscht, außerdem war die Luft sehr schlecht, und die Leute im Wagen übertrugen ihre Unruhe auf ihn. Alle redeten von den Japanern. Er hatte einmal japanische Flugzeuge am Himmel gesehen und hatte die Bomben gehört– damals hatte er es sich nicht so schrecklich vorgestellt, aber nach den Reden der Leute machte er sich von den Japanern ein schreckliches Bild. Dann setzte sich der Zug in Bewegung. Vom ununterbrochenen rhythmischen Rattern der Räder und vom durchdringenden Tuten der Dampfpfeife wurde Pingping ängstlich und beklommen, als ob sich etwas sehr Schweres auf ihn drückte. An die Knie seiner Mutter geschmiegt, schlief er ein.

Als der Zug in Yuci ankam, war es immer noch nicht hell, und Pingping wurde bis auf die Straße hinaus auf dem Arm getragen; er rieb sich die verschlafenen Augen und drehte den Kopf. Und da sah er den riesig langen Zug – war er etwa eingeschlafen? Neben dem Zug stand eine Reihe Masten, und ihre Lampen warfen einen Streifen Licht auf die stillen Wagen. Sachte-sachte spuckte die Lokomotive dichten Qualm aus. Die ganze Reise war schon seltsam: Mal saß er in einer Kutsche, die von einem Maulesel gezogen wurde. Mal war ein Ochse das Zugtier, mal mußte er auch auf einem Esel reiten – er war darauf festgebunden und wurde von der Mutter gehalten. Es ging über mehrere hohe Berge und einige Flüsse. Er hätte das wirklich sehr interessant gefunden, aber ärgerlicherweise waren die Japaner immer gegenwärtig. Den ganzen Weg redeten die Mitreisenden, alte und junge, Männer und Frauen, von den Japanern. Am schlimmsten war seine Mutter: wenn er nur die geringste Bewegung machte, sagte sie gleich drohend: »Pst! Ein Kind, das nicht hören will, holen die Japaner!« Oder wenn Pingping abends nicht einschlafen konnte, sagte die Mutter auch immer: »Schlaf schnell ein! Wenn du nicht schläfst, kommen die Japaner!« Schließlich trennten sie sich von den Mitreisenden. Sie waren am Ziel. Pingping kam ins Haus seiner Großmutter. Dieses Haus war recht geräumig, und die Großmutter war sehr lieb zu ihm. So verbrachte er ein paar Tage, an denen er sich sehr wohl fühlte, aber dann begann er wieder mißmutig zu werden. Diesen Mißmut konnte er sich selbst nicht erklären; er merkte nur, daß er den Leuten gegenüber eine Abneigung entwickelte. Dazu kam noch, daß die Zuversicht, die seine Mutter auf ihn übertragen hatte, allmählich dahinschwand.

Eines Tages wachte er früh am Morgen aus einem tiefen Traum auf; er hatte wieder von dem Zug geträumt, und der Zug hatte sich in etwas Furchterregendes verwandelt. Lauter Japaner saßen darin. Die Japaner sprangen dann von den Wagen herunter und wollten ihn packen und wegschleppen. Seine Mutter konnte ihn nicht beschützen, sie lag am Boden und weinte. Viele Chinesen, die Großmutter, der ältere Bruder und der Onkel von nebenan duckten sich furchtsam zusammen – er mußte bitterlich weinen. Schluchzend wachte er auf. Ach, sollte es wirklich unter so vielen Leuten, die ihn liebhatten, keinen einzigen geben, der keine Angst vor den Japanern hatte?

Auf dem Ofenbett lag niemand mehr; er lauschte angestrengt, konnte aber nicht den geringsten Laut hören. Erschrocken sprang er aus dem Schlafsack und lugte durch ein Loch im Fensterpapier hinaus: Im Hof gab es nicht den Schatten eines Menschen, lautlos fielen die Schneefetzen – er begann sich zu fürchten. Ihm war, als müßte der allerschrecklichste Tag jetzt anbrechen: vielleicht waren die Japaner gekommen, und Mama und alle waren geflohen und hatten ihn vergessen, oder sie hatten ihn, weil er ungezogen gewesen war, mit Absicht zurückgelassen. Er wollte weinen, aber beherrschte sich wieder, er wollte nach der Mutter rufen, doch er unterdrückte auch das – denn was würde die Mutter nützen? Damit legte er sich entmutigt zurück aufs Ofenbett, beklommen und traurig.

Aber bald kam die Mutter herein. Mama streichelte ihn liebevoll, nahm ihn in die Arme, drückte ihn an sich und zog ihm seine Kleider an. Ihm wurde wieder warm ums Herz; mit seinen Händchen fuhr er in Mamas Gesicht herum und wollte ihr gerade etwas sagen, als die Großmutter ins Zimmer kam. Großmutter bewegte angestrengt ihren zahnlosen Mund, worauf die Mutter Pingping absetzte, zur Truhe ging und darin herumwühlte. Sie packte ein Bündel zusammen, das sie der Großmutter vorsichtig wie einen kostbaren Schatz überreichte; sogar eine neue Steppdecke, die auf dem Schrank gelegen hatte, gab sie der Großmutter mit. In Pingpings Augen wurde die Mutter dabei sofort wieder kleiner, ihr Haar war unordentlich und ihre Haut ganz gelb, sie hatte zu kleine Füße, und obwohl sie viel redete, konnte man doch nichts mit ihr anfangen. Pingping wurde so zornig, daß er sie beinahe geschlagen hätte. Er würde nie mehr mit ihr reden. Und er stürmte nach draußen zum Spielen.

Ziellos lief er irgendwohin. Er hatte das Gefühl, als wäre heute die Luft anders, in den Häusern wären viel weniger Leute als sonst, ganz still war es – zum Fürchten; auch Bruder und Schwester waren mit ein paar anderen Leuten aus Großmutters Haus verschwunden. Manchmal kamen Nachbarn vorbei und redeten leise. Er fand niemanden, der mit ihm hätte spielen können – die kleine Kusine, das Töchterchen von Onkel und Tante, war ein dummes Ding, das bei jedem Mucks gleich zu weinen anfing und dauernd fest an seiner Mama klebte. Pingping wollte auf die Straße gehen und den Leuten von gegenüber beim Nudelmachen zuschauen, aber die Schneeschauer wurden immer dichter, und alle waren von Unruhe erfaßt, als ob etwas Unsichtbares auf sie zukäme. Bald nach dem Frühstück kamen dann tatsächlich Leute in aschgrauer Kleidung. Die Mutter sperrte Pingping in das Zimmer von Onkel und Tante und ging selbst auch nicht hinaus. Die Großmutter verhandelte mit diesen Leuten und überließ ihnen das Wohnzimmer und einen Seitenflügel des Hauses. Pingping war zuerst sehr ängstlich; später sah er, daß diese Leute freundlich waren. Sie behandelten Großmutter sogar noch besser, als es der Onkel tat, so daß Großmutter dauernd lachte. Da lief Pingping impulsiv hinaus und schaute sich die Gäste verstohlen an – er wußte, daß es Soldaten waren. Sie kamen zu ihm und nahmen ihn in die Arme. Sie kauften ihm heiße Teigtaschen, dann führten sie ihn ins Wohnzimmer, sangen ihm Lieder vor und spielten mit ihm. Anfangs war er noch ein bißchen befangen, aber mit der Zeit entspannte er sich und fühlte sich ganz munter, und darüber vergaß er die bedrückte Stimmung, die er am Morgen gehabt hatte. Die Mutter kam aus dem Hof und rief immer wieder nach Pingping, aber er reagierte nicht.

Gegen Abend kamen immer mehr Soldaten in grauen Uniformen, unter ihnen gab es viele mit Mänteln aus gelbem Uniformstoff; er hatte Angst vor den Gelbgekleideten, und die Mutter erklärte ihm, die gelben Mäntel stammten von den Japanern. Im Hauptraum ihres Hauses wohnten auch zwei mit gelben Mänteln, aber gleich wenn sie das Haus betraten, zogen sie das gelbe Zeug aus und trugen drinnen nur die gleiche graue Uniform wie die anderen. Da erst nahm sein Mut wieder ein bißchen zu, und er lief neugierig hin. Wieder bewirteten die Soldaten ihn großzügig. Abends gingen zwei Soldaten mit ihm zu einer Theatervorstellung, auch Großmutter und Mama gingen mit, denn es hieß, es gebe eine Tanzaufführung von Soldatinnen.

Er hatte noch nie ein Tanztheater gesehen. Jetzt sah er die Japaner auf der Bühne, und diese Japaner hatten Mäntel aus gelbem Uniformstoff an, sie verprügelten die Chinesen und verbrannten ihre Häuser, aber dann kamen die chinesischen Soldaten, und unter Mithilfe der Bevölkerung schlugen sie die Japaner tot. Das machte ihn richtig froh, und er liebte Chinas Soldaten.

Jetzt hatte Pingping einen guten Freund gefunden, das war Brigadekommandeur Chen, der in seinem Haus wohnte. Kommandeur Chens Uniform war einem japanischen Soldaten vom Leib gezogen worden, auch seine Lederschuhe stammten von den Füßen eines japanischen Soldaten, und er besaß auch ein langes Schwert, das einem japanischen Offizier gehört hatte, und Pingping sah auch Kommandeur Chens Pferd, ein großes stattliches japanisches Roß, aber dieses Pferd schaute Pingping ganz erbarmungswürdig an. Pingping spielte den ganzen Tag im Zimmer des Brigadekommandeurs; der verbot ihm nie seine Streiche, und bei den Mahlzeiten wollte der Kommandeur ihn unbedingt dabehalten, gleichgültig, wieviel Leute sich im Zimmer aufhielten. Pingping fand heraus, daß die Soldaten, die hierherkamen, allesamt den Kommandeur sehr gern hatten, ob sie nun graue oder gelbe Uniformen trugen. Auch sein Onkel und der Bruder, die wieder zurückgekehrt waren, lobten den Kommandeur, und Pingping hatte den Onkel sogar sagen hören, daß viele Einwohner den Kommandeur dabehalten wollten, denn solange man ihn hier hätte, brauchte man die Japaner nicht zu fürchten. Da faßte auch Pingping den Entschluß, für immer bei seinem Freund zu bleiben; und außerdem, da er nun einen neuen Freund als Stütze hatte, wagte er sogar, sich ganz offen gegen seine Mutter aufzulehnen: »Ich brauche dich nicht, du kannst uns nicht helfen; ich will mit denen gehen!«

Und manchmal, wenn die Mutter ins Zimmer des Kommandeurs kam, stampfte er mit den Füßen auf und wollte ihr damit bedeuten, daß sie wieder hinausgehen sollte; oder er zündete sich extra eine Zigarette an und zog daran, und wenn die Mutter einschritt, demonstrierte er erst recht seinen Ungehorsam. Sogar der Kommandeur stimmte ihm zu, wenn Pingping herausfordernd fragte: »Schaut mal alle her, bin ich nicht ein guter Adjutant?«, und damit bekam er seinen Willen.

Jetzt hatte er keine Angst mehr vor den Japanern, auch erzählte er den ganzen Tag Japanergeschichten; weil er ja jetzt ein Soldat war, konnte er zusammen mit Kommandeur Chen hingehen und sie schlagen. Er verbrachte ein paar sehr vergnügte Tage, und während dieser Zeit ging er mit den Soldaten zu den Versammlungen. Er lief auch auf die Bühne, denn Kommandeur Chen hielt auf der Bühne einen Vortrag. Vor seinen Füßen waren lauter Köpfe, und als von diesen dichtgedrängten Köpfen aus donnernde Rufe und orkanartiger Beifall ertönten, fühlte er sich groß und mächtig.

Brigadekommandeur Chen wohnte schon drei Tage bei ihnen, da hörte Pingping am Abend die Nachricht, daß die Soldaten am nächsten Tag abziehen sollten – aber sein Freund bestritt das. Als Pingping spätabends in sein Zimmer ging, brachte ihn sein Freund noch heim und schärfte ihm ein, daß er ganz fest schlafen solle und versicherte ihm, daß er morgen wiederkäme und ihm weiter vom Krieg gegen die Japaner erzählen würde. Aber noch vor Tagesanbruch wurde Pingping von einem unangenehmen Geräusch geweckt. Warum weinte Mama denn? Die Mutter sagte schluchzend: »Leise, weckt Pingping nicht auf! Wenn er wach ist, wird er uns belästigen.« Warum wollte Mama ihn betrügen? Er öffnete heimlich die Augen und schaute hinüber, und da sah er seinen Bruder, der – in eine graue Uniform gekleidet – vor der Lampe stand und wortlos am Binsendocht der Lampe zupfte. Die Mutter sprach weiter: »Unter allen Umständen – paß auf dich auf! Deine Mutter kann sich nicht mehr um dich kümmern. Soldat zu sein hat Zukunft; dein älterer Bruder hat sich ja auch der Truppe angeschlossen, wie ich höre, und von deinem Vater, der in Taiyuan geblieben ist, haben wir bis jetzt nicht einmal eine Nachricht! Bei einer alleinstehenden Frau, wie ich es bin, könnt ihr nicht bleiben. Nur gut, daß du bei Kommandeur Chen bist, da bin ich sehr beruhigt. Wenn nur Pingping nicht zu klein wäre, um mitzugehen – das würde ich mir wünschen. Pingping begreift schon, daß er bei mir keine Sicherheit hat, wenn wir als Mutter und Kind allein sind. Ach, ob wir wohl den Tag erleben, an dem wir uns wiedersehen?« Pingping war nicht imstande, weiter zuzuhören. Durch die Tränen verschwamm ihm alles. Und offenbar weinte der Bruder auch. Im Hof gab es ein Durcheinander, jemand rief den Bruder beim Namen; es hieß, die ganze Truppe rücke jetzt aus, man drängte den Bruder, schleunigst zu kommen. Mama, den Bruder am Ärmel ziehend, stolperte taumelnd nach draußen, und die Großmutter rief noch irgend etwas Unverständliches. Mama weinte offenbar nicht mehr, denn einige Leute sprachen gerade sehr freundlich mit dem Bruder.

Pingping hatte das Gefühl, jetzt sei alles aus. Er sah wieder die furchteinflößenden Japaner vor sich, sie kamen im Zug angefahren: er konnte doch nicht zulassen, daß die Japaner kamen und ihn töteten! Er wollte Soldat werden, wollte bei Kommandeur Chen sein, er glaubte, nur in der Armee sicher zu sein. Wie vom Wahnsinn gepackt lief er, ohne sich etwas anzuziehen, nach draußen und schrie den ganzen Weg wie wild: »Ich will weg! Ich will mitgehen! Ich will...«
Er nahm keine Menschenseele wahr, und obwohl der Sturm seinen Körper peitschte und die Schneeflocken auf seiner Haut schmolzen, spürte er nichts davon, er konnte nur vorwärts rennen, getrieben von der entsetzlichen Furcht. Auf einmal wurde er von einer gewaltigen Kraft festgehalten, er merkte, daß er von einer Gruppe von Leuten umzingelt war, aber er nahm keine Notiz von ihnen, sondern begann unter Aufbietung seiner letzten Kräfte herzzerreißend zu weinen, und jeder Versuch, ihn zu trösten, mißriet zum Anlaß für neue Wut. Erst als er vom Weinen so erschöpft war, daß ihm die Sinne schwanden, kam sein Schluchzen zum Stillstand.
Als er nach einiger Zeit wieder zu Bewußtsein kam, war er im Zimmer, in dem es nun vollkommen still geworden war. Sobald er etwas klarer denken konnte, sah er durch den Spalt zwischen den Fingern seine Mutter: Mama saß neben ihn gelehnt, die Hände kraftlos herabhängend, den Blick starr auf einen Fleck gerichtet, aus ihren Augen flossen Tränen lautlos und wie in Strömen. Plötzlich verstand er sie, und er verzieh ihr alles. Mit einem Ruck lehnte er seinen Kopf an ihre Brust. Er hörte Mamas Herz schlagen. Als die Mutter seinen Kopf zu sich heranzog, war er so von Tränen verschmiert, daß sie sein Gesicht schon nicht mehr richtig sehen konnte.

(*Übersetzt von Diana Donath*)

LIU BINYAN

Brückenbau

I

Schließlich fand ich Lo, den Leiter der Brückenbaubrigade, auf dem Brückenkopf der großen Baustelle am gegenüberliegenden Ufer. Er gab gerade einem Mann, der offensichtlich ein Vorarbeiter war, Anweisungen, die der eifrig mit dem Bleistift in ein kleines Heft eintrug.

Ich muß mich in diesen Jahren sehr verändert haben. Er schaute auf und musterte mich erst eine Weile, bevor er mit großen Schritten auf mich zukam, meine Hand ergriff und begeistert ausrief: »Der alte Liu! Du bist immer noch bei der Presse? Willst ein Interview von uns? Gut!«

Seine Stimme war die gleiche wie vor sechs Jahren, immer noch ein wenig rauh. Sein Gesicht war voller geworden, die Hautfarbe jedoch dunkler. Ohne zu warten, bis ich den Zweck meines Kommens erklärt hatte, zog er mich fort zu einem gemeinsamen Inspektionsgang über die Baustelle, um mir alles zu zeigen und zu erklären.

Auf der Behelfsbrücke nahm er zwei Schwimmwesten und gab mir eine davon. Und während er sich anstrengte, die Knöpfe auf dem Rücken zu schließen, sagte er lachend: »Vorschrift, das ist Vorschrift. Ohne Schwimmweste darf selbst der Brigadeleiter die Brücke nicht betreten. Heute ist es nicht mehr so wie früher, alles geht heute nach Vorschrift!«

Eng an diese Behelfsbrücke gelehnt entstand eine riesige stählerne Bogenbrücke. Von unten aus gesehen erschien die Arbeit an dieser Bogenbrücke ganz besonders kühn. Der erste Bogen war schon fertig. Wie ein Regenbogen bildete er vom Südufer ansteigend einen Halbkreis. Man konnte sich einfach nicht vorstellen, wie ein so schmaler Grat aus Stahlgeflecht und Beton es aushalten kann, daß Tausende von Tonnen schwere Züge in endloser Folge darüber hinwegfahren. Als ob er mir meine Verwunderung vom Gesicht abgelesen hätte, sagte mein Freund:

»Das ist die erste stählerne Bogenbrücke in China. Ohne die Verwendung von Eisenträgern erreicht ein Bogen eine Spannweite von 35 Metern, das ist gar nicht so einfach. Früher hätte man sich das nicht einmal vorzustellen gewagt.«

Brigadier Lo machte mich genau mit dem Stand der Vorarbeiten und den äußeren Umständen des Baues bekannt. Und während wir uns am Geländer der Behelfsbrücke entlangtasteten, brausten zu unseren Füßen die Wasser des Gelben Flusses. Verglichen mit dem Mittel- und Unterlauf war sein Wasser hier viel klarer: der Schaum erschien weiß, und weiß waren auch die Kronen der Wellen. Ein eigenartiger Geruch traf uns im Gefolge von Wind und Wasser und wurde stärker, je weiter wir gingen. Wie der frische Atem von klarem Wasser, oder auch wie der Geruch von Schlick. Manchmal spürte man darin auch nur die Feuchtigkeit der Wogen. Der Frühling kam.

Langsam gingen wir am Fluß entlang. Der Brigadeleiter zeigte und erläuterte mir die hohen Stahlpfeiler, die soeben neu eingetroffenen, verschiedenartigen Baumaschinen, die von den Arbeitern selbst gebauten Hilfsgeräte. Dabei wurde er nicht müde, immer wieder zu bemerken: »Das hätte man sich früher nicht einmal vorzustellen gewagt.« – »Das ist nicht mehr die Zeit, wo wir beide Tag und Nacht mit Gewalt reparieren mußten.« –

Plötzlich kam von rechts ein Knall, stärker als das Donnern eines Frühlingsgewitters. Dann polterten einige Steine den Berg herab bis direkt vor unsere Füße. Für einen kurzen Augenblick hatten wir das Gefühl, als ob die ganze Erde unter unseren Füßen bebte. Mein Freund sagte zu mir, ich solle einmal raten, was das gewesen sei. Natürlich eine Sprengung, war meine Antwort. Sicherlich würde hinter dem Berg irgendwo Gestein gesprengt. Lachend sagte er:

»Eine Sprengung war es tatsächlich, aber nicht hinter dem Berg. Das ist der Durchbruch zu einem Tunnel 20 bis 30 Meilen von hier. Großsprengung nennt man das, schon einmal davon gehört? Dabei werden mehrere Tonnen Sprengstoff auf einmal verwendet. In dem Sprengloch kann ein Mensch aufrecht gehen. Bei einer Sprengung kommen Zehn-, nein, Hunderttausende von Kubikmetern Gestein herab. So etwas hat es in der Geschichte der chinesischen Eisenbahn noch nicht gegeben.«

Wir waren beide ein wenig müde geworden. So ließen wir uns auf der gelben Erde der steilen Uferböschung nieder. Der Gelbe Fluß machte zu unseren Füßen eine Biegung, so sanft, als wäre ein Gürtel achtlos dorthin geworfen worden.

»Gar nicht so einfach«, sagte er mit grenzenloser Melancholie. »In den Jahrzehnten vor der Befreiung sind nur drei Brücken über den Gelben Fluß gebaut worden. In den wenigen Jahren haben wir auf einen Schlag weitere drei gebaut. Das mußt du berichten! Wir bauen die Brücken, und ihr berichtet davon!«

Ich wollte sehr gern etwas von den Erlebnissen meines alten Freundes aus den letzten Jahren hören. Sechs Jahre waren gerade vergangen, seit wir gemeinsam in den letzten Tagen des Befreiungskampfes Brücken gebaut hatten. Lo Li-Dscheng – zu jener Zeit wurde er gerade vorübergehend Bezirksparteisekretär – war nun Brückenbauspezialist geworden. Was seine Berufsausbildung betrifft, so dürfte er wenigstens Fachschulniveau haben, da man nicht von einem Hochschuldiplom sprechen konnte. Es hieß, daß er in diesen wenigen Jahren den Bau von mehr als 30 Brücken geleitet habe.

»Über 40000 Meter«, rechnete er die Gesamtlänge der von ihm gebauten Brücken zusammen, nachdem er die einzelnen Typen aufgezählt hatte. »Dabei sind die fünf, die sich zur Zeit im Bau befinden, noch gar nicht mitgerechnet...«

Das Herz des Brigadeleiters war von ungetrübter Freude erfüllt. Vielleicht lag das daran, daß er an diesem Tag einen alten Freund getroffen hatte und die Erinnerung an die vergangenen kampferfüllten Jahre in ihm aufstieg; vielleicht auch nur, weil er bei so schönem Wetter und gemeinsam mit mir das Gesamtwerk seiner Arbeit gewissermaßen aus der Vogelschau überblicken konnte. Und während wir schnell zum Tigergraben gingen, begann er schließlich sogar, ganz leise ein Lied vor sich hinzusummen. Aber dies änderte sich schlagartig, sobald ich folgende Frage gestellt hatte:
»Habt ihr in eurer Brigade einen Ingenieur namens Dseng? Den möchte ich nämlich interviewen.«
Noch bevor ich den Satz beendet hatte, sah ich, wie seine Brauen sich mehr und mehr zusammenzogen. Er schaute starr geradeaus, und ein undefinierbarer Unwille breitete sich über sein ganzes Gesicht. Mit einem tiefen Atemzug zwang er sich, seine Miene zu glätten, und sagte seufzend:
»Einen Ingenieur suchst du?«
Ich nickte mit dem Kopf. Sogleich fuhr er fort:
»Das läßt sich leicht machen. Ich werde dich mit einem anderen bekannt machen. Dschou, der Leiter unseres technischen Büros, könnte auch einmal in der Zeitung vorgestellt werden.«
Ich wollte fragen, weshalb ich kein Interview mit dem Ingenieur Dseng bekommen konnte. Aber da war mein Freund schon weitergegangen, und die Stimmung war durchaus nicht nach einer solchen Frage. So hielt ich mich zurück und folgte ihm zum Steinbruch, der von lautem Hämmern erfüllt war.

Ich saß im Haus von Dschou We-Ben, dem Leiter des technischen Büros. Es war eine aus Luftziegeln erbaute Hütte am Ufer des Gelben Flusses, was man als den besten Standort bezeichnen mußte. Anders als ein Zelt, konnte sie der Gewalt eines jeden Unwetters standhalten; und abgesehen von dem Prasseln größerer Sandkörner, die bei stürmischem Wetter gegen die Glasscheiben schlagen mochten, wurde einem überhaupt nicht bewußt, daß man sich eigentlich auf offenem Gelände befand. Aber man hatte auch nicht das Gefühl, in einem Brennofen vergraben zu sein.

Ganz deutlich drangen die Stimmen aus dem benachbarten technischen Büro in mein Zimmer herüber. So stark, daß ich durch die Telefongespräche hinter der Zwischenwand in meiner Unterhaltung mit anderen gestört wurde. Viele von den Fragen, die von den verschiedensten Arbeitsstellen am Telefon gestellt wurden, mußte der Leiter des technischen Büros selbst beantworten. Das Merkwürdige war nun, daß diese Antworten ganz genau einander glichen. Am häufigsten war zu hören: »Zu dieser Frage wurden schon beim Amt für öffentliche Arbeiten Anweisungen angefordert.« – »Diese Frage hat das Bauamt noch nicht beantwortet.« Natürlich gab es auch nicht wenige, zu denen der technische Leiter doch eine Meinung äußerte, aber daran schloß sich immer noch eine Erklärung an wie: »Das ist die Ansicht der sowjetischen Spezialisten.« – »Das hat Chefingenieur Dschang vom Amt gesagt.« – »Nein, das ist nicht meine Ansicht, das ist die Meinung des Brigadiers.«

Waren das alles so wichtige Fragen, daß selbst der Leiter des technischen Büros keine Meinung dazu vorzubringen hatte?

Ich unterhielt mich gerade mit einem Kranführer, als die Stimme von Dschou We-Ben wieder einmal durch die Wand herüberdrang:

»Ach, werde nur nicht nervös! Wie soll das denn gehen, wenn wir nicht bei der Verwaltung um Direktiven nachkommen! Der Vorsteher Wang hat gesagt, das werde in den nächsten Tagen entschieden.«

Da sprang plötzlich der Kranführer, der Dschang Guang-Fa hieß, von seiner Bank auf und sagte wütend:

»Schon wieder diese Masche! Wenn vom Südufer eine Schraube aufs Nordufer zu bringen ist, muß jedesmal eine

Anweisung eingeholt werden. Vielleicht auch, wenn du als ›technischer Leiter‹ einen lassen willst? Wegen deines ewigen Anforderns von Direktiven haben wir die Arbeit von acht Tagen verbummelt!«

Damit spie er kräftig aus und setzte sich wieder hin, um mir zu erklären, was ein ›Reitender Knoten‹ und was ein ›Entenknoten‹ ist. Nach kurzer Zeit sprang er wieder auf und sagte voll Erregung:

»Ha, wenn es Asche regnet, fürchtet er schon, er würde erschlagen. Dabei nennt er sich Ingenieur, technischer Leiter! Da ist Ingenieur Dseng doch anders. Ich sage Ihnen: Wir Kranführer wünschten, wir würden unter einem solchen Ingenieur arbeiten. Der wagt es, eine Entscheidung zu treffen, der sagt einfach: So wird es gemacht, ich übernehme die Verantwortung.«

II

Daß ich den jungen Ingenieur Dseng kennenlernte, war im Frühjahr 1954. Als ich einmal in der Arbeitsabteilung des Amtes für öffentliche Arbeiten wartete, um Material zu holen, hörte ich, wie zwei Beamte von den Affären dieses Ingenieurs sprachen. Zwei Arbeiter der Brückenbaubrigade waren zu Hause in einen handgreiflichen Streit geraten, wobei eine Frau verletzt wurde, so daß der Fall schließlich vor Gericht kam. Unter den Zeugen, die vor Gericht erschienen, war auch ein Ingenieur Dseng Gang.

»Ganz was Neues«, schloß der Beamte, der diese Neuigkeit berichtete, mit einer persönlichen Kritik. »Ein Ingenieur kümmert sich sogar um den häuslichen Streit seiner Arbeiter. Das habe ich zum allererstenmal gehört.«

»Was ist daran schon Neues?« ließ der zweite seine Meinung hören. »Schon vor einigen Tagen hat man einen Brief an den Minister geschrieben.«

»Was? Lüg nicht!«

»Ob du es glaubst oder nicht, ist deine Sache. Der Brief

wurde jedenfalls weitergeleitet. Ich habe sogar gehört, daß man Nachforschungen angestellt hat, ob er beantwortet wurde.«

Ich habe nie herausbekommen, ob diese Äußerungen auf Wahrheit beruhten. Aber nachdem meine Aufmerksamkeit geweckt war, hörte ich immer wieder Gerüchte über Dseng Gang, wenn ich auf dem Amt für öffentliche Arbeiten mit der Brückenabteilung in Verbindung kam. Jedesmal war es das gleiche: es gab immer zwei Parteien mit verschiedenen Ansichten.

Das, wovon am häufigsten gesprochen wurde, war natürlich nicht mehr Dseng Gangs Aktivität auf dem Gebiet von Zivilprozessen, sondern Dinge, die in den Aufgabenbereich eines Ingenieurs gehörten. Um ein Beispiel zu nennen: Seit Jahren wird der Schacht für die Brückenpfeiler immer auf dem Ufer gebaut, und erst wenn er fertig ist, in das Flußbett transportiert. Die dritte Unterbrigade der Brückenbaubrigade dagegen schlug vor, diesen Schacht in einem Pfeiler aus Stahlplanken im Wasser zu bauen. Die Begründung: auf diese Weise könne man über 10000 Yüan sparen. Und weiter: Seit Jahren wurde das Gerüst für den Bau der Brückenbögen, das wie ein mehrstöckiges Haus aussah, auf dem Wasser errichtet. Die dritte Unterbrigade dagegen schlug vor, es ans Ufer zu versetzen und seine Form ein wenig zu ändern, so daß man einige 100 Balken weniger brauchte.

Amtsvorsteher, Abteilungsleiter und Techniker erklärten mir: Man könne sagen, daß ein Stück Holz oder ein Brocken Beton, der an anderer Stelle nur 70 Kilogramm trägt, in der dritten Unterbrigade 100 Kilogramm aushält.

Die Neuerungen der dritten Unterbrigade waren außerordentlich zahlreich, und ihr Brigadier und leitender Ingenieur war Dseng Gang.

Aber die Gerüchte machten bei diesen technischen Problemen noch nicht halt. Eines Tages entstand zwischen einigen jungen Leuten auf dem Amt ein Streit über Dseng Gangs Verhalten. Es drehte sich um eine Sache aus der Zeit, als die

Brücke über den We-Fluß gebaut wurde. Der Brückenpfeiler drohte einzustürzen, die Eisenträger neigten sich schon über die Behelfsbrücke, und es sah so aus, als ob der nächste Sturm sie in den Fluß fegen würde. Die Techniker konnten sich nicht einigen, waren unschlüssig und kamen nicht weiter. Als Dseng Gang kam, schlug er ein bestimmtes Verfahren vor, ging selber auf die Behelfsbrücke und zeigte den Arbeitern, wie sie erst die Eisenträger mit Hebebäumen aufhängen und dann den Pfeiler in Ordnung bringen konnten. Einer der Diskutierenden, der damals auf dem Uferdamm gestanden hatte, meinte, diese Methode sei eigentlich zu riskant gewesen. Was hätte Dseng Gang gemacht, wenn die Träger doch nicht aufzuhängen gewesen wären? Und was noch schlimmer war: Ein Ingenieur dürfe nicht zusammen mit den Arbeitern auf der Behelfsbrücke stehen und sich in Lebensgefahr bringen. Die Gegenpartei vertrat die Ansicht, das Vorgehen Dseng Gangs stützte sich auf wissenschaftliche Berechnungen und Erfahrungen, daher dürfe man es nicht als riskant bezeichnen. Der Beweis für die Richtigkeit sei der praktische Erfolg. Und was die Tatsache anbetreffe, daß der Ingenieur mit den Arbeitern auf der Brücke stand, so habe das erst recht seine Richtigkeit – denn für die Arbeiter sei es eine große Ermutigung, wenn sie in einer ernsten Krise wüßten, daß der Ingenieur auch an Ort und Stelle sei.
Wenn ich alle Meinungen über Dseng Gang zusammenfasse, die ich gehört habe, so standen sie, scharf entgegengesetzt, in einem ernsten Widerstreit. Ein Teil erkannte voll Respekt und Bewunderung die Kühnheit Dseng Gangs an. Die anderen nahmen eine ablehnende, skeptische Haltung ein; sie hielten diesen Mann für tollkühn, unreif und unbekümmert um wissenschaftliche Erkenntnisse.
Diese Ansicht begegnete mir etwas häufiger, und obwohl ich nicht leichtgläubig bin, geriet ich doch deutlich unter ihren Einfluß.
Ich war nun seit einigen Tagen auf der Baustelle bei Lingkou, wo in einiger Entfernung von der Bogenbrücke unter Dseng

Gangs Leitung eine Straßenbrücke entstand. Der Zustand dieser Baustelle war ganz anders, als ich es mir vorgestellt hatte. Durch alles, was ich in den Jahren meiner Reportertätigkeit gesehen und gehört hatte, war ich daran gewöhnt, die Unordnung auf einer Baustelle als normal anzusehen. Aber hier auf dem großen Bau bei Lingkou fand ich Ordnung und System. Hier konnte ich kaum einen einzigen Müßiggänger finden, aber auch nicht die geringste Hast entdecken. Menschen, Maschinen und Werkzeuge waren an der günstigsten Stelle eingesetzt. Man konnte sehen, daß selbst der Platz, wo die Steine gewaschen wurden oder wo man einen Betonmischer aufgestellt hatte, erst nach gründlicher Überlegung gewählt war. Der ärgerliche ›Kleintransport‹, den man normalerweise auf allen Baustellen zu sehen bekommt, existierte hier fast überhaupt nicht. Ich habe viele gewöhnliche Arbeiter befragt. Alle wußten genau, was für Aufgaben sie an diesem und am nächsten Tag hatten, außerdem hatten sie auch Verständnis für die Aufgaben ihrer kleinen Gruppe oder Kolonne und für das Hauptproblem der bevorstehenden Arbeit. Somit gab es auch nicht mehr die auf Baustellen immer wieder auftauchende Scherzfrage: »Wo gehöre ich hin?« Der Plan der Unterbrigade wurde jeden Monat übererfüllt.

Dies alles machte einen zuverlässigen Eindruck und hatte mit Tollkühnheit nicht das geringste zu tun. Dabei waren die anderen Abteilungen der Brückenbaubrigade in ihrem Erscheinungsbild das genaue Gegenteil. Normalerweise vertrödelten sie zu Anfang eines Monats die Zeit, um am Monatsende Sonderschichten einzulegen oder die Arbeitszeit zu verlängern. Es gab sogar einige, die beides nötig hatten. Auch daß im letzten Monat mehr als 30 Prozent des Jahresplans erfüllt werden mußte, kam häufig vor. Aber noch nie hatte jemand diese Unordnung und Systemlosigkeit, dieses blinde Draufloswirtschaften, das immer wieder Unfälle mit Personen- und Sachschaden verursachte, als tollkühn bezeichnet, sondern man fand das alles ganz in Ordnung und sehr zuverlässig.

Anfangs hatte ich diesen Unterschied in der Hauptsache von den Arbeitsmethoden her überdacht. Zwei Abende lang habe ich mit Ingenieur Dseng Gang dessen Erfahrungen untersucht und zusammengefaßt. Er legte großen Wert auf Planung. Jedesmal, wenn ein Plan aufgestellt wurde, legte er persönlich mit Hand an. Auf diese Weise gingen ihm die günstigen und ungünstigen Arbeitsfaktoren seiner Brigade jeden Monat oder alle zehn Tage einmal durch den Kopf, und zu gegebener Zeit erinnerte er sich daran. Jede konkrete Anweisung war aus umfassenden Überlegungen hervorgegangen. Im Gegensatz zu allen anderen Technikern und Ingenieuren kümmerte er sich persönlich um die Einbringung von Rationalisierungsvorschlägen in der ganzen Brigade. Wenn dann die Arbeiter irgendeinen Vorschlag machten, konnte er sofort entsprechend den unmittelbar bevorstehenden und später zu erwartenden Bedürfnissen seine Beschlüsse fassen; ohne komplizierte Aufzeichnungen, Untersuchungen und Genehmigungen. Ähnliche Beispiele gibt es noch mehr.

Nachdem wir uns jedoch zwei Abende lang unterhalten hatten, merkte ich auf einmal, daß das noch nicht der wichtigste Punkt war, den ich herausfinden mußte. War denn etwa die Gesamtheit aller Erfahrungen auf dem Gebiet der Arbeitsorganisation in den letzten Jahren gering? Aber unter den Händen gewisser Menschen lassen sich auch erfolgreiche Erfahrungen nicht richtig anwenden. Sobald man in der Produktion in ein Durcheinander geraten ist, sobald man einen Fehler gemacht hat, kratzen sich diese Herren am Kopf, lächeln und sagen mit Bedauern (jedoch ohne das geringste Schuldbewußtsein): »Es geht eben nicht. Das liegt halt daran, daß unsere Erfahrung nicht ausreicht...« – Wenn die Erfahrung fehlt, kann man sie natürlich nicht zur Rechenschaft ziehen. Wie könnte man einem Volksschüler vorwerfen, daß er einen orthographischen Fehler gemacht hat. Aber bei vielen Gelegenheiten ist es nicht mehr und zumindest nicht ausschließlich eine Frage der Erfahrung.

Nein, ein Mensch, dessen Geist mit Staub bedeckt ist, kann

seine eigenen Einsichten gegenüber Neuem nicht einfach erweitern, indem er sich auf die Erfahrung anderer stützt. Ebenso wie einer, der sich an das Leben klammert und Furcht vor dem Tode hat, die Tapferkeit nicht erlernen kann, indem er die ›Methodik der Kriegführung‹ von Huang Dji-Guang liest.

Unter den Erfahrungen, die ich in diesen beiden Tagen mit Dseng Gang besprach, waren natürlich auch – wie unter allen Erfahrungen – wichtigere und tiefergehende Probleme als methodische Fragen. Er sagte zum Beispiel: »Wenn ein Plan aufgestellt wird, mache ich jedesmal nur einen rohen Entwurf und lasse die Einzelheitenvon den Arbeitern ergänzen. – Ich scheue mich nicht, die Schwierigkeiten zu erwähnen. Man muß den Arbeitern unbedingt sagen, wo die Schwierigkeiten liegen. Nur wenn man sie herausstellt, kann man ein Rezept finden, um sie zu überwinden.« Voller Begeisterung sagte er auch: »In diesen Jahren, wo ich gemeinsam mit den Arbeitern gegessen, geschlafen und gearbeitet habe, da habe ich erst gemerkt, wie schwer die Arbeit ist. Da ist mir erst aufgegangen, daß die Früchte beim Aufbau unseres Vaterlandes nicht mühelos wachsen, sondern daß sie unter harten Anstrengungen aus dem Blut und dem Schweiß der Arbeiter herauskristallisiert werden. Wenn ich sehe, wie schwer die Arbeiter atmen, wenn sie unter der Wasseroberfläche arbeiten, mit weißen Gesichtern, die Kleidung ganz durchnäßt, Hände und Füße erfroren – dann lasse ich in mir nicht die geringste Gedankenlosigkeit aufkommen, um nicht ihre Kräfte zu vergeuden. Dabei habe ich erst ganz allmählich begriffen, daß eine Arbeit erst dann interessant ist, wenn sie schwierig ist. Je größer die aufzuwendende Kraft, desto größer die Freude, wenn man fertig ist.« In allen diesen Sätzen spiegelt sich eine Sympathie mit den arbeitenden Massen, sein tief eingewurzeltes Vertrauen in die Arbeiter. Auch war seine ›Verbundenheit mit den Massen‹ nicht bloß enge Fühlungnahme oder bereits damit erschöpft, daß er sie rechnen und zeichnen lehrte und dergleichen. (Leider sind viele Verwaltungsfunktionäre und Techniker noch immer der Ansicht, ›Verbundenheit mit den Massen‹ liege schon darin, die Arbeiter mit »alter Wang« und »alter Li« anzureden, oder mit ihnen einige Stunden täglich zu pokern.) Nein, er überlegte sich ständig, wie er diese Kräfte organisieren müsse. Gestützt auf sein technisches Wissen und seine Erfahrungen setzte er Arbeiter und Maschinen genau an der richtigen Stelle ein, so daß jeder Arbeiter seine positive Gesinnung und seine Kräfte im höchsten Grade entfalten konnte.

Aber auch dies war noch nicht der entscheidende Punkt.

Das eigentliche Problem brachte Dseng Gang bei unserem dritten Gespräch selbst zur Sprache. Als ich sein Büro betrat, telefonierte er gerade. Sein Gesprächspartner hatte schon eine ganze Weile gesprochen, während Dseng Gang geduldig zuhörte und dabei mit der Hand leicht auf die Tischplatte klopfte. Als er mich eintreten sah, gab er mir mit den Augen einen Wink, mich auf den Stuhl am Tisch zu setzen. Dann sagte er in den Hörer:

»Kein Fehler, keineswegs. Die Ausschachtungen betragen acht Meter, acht Kubikmeter. Fürs Betonieren brauchen wir 27 Mann. 27 Arbeitskräfte schaffen das Soll von 40.«

Aus dem Telefon kam wieder ein Satz. Ich sah, wie sich Dseng Gangs Ausdruck mit einem Schlag änderte. Die Hand, die auf den Tisch geklopft hatte, hielt plötzlich still. Mit fester Stimme sagte er:

»Ich habe nicht das Recht, die Hände der Arbeiter zu binden. Und was das Material betrifft, so haben Sie es bereits dreimal überprüft. Sie können auch kommen und es noch ein viertes Mal prüfen. Aber ich bitte zu notieren: In der letzten Woche haben wir acht Kubikmeter geschafft und in der nächsten können wir auf zehn kommen. Mit den Betonierarbeiten steht es genauso. Im Augenblick untersuchen wir gerade, ob die Arbeit von 40 Mann auch von 20 getan werden kann. Die Brigadeleitung sollte ihre Vorarbeiten ein wenig früher abschließen!«

Damit legte er den Hörer auf. Auf einnmal mußte er lachen.

Nur wenn einer merkt, daß er etwas Lächerliches tut, kann er so herzlich lachen. Er bat mich, draußen mit ihm einen Spaziergang zu machen. Alle paar Schritte fing er wieder an zu lachen. Mit flehender Stimme bat er mich:
»Heute wollen wir uns nicht mehr über Erfahrungen unterhalten. Laß uns von etwas anderem sprechen!«
Aber er sagte nicht, wovon wir reden sollten. Ich wartete, daß er irgendein Thema anschnitt. Wir waren schon am Ufer. Breit lag der Sonnenuntergang über dem Fluß. Auf dem Brückenkopf in der Ferne wurden die Lichter angezündet. Mitten über dem Fluß bemerkten wir beide auf halber Höhe einen alten Adler. Mit ausgebreiteten Schwingen stand er bewegungslos am Himmel. Auf den ersten Blick schien es, als ob er auf einem feinen Eisendraht stehe, in Wirklichkeit schwebte er natürlich in der Luft. Nach mehreren Sekunden flog er davon. Erst dann begann Dseng Gang:
»Manchmal beneide ich euch Reporter und Schriftsteller direkt. Sobald ihr etwas Gutes herausbekommen, eine Erfahrung gesammelt habt, geht ihr hin und schreibt sie nieder, veröffentlicht sie in der Zeitung, und eure Pflicht ist damit getan. Aber wie ist es in einem praktischen Beruf? Eine Sache mag ganz offenkundig gut sein, eine Erfahrung zweifellos erfolgreich – doch wenn man sie dann im großen anwenden will, tauchen auf einmal Schwierigkeiten auf.«
Ich merkte sofort, daß hinter diesem Satz mehr steckte, und fragte schnell weiter. Wie gewöhnlich war Dseng Gangs Antwort sehr einfach:
»Vor einem halben Jahr hat ein Betonierer in der dritten Unterbrigade sein Soll um das Doppelte übererfüllt. Die Leitung hat das in den Brigademitteilungen als anspornendes Beispiel veröffentlicht. Im letzten Monat ist die Zahl derer, die das Soll um das Doppelte durchbrochen haben, auf 40 bis 50 Mann angewachsen. Auch das ist bekanntgemacht worden. Aber gleichzeitig kam eine Anweisung, welche die Führung der Unterbrigade in die Schranken weist. Dieser Tage haben nun die Jungarbeiter vorgeschlagen, eine Bewegung zur Ver-

doppelung des Solls durchzuführen: ein Mann leistet die Arbeit von zweien, in einem Monat wird das Soll von zwei Monaten erfüllt. Da kommt auf einmal eine dringende Durchsage von der Brigadeleitung: wir dürften die Bewegung nicht starten, das sei gefährlich.«
Er warf mir einen rätselhaften Blick zu und sagte lachend: »Das verstehst du nicht? Ich verstehe es auch nicht. Da liegt ein Geheimnis. Das ist auch nicht das erste Mal.«
Wahrscheinlich ahnte er, daß unser Gespräch nicht in wenigen Minuten zu Ende sein würde, und so setzte er sich auf einen Stein am Flußufer. Ich folgte ihm.
»Diese Frage wollen wir doch gleich einmal durchsprechen. Diese Verdoppelung des Solls: Vor einigen Tagen hat mich der Parteisekretär gefragt, ob mein Arbeitstempo erhöht werden kann.« Er hob einen dürren Zweig auf und schrieb damit die Zahl 50 Prozent in den Staub. Dann wischte er sie wieder aus und sagte: »Es ist kein Problem, mit den uns jetzt zur Verfügung stehenden Mitteln das Tempo des Brückenbaus zu verdoppeln. Das Prinzip ist sehr einfach: Wir setzen unsere Kräfte heute nur zur Hälfte ein. Siehst du, wir nützen unsere maschinellen Einrichtungen noch nicht einmal zu 40 Prozent aus. Jedes Jahr werden mindestens 30 Prozent der Arbeitskraft verschwendet, weil die Arbeitsvorbereitung und -organisation nicht gut sind. Und weil eine gute Organisation fehlt und dadurch latente Kräfte nicht zur Entfaltung kommen, nützt auch die ganze Gesamtrechnung nichts mehr. Aber nun zu den Jungarbeitern. So wie ich es sehe, ist es gar kein Problem, den Nutzeffekt der Arbeit generell um 50 Prozent anzuheben. Das bedeutet, daß die menschliche Arbeitskraft verdoppelt werden kann. Wir haben die Menschen und wir haben auch die Maschinen – was brauchen wir denn da noch!«
Er verwischte die Ziffern mit der Schuhsohle und stand mit einem Ruck auf. Die Erde, die durch seinen Tritt losgebrochen wurde, polterte wie ein Fluß den steilen Uferhang hinab. Der feine Staub bildete am Grunde einen zusammen-

hängenden Strom, während Erdklumpen und Steine in weiten Sätzen allem voran als erste ins Wasser des Gelben Flusses plumpsten.

»Dann bleibt da noch eine zweite Frage: Wir müssen mit der Gesinnung eines Stachanow an unsere Arbeit gehen. Aber damit alle in diesem Geist ihre Arbeit tun, müssen erst einmal diejenigen, die für Planung, Organisation und Projektierung verantwortlich sind, die Gesinnung eines Stachanow haben.«

Das sagte er mit großer Entschiedenheit. Dann blickte er mich fragend an. Als er mich nicken sah, lachte er, wobei er schneeweiße Zähne entblößte. Da merkte ich auf einmal, daß er etwas von einem Kind an sich hatte.

Am Abend schrieb ich dieses Gespräch in mein Notizbuch. Bei dieser Gelegenheit ging ich noch einmal alle Fragen durch, die ich in den vergangenen Tagen, so wie sie aufgetaucht waren, ohne jede Ordnung ins Buch aufgenommen hatte. »Was ist Dseng Gangs wichtigste Erfahrung?« – »Weshalb ist die Arbeit eines ›tollkühnen‹ Mannes äußerst zuverlässig, während hingegen die Leute, deren Arbeit als zuverlässig gilt, der Gefahr des Scheiterns ausgesetzt sind?« Ich hatte das Gefühl, als wäre ich der Antwort einen ganzen Schritt nähergekommen.

Aber da blieb noch eine Frage, die ich trotz intensivsten Nachdenkens nicht beantworten konnte: »Weshalb hielt Lo Li-Dscheng, der Führer der Brückenbaubrigade, von einem derart fähigen Funktionär in seinem Befehlsbereich nicht viel?« (Dabei glaubte ich, daß er ihn verstand.)

III

Man konnte nicht sagen, daß Lo Li-Dscheng seine Aufgabe nicht begriff, und man konnte auch nicht sagen, daß er Fähigkeiten nicht zu schätzen wüßte. Dseng Gang zum Führer und leitenden Ingenieur der dritten Unterbrigade zu machen, war

seine Idee. Und er war es auch, der im Jahre 1953 immer wieder auf den Funktionärsversammlungen der Brigade Dseng Gang lobend herausgestellt hatte und der wiederholt darauf hingewiesen hatte, welch große Rolle die dritte Unterbrigade gespielt hatte, als die Brückenbaubrigade den Staatsplan nicht erfüllen konnte. Privatim hatte er im Gespräch mit Freunden zu erkennen gegeben, daß die Gesinnung Dseng Gangs, jederzeit mutig die Verantwortung zu übernehmen, gerade das sei, woran es bei Dschou We-Ben mangelte; und dabei brachte er zur gleichen Zeit aufrichtige Hochachtung vor der Vorsicht Dschous zum Ausdruck. Auch gegen die Art, wie Dseng kühn seine Ansichten vorbrachte, hatte Lo nicht gerade etwas einzuwenden. In den letzten beiden Jahren hatte der Brigadeleiter nicht gern eigene Meinungen geäußert. Wenn der Plan diskutiert oder die Arbeitsergebnisse zusammengefaßt wurden, zog er es vor, zu warten, bis andere ihre Ansichten oder Vorschläge vorbrachten, um dann mit dem Kopf zu nicken und zu sagen: »Das geht.« Ging es darum, den Vorschlag oder Plan eines anderen in der Versammlung durchzusetzen oder zu irgendwelchen Fragen Korrekturen anzubringen, dann pflegte er sie immer genauer zu durchdenken als seine eigenen. Aber der vorgelegte Entwurf war sehr oberflächlich. Als Leiter einer Brükkenbaubrigade hatte er nicht einmal einen persönlichen Sekretär.
Aber Ende 1953 war in den Beziehungen zwischen Brigadier Lo und Ingenieur Dseng eine Wende eingetreten. Auf der Dezemberversammlung, in der die Pläne für das Jahr 1954 diskutiert wurden, entstand eine Kontroverse.
Die Sitzung hatte schon über zwei Stunden gedauert. Alle Abteilungsleiter und Führer der Unterbrigaden hatten nacheinander gesprochen, zu gewissen Einzelfragen des Planes Ergänzungen vorgebracht, bestimmte Verbesserungen am Wortlaut vorgenommen. Der Tee in der Kanne war schon so dünn geworden, daß er sich kaum noch von klarem Wasser unterschied. Die Zigaretten auf dem Tisch waren aufge-

raucht, und einige drehten bereits aus den Stummeln neue. Brigadier Lo war gerade dabei, die Sitzung für beendet zu erklären, als Ingenieur Dseng unvermutet eine Frage aufwarf. Fest auf den Tisch gestützt, die Augen auf den Aschenbecher geheftet, sagte er: »Um auf die Planziffern zurückzukommen – sollen alle Planziffern für das nächste Jahr gesenkt werden?«

Mit einem Schlag änderte sich die Atmosphäre der Versammlung. Es war, als ob jemand plötzlich die sechs Fenster aufgestoßen hätte. Wer an die Stuhllehne zurückgelehnt vor sich hingedöst hatte, richtete sich auf. Der Brigadeleiter gab Dseng Gang mit den Augen einen Wink, weiterzusprechen.

»Diese Zahlen sind noch niedriger als die Werte, die wir tatsächlich erfüllt haben.« Wie Dseng Gang ein Exemplar des Planes in seinen Händen drehte, schien er kein gutes Gefühl zu haben. Natürlich hatte er schon vorher mit sich einen langen Kampf ausgefochten, aber die Atmosphäre dieser Versammlung war so freundlich, daß er schließlich mit seinem Einwand herausrückte. Schon im voraus konnte er sich vorstellen, welche Betrübnis die verwunderten, vorwurfsvollen Blicke der Menge zum Ausdruck bringen würden. »Ich bin der Meinung, wir sollten die Planziffern ein wenig erhöhen. Was zum Beispiel das Material betrifft, so sind wir deswegen schon in der Zeitung kritisiert worden. Wenn wir uns da nicht etwas einfallen lassen, wird die Abweichung im nächsten Jahr noch ernster sein. Die Techniker der dritten Unterbrigade sagen, wenn unsere Brigade zwei Brücken gebaut hat, dann ist noch eine ganze Brücke übrig.«

Lo Li-Dscheng machte den Eindruck, als sei er peinlich berührt. Er heftete den Blick auf die hohe und breite Stirn Dseng Gangs, als ob er auf die Ansichten des anderen hörte; aber bei sich dachte er: Ach, weshalb sollten wir das tun, habe ich das alles nicht schon gestern mit dir durchgesprochen? Planziffern erhöhen, Planziffern senken – was hat das schon zu bedeuten? Soviel Kraft wir haben, soviel Kraft wenden

wir auf. Je niedriger das Soll, desto leichter die Übererfüllung. Verstehst du denn dieses Prinzip nicht? Das bringt doch dem Staat keinerlei Verlust!
Nach weiteren Erläuterungen des Chefingenieurs sagte der Leiter des Planungsbüros noch etwas wie: »Man wird das nach der Sitzung studieren.« Somit brachte die Frage Dseng Gangs keine Veränderung. Aber die ganze Angelegenheit war für Lo Li-Dscheng eine Warnung: Dieser Dseng Gang befindet sich in einer Wandlung!
Von da an schenkte Brigadier Lo der dritten Unterbrigade mit ihrem Ingenieur Dseng mehr Aufmerksamkeit. Und tatsächlich verhielt sich alles so, wie er es erwartet hatte. In der dritten Unterbrigade hatte es schon früher nicht gerade wenig Neuerungen gegeben, aber im Jahre 1954 trat eine Besonderheit auf. Früher hatte Lo Li-Dscheng das Gefühl gehabt, daß die Unternehmungen der dritten Unterbrigade mit seinen eigenen Plänen übereinstimmten. Zum Beispiel war es eine große Schwierigkeit gewesen, daß man die Eisenplanken nicht im Kreis einrammen konnte. Als Ingenieur Dseng aus der dritten Abteilung die ›Drehscheibenramme‹ erfand, war Brigadier Lo aus tiefstem Herzen begeistert. Er telefonierte persönlich mit der Presse und bat darum, diese Sache an die erste Stelle zu setzen. Und die Leitung des Amtes für öffentliche Arbeiten klatschte Beifall und rief »Bravo!«. Aber seit vier, fünf Jahren hatten die Neuerungen der dritten Unterbrigade alle gewissermaßen einen Stachel bekommen. Zum Beispiel hatte die dritte Unterbrigade aus den Erfahrungen des langen Frühlings gelernt und eine Jugendsparkolonne gebildet. Während sonst überall die Sparkolonnen Alteisen sammelten, wollte die der dritten Abteilung so etwas wie eine ›Ausstellung gegen Verschwendung‹ veranstalten unter dem Motto: »Die Planziffern des Materialverbrauchs müssen gesenkt werden!« Sparen – das war nicht die eigentliche Arbeit der Brückenbaubrigade und des Amtes für öffentliche Arbeiten. ›Antiverschwendung‹ lag noch weniger in den Absichten der Führung des Amtes. Als diese Instanzen

nichts von sich hören ließen, schrieb Dseng Gang schließlich im Juni einen langen Brief an den Direktor des Amtes für öffentliche Arbeiten, worin er einen weit ausholenden Vorschlag machte. Selbstverständlich ging das nicht ohne eine Kritik an der Brückenbaubrigade. Als nach drei Wochen noch keine Antwort vom Amt gekommen war, tauchte dieser Brief schließlich im Ministerium auf!

Wenn früher andere mit vorwurfsvoller Stimme gesagt hatten, Dseng Gang sei kühn, dann hatte Lo Li-Dscheng keine Stellung dazu bezogen. Er hatte gedacht, was kann ein wenig Kühnheit schon schaden? Wenn er noch ein paar Erfindungen macht, dann kommen die Erfolge doch schließlich der ganzen Brigade zugute! Diesmal verstand Lo Li-Dscheng die Bedeutung jenes Vorwurfs erst richtig. Ständig suchte die dritte Unterbrigade den Brigadier am Telefon. Die anderen Unterbrigaden telefonierten auch. Wenn man nicht Befehle anforderte, gab man Berichte. Weil es die dritte Abteilung obendrein noch liebte, irgendwelche Probleme aufzuwerfen und gern drängte und stritt, war Lo Li-Dscheng schließlich soweit, daß ihn schon ein unbehagliches Gefühl beschlich, wenn er nur das Telefon klingeln hörte.

Eine solche Kühnheit mußte natürlich gezügelt werden, um Schaden zu verhindern. Gegenüber der dritten Unterbrigade wurde die Prüfung der Pläne und technischen Verfahren immer ein wenig schärfer gehandhabt. Wenn der Sicherheitskoeffizient bei den übrigen Abteilungen um 20 Prozent erhöht werden sollte, dann mußte ihn die dritte bestimmt um 30 Prozent erhöhen. Wenn die anderen offenkundig erratene Zahlen vorbrachten, wurde das nicht einmal untersucht; die Zahlen der dritten Unterbrigade dagegen wurden immer wieder in Zweifel gezogen, selbst wenn sie erst nach sorgfältigsten Berechnungen zustande gekommen waren. Wieder und wieder wurde sie mit Fragen bestürmt: ob man Probleme habe, ob man das auch durchgerechnet habe? Wenn die Abgabe von Berichten und Zahlenmaterial, welches nicht unbedingt weitergegeben werden mußte, für die übrigen freiwillig war, so mußte die dritte Unterbrigade diese nicht nur in jedem Fall liefern, sondern auch noch in der vorgeschriebenen Zeit. Die Versorgung mit Baumaterial und Maschinen erfolgte ganz generell nicht termingerecht, aber gegenüber der dritten Unterbrigade wurde es noch ein wenig mehr verzögert. Und wenn sie drängte, gab man zur Antwort: Eure Unterbrigade hat eine gute Grundlage, ihr seid schon weit fortgeschritten, was macht es schon, wenn ihr um diese Winzigkeit zurücksteht, man muß Gemeinschaftsgeist entfalten und den zurückgebliebenen Einheiten noch einmal helfen.

»Wenn du abweichende Ansichten hast, dann bring sie uneingeschränkt vor!« Aber für jede konkrete Sache muß man konkrete Gegenargumente vorbereiten. Außer umfangreichen, komplizierten chinesischen und ausländischen, alten und neuen technischen Werken gibt es noch alle möglichen Vorschriften und Systeme in Hülle und Fülle, welche man zu Rate ziehen konnte. Wenn man klar nachweisen will, wer recht und unrecht hat, dann muß man fest dazu entschlossen sein, Zeit und Energie daranzuwenden. Ein Mensch, der nur an seine Arbeit denkt, kann sich dazu nicht durchringen. Denn um jede Sache muß gekämpft werden. Und diese zeitverschwendende Kontroverse hatte, objektiv betrachtet, schon die Funktion, die »Tollkühnheit im Zaum zu halten«.

Im Laufe der Zeit hatten sich die Beziehungen zwischen der Brigade und der Führung der dritten Unterbrigade immer mehr festgefahren. Im Interesse ihrer Arbeit hatte die dritte Unterbrigade außer Protesten nur ein Rezept: alles, was man selbst verantworten konnte, was man selbst entscheiden konnte, das machte man nach eigenen Methoden, und man legte sich immer weniger mit der Brigade an.

Aber das machte die Dinge nur komplizierter: Die Tatsache etwa, daß sich die Anzahl der Telefonate von der Unterbrigade zur Brigadeleitung verminderte, konnte man auch unter die Sünde ›Disziplinlosigkeit‹ fassen.

Als eines Tages Dseng Gang auf einer Konferenz der Brigadefunktionäre mit dem technischen Leiter Dschou in eine scharfe Auseinandersetzung geriet, da er sich weigerte, die zu tief angesetzten Arbeitsnormen anzunehmen, und danach seine eigenen Ansichten direkt ins Büro des Direktors des Amtes für öffentliche Arbeiten brachte, gab es bei der ganzen Brigade einen großen Aufruhr. Der Leiter des Kalkulationsbüros brachte schließlich die ganze Affäre auf die Ebene: ›parteiwidriges Verhalten oder nicht‹ und verlangte eine Kritik. Unerwarteterweise stimmten einige Funktionäre zu, und man schlug vor, das ganze Problem vor den Parteiausschuß zu bringen. Dseng Gang mußte direkt vor dem Parteisekretär erscheinen und eine Erklärung anhören, bevor er diese Art zu denken aufgab. Diese Kritik hatte ihre Nachwirkungen, und es gab einige, die von da an in Dseng Gang eine gefährliche Persönlichkeit sahen. Denen, die ihn verstanden und mit ihm fühlten, blieb nichts weiter, als im stillen Angst und Besorgnis um ihn zu empfinden.

Seitdem war ein Teil der Brigadefunktionäre der Ansicht: Die dritte Unterbrigade ist mit der größten Vorsicht zu behandeln und läßt sich am schwersten leiten. Mit Ingenieur Dseng ist am schwierigsten umzugehen. Die Gründe dafür? – Ganz einfach: dieser Mann hat zuviel Mut.

Die Dinge kamen schließlich auf folgenden Stand: Unter dem Druck der öffentlichen Meinung leugnete selbst Dseng Gang persönlich wiederholt seine Kühnheit. In Gesprächen mit mir stritt er mehrmals ab, daß er ein mutiger Mann sei. Er behauptete, sein Denken und Handeln sei außerordentlich gewöhnlich, wie könne man nur von Kühnheit reden. Erst später erfuhr ich, daß bei der Brückenbaubrigade das Wort ›mutig‹ mit ›riskant‹, ›leichtfertig‹, ›töricht‹ und ›verantwortungslos‹ durcheinandergeworfen wurde, und manchmal hatte das Wort ›Mut‹ die gleiche Bedeutung wie ›Tollkühnheit‹. Ist es da ein Wunder, daß selbst Dseng Gang Angst vor diesem Wort hatte?

Aber jetzt will ich mich wieder meiner Erzählung zuwenden. Zwei Tage, nachdem ich von der Brücke bei Lingkou zurückgekehrt war, hatten Brigadier Lo und Ingenieur Dseng ein Gespräch. Es hatte zunächst privaten Charakter gehabt, aber am Schluß nahm es eine Wendung auf rein dienstliches Gebiet, so daß man direkt von einem politischen Gespräch reden konnte.

Es lag vielleicht daran, daß Dseng Gang lange nicht mehr im Haus des Brigadiers gewesen war. Sobald er das Zimmer betreten hatte, fühlte er am ganzen Körper eine Spannung – wie ein Schüler, der ohne Hoffnung auf Gelingen in den Prüfungsraum geht.

Aber der Brigadeleiter ließ Dseng Gang freundschaftlich und ungezwungen in seinem eigenen defekten Drehstuhl Platz nehmen und brühte sogleich Tee auf. Es war wie vor zwei Jahren, als Dseng Gang zum letztenmal hiergewesen war.

Sie begrüßten sich und wechselten einige konventionelle Worte, plauderten eine Weile über die Neuigkeiten der Brigade, und erst dann brachte Lo Li-Dscheng das Gespräch unmerklich auf das eigentliche Thema.

»Gar nicht so einfach, gar nicht so einfach«, sagte Lo Li-Dscheng mit gedehnter Stimme. »Die in diesen wenigen Jahren von unserem Vaterland erreichten Erfolge muß man einfach als aufsehenerregend bezeichnen. Erinnerst du dich noch an die Zeit, als wir bloß Holzbrücken bauten? Vergleiche sie einmal mit heute. Das hätten wir uns doch früher nicht auszudenken gewagt.« In einem Zug leerte er eine halbe Tasse lauwarmen Tee und fuhr dann fort: »Selbstverständlich gibt es auch noch einige Mängel. Gewiß, die gibt es. Nimm mich oder dich als Beispiel – mit unserer Stellung und unserer Verantwortung! Gewiß, Mängel gibt es noch...«

Aus dem Ton dieser Worte merkte Dseng Gang, daß dies nur die Einleitung war, die später widerlegt werden sollte. Erst bejahen, dann verneinen, erst dafür und dann dagegen, das war sehr wirkungsvoll, und, tatsächlich, Lo Li-Dschengs Blick wurde noch eindringlicher, sein Ton kraftvoller.

»Aber, ganz gleich, wie viele Mängel noch da sind, die Ergebnisse sind doch das Wichtigste. Wer diesen Punkt aus den Augen verliert, der muß schließlich in einen Irrtum verfallen. Nehmen wir nur den Brückenbau, nehmen wir einmal unsere Brigade: Da gibt es Leute, die uns kritisieren, wir seien Verschwender, wir überschritten die Kosten. Das ist alles richtig. Wie es ist, so ist es. Geldverlust ist schließlich Geldverlust. Aber die Brücke? – Die Brücke wird trotzdem gebaut. Bevor wir kamen, hat es auf diesem Flußabschnitt des Huangho keine Brücke gegeben, und wenn wir gehen, dann gibt es hier zwei. Vom Nichts zum Sein, das nenne ich einen Erfolg. Richtig, wir haben etwas zuviel Geld ausgegeben, aber die Brücke wird gebaut!«
Während er immer weitersprach, holte er aus seiner Tasche ein dünnes weißes Stück Papier, so etwas wie ein Manuskript, und überreichte es Dseng Gang. Der verstand sofort. Es war ein Manuskript, das ein Berichterstatter der dritten Unterbrigade verfaßt hatte. Also darum ging es nach dem ganzen Hin und Her. Er mußte lachen.
Ohne auf das Lachen zu achten, wechselte Lo Li-Dscheng den Gesichtsausdruck, erhob sich und ging auf und ab. Dabei sagte er hastig und aufgeregt: »Die Führung ist ›reaktionär‹! – ›konservativ‹! Was heißt das eigentlich? Die Normen sind zu niedrig? Die Planziffern rückständig? Aber sie sind doch vom Amt genehmigt! Außerdem ist es in allen Einheiten vom Amt für öffentliche Arbeiten so, mit allen Brigaden ist es das gleiche. Wenn man sagt, die Leitung der Brückenbaubrigade sei konservativ, so ist es, als ob man sagte, die Führung des Amtes für öffentliche Arbeiten sei konservativ. So etwas kann man doch nicht leichthin behaupten ...«
Dseng Gang wußte genau, daß dieser Streit zu keinem Ergebnis führen würde! Er hatte früher daran gedacht, dieses Problem einer gründlichen Diskussion zu unterwerfen, aber hier war nicht der geeignete Ort. Das beste dafür war eine Sitzung des Parteikomitees. Er wollte dieses Gespräch abkürzen und sagte beiläufig:

»Dieser Artikel lobt in der Hauptsache die Begeisterung der Werktätigen bei der Arbeit. Wenn dem nicht so wäre, würde dann die Überschrift lauten: ›Der Jugendstoßtrupp der dritten Abteilung der Brückenbaubrigade eröffnet die Bewegung zur Verdoppelung der Normen‹? Daß die Leitung konservativ sei, wird nur in einem einzigen Satz gesagt…«
Lo Li-Dscheng blieb plötzlich vor ihm stehen, schaute ihm gerade in die Augen und sagte mit außergewöhnlichem Ernst:
»Richtig, richtig, das Problem liegt genau in diesem Punkt. Alter Freund, denk doch einmal genau darüber nach. Wenn die Arbeiter es bewerkstelligen wollen, die Normen zu verdoppeln, so heißt das doch, die Normen sind rückschrittlich. Und wenn die Normen rückschrittlich sind, so heißt das doch, die Leitung des Amtes für öffentliche Arbeiten ist rückschrittlich! Jeder Mensch mit Verstand sieht das auf den ersten Blick. Das ist das eine. Schwerwiegender ist folgendes: Bei den anderen Brigaden gibt es einige, die nicht einmal die einfachen Normen erfüllen können. Was passiert, wenn euer Vorschlag im Ministerium bekannt wird? Dann wird man bestimmt dem Amt für öffentliche Arbeiten befehlen, die Normen in allen Brigaden zu verdoppeln. Das würde den Direktor in große Schwierigkeiten bringen. Es ist ganz offenkundig, daß sie das nicht schaffen können. Aber im Ministerium wird man sagen, weshalb können es denn die anderen Brigaden nicht, wenn die Brückenbaubrigade es schafft? Das kann man sich doch leicht ausrechnen. Und wenn gar der verantwortliche Genosse im Zentralkomitee davon erfährt, dann wird selbst die Spitze des Ministeriums in Schwierigkeiten kommen. Das führt dann dazu, daß überall im ganzen Reich auf diese Weise verfahren werden muß…!«
»Und was wäre daran schlecht?« In Dseng Gang stieg der Ärger hoch. Aber diese Argumentation brachte ihn doch zum Lachen. »Was ist denn daran schlecht, wenn alle die Normen überschreiten?«

»Nein!« Lo Li-Dscheng streckte eine Hand aus, als wolle er seinem Gegenüber die Lippen verschließen. »Das Problem liegt darin, daß das undurchführbar ist. Die zehn Finger einer Hand sind doch längst nicht gleich. Ich weiß, in der Sowjetunion hat es einmal eine solche Bewegung gegeben. Sie hieß Verdoppelung der Normen. Aber das war in der Sowjetunion. Nein, es geht nicht. Die Spielereien der Sowjetunion kann man nicht so ohne weiteres nach China übertragen. In China haben wir andere Bedingungen. So kann man zum Beispiel in der Sowjetunion die Führung kritisieren, in China geht das nicht. Wenn eine große Aktion durchgeführt wird, wie die ›Bewegung gegen Bestechung, Bürokratie und Verschwendung‹, dann darf man kritisieren, da hat man auch eine Aufforderung von der Zentrale. Aber in normalen Zeiten, wenn keine Anweisungen da sind, können wir die Behörden auch nicht kritisieren. Wenn wir kritisieren wollen, brauchen wir die Zustimmung der Behörden. Wenn man in der Sowjetunion etwas tut, dann macht man es gern Hals über Kopf. Wir hier in China aber legen Wert auf Zuverlässigkeit. Bei allen Dingen muß man auf die chinesischen Besonderheiten Rücksicht nehmen. Dann kann man auch keine Fehler machen. Verstehst du?...«

Da stand Dseng Gang auf. Diese Sprache hörte er nicht zum ersten Male, und gerade deswegen fand er sie unerträglich. Er dachte einen Augenblick, er müsse seine Ansichten, die er unzählige Male durchdacht hatte, Lo Li-Dscheng entgegenschleudern, aber er wußte nicht, wo er beginnen sollte. Er wollte sprechen und er wollte auch wirkungsvoll sprechen, um seinem Gegenüber die Möglichkeit zu nehmen, zurückzuschlagen. Deshalb zögerte er zunächst eine Weile, bevor er anfing:

»Genug davon, Brigadier Lo! Wenn dir etwas nicht gefällt, dann sagst du, es geht nicht, weil es nicht mit den Besonderheiten in China in Einklang stehe. Und wenn dir etwas gefällt, dann heißt es, das seien die chinesischen Besonderheiten, man müsse es so machen. Damit kommst du nicht durch! Ich frage dich, Brigadier Lo – willst du sagen, daß China nur diese Besonderheiten hat? Die Produktionsbedingungen sind rückständig, die Maschinen reichen nicht aus, die Führung gibt keinen Anreiz, aber die Arbeiter wollen trotzdem die Normen verdoppeln – ist das etwa keine chinesische Besonderheit? Du sprichst nur von rückständigen Besonderheiten. Aber müssen denn diese nicht von Grund auf geändert werden? Weil das technische Niveau der Arbeiter niedrig ist, gehen die Maschinen oft kaputt, und weil die Maschinen oft kaputtgehen, ist es am besten, die menschliche Arbeitskraft zu verwenden. Das nennst du chinesische Besonderheiten. Aber was für einen Schaden hätte China, wenn du nun das technische Niveau der Arbeiter hebst? Das Niveau der Funktionäre ist niedrig, die Bildung der Arbeiter gering. Darum muß man noch mehr Versammlungen abhalten, längere Versammlungen! Das nennt ihr chinesische Besonderheiten! Aber wie könnt ihr das Niveau heben, wenn ihr den ganzen Tag Versammlungen abhaltet, immer neue Versammlungen, und dabei die Funktionäre nicht nachdenken, die Arbeiter nicht wissen, wie sie lernen sollen?« Er wollte noch etwas sagen, aber auf einmal bemerkte er Müdigkeit in den Augen Lo Li-Dschengs, offensichtlich hatte er seine letzten Worte gar nicht mit Bewußtsein aufgenommen. Daher ließ er seine Rede damit enden.

Lo Li-Dscheng hatte nicht das geringste Interesse an diesen abstrakten Problemen. Er schenkte immer nur konkreten Fragen seine Aufmerksamkeit. In diesem Augenblick dachte er nur: wie könnte man dieses Feuer zum Verlöschen bringen, wie könnte man verhindern, daß dieser Artikel in der Zeitung erschien, daß diese Bewegung zur Verdoppelung der Normen, die doch nur Streit verursachte, in Gang kam. Und er stellte sich auch vor, wie der Direktor und der stellvertretende Direktor des Amtes darauf reagieren würden, wenn das Feuer wider Erwarten doch nicht zu löschen war.

Als der Zorn Dseng Gangs auf seinem Höhepunkt angelangt

war, brachte Lo Li-Dscheng wie gewöhnlich das Gespräch wieder auf friedlichere Themen. Er begann recht gewissenhaft mit Dseng Gang darüber zu sprechen, auf welche Weise vor der Ankunft des Hochwassers die entsprechenden Maßnahmen zu Ende gebracht werden sollten, wie man die Frage regeln sollte, daß der Zement nicht fristgerecht kam und die Steine nicht den Maßen entsprachen; und dann redete er noch davon, wie die nächste Funktionärsversammlung der Brigade abgehalten werden sollte... In diesem Augenblick flog ein Schwarm Krähen unter lautem Geschrei vom Dach des Hauses auf. Tausende von Lichtern brannten schon in den Wohnhöhlen am Braunen Berg gegenüber. Dseng Gang war schon so müde, daß er gähnen mußte und klopfte mit einer Hand leicht auf den Tisch. Da faßte Lo Li-Dscheng endlich die letzten Punkte ihres Gespräches zusammen, stand auf, schüttelte Dseng Gang freundschaftlich die Hand und sagte:

»Die Dinge sind immer viel komplizierter, als wir denken. Nach meiner Ansicht braucht dieser Artikel nicht gleich zu erscheinen. Ich will ihn erst einmal mit dem Parteisekretär studieren.« – Erst als er in Dseng Gangs Augen keinen Widerspruch fand, ging er einen Schritt weiter und sagte: »Und was diese Bewegung zur Verdopplung der Normen anbelangt, so bin ich keineswegs dagegen. Aber wie kann man es unterlassen, eine so große Sache mit dem Parteiausschuß durchzusprechen! Ich denke, es ist das beste, wenn wir es zunächst einmal mit diesen beiden Stoßtrupps versuchen. Dann können wir uns immer noch Gedanken darüber machen, ob wir die Bewegung weiter ausdehnen.«

Sie waren schon aus der Tür, Lo Li-Dscheng hatte Dseng Gang schon auf die Straße geleitet, da sagte er leise, gewissermaßen von Mann zu Mann:

»Wir sind doch alte Genossen. Da will ich dir noch etwas sagen. In der Brigade gibt es einige Genossen, die dir den Vorwurf der Einseitigkeit machen; du sähest nur die Mängel, nicht die Errungenschaften. Einzelne verantwortliche Funktionäre fragen sogar, ob dies nicht eine Art parteiwidrigen Verhaltens sei. Denn weshalb suchtest du nur nach den Fehlern bei der Führung?«

Dseng Gang wollte schon zum Ufer gehen, aber als er diesen letzten Satz hörte, blieb er abrupt stehen. Der Himmel war schon ganz dunkel geworden, vom Fluß her wehte ein Wind, der das Atmen erschwerte, es war offenkundig nicht die Zeit für eine Unterhaltung. Mit dem Rücken zum Wind blieb er einige Sekunden stehen, aber, ohne ein Wort zu sagen, ging er schließlich weg.

Auf der ganzen Welt gibt es keine zwei Flußläufe, die sich völlig gleichen. Die Natur wird immer viel komplizierter sein als das, was sich in den Formeln der Laboratorien oder in den Plänen der Konstruktionsbüros widerspiegelt. Selbst ein hochqualifizierter Ingenieur kann es bei seiner Arbeit nicht vermeiden, daß er auf unvorhergesehene Faktoren stößt. Aufbau bedeutet unablässiges Probieren, Abtasten, Schaffen und Erfinden neuer Methoden, die wieder verworfen und abgeschafft werden; bedeutet die abermalige Entwicklung neuerer, vernünftigerer Methoden.

Die Erstellung eines Planes oder einer Vorausberechnung geht so vor sich, daß zunächst eine Skizze entworfen wird, auf die mit dem Pinsel Hunderter und Tausender von Arbeitern die frischen Farben aufgetragen werden, bevor sie zum richtigen Plan werden kann. Von dem Zeitpunkt, an dem der erste Spatenstich ausgehoben, der erste Stein losgesprengt wird, bis zu dem Augenblick, in dem der letzte Eisenträger eingefügt wird, ist es notwendig, daß die Massen unzählige geniale Methoden ausdenken, damit eine Brücke schnell, gut und sparsam gebaut werden kann. Die Massen können nicht nur die Methoden finden, ihre eigenen zwei Hände wirkungsvoller einzusetzen, sie können auch die Führung dabei unterstützen, ihre zehntausend Hände noch besser zu organisieren. Sie können dazu beitragen, daß die Führung ein herangereiftes Problem früher erkennt, daß sie ein drohendes oder schon eingetroffenes Unheil schneller abwehrt beziehungsweise überwindet. So ist es mit dem Bau einer Brücke, so ist es mit allem.

Ist diese treibende Kraft nicht die am höchsten zu schätzende Fähigkeit des Menschen? In jenen Tagen, die ich bei der Brückenbaubrigade gemeinsam mit Arbeitern und Technikern verbrachte, habe ich immer wieder gespürt, wie sie wegen vieler Dinge von Sorge und Unruhe erfüllt sind, wie sie über viele Dinge eine lebhafte Diskussion führen. Wenn man mit ihnen zusammen ist, dann muß man von Begeisterung, aber auch von Ungeduld gepackt werden: Wie viele kluge Hirne beschäftigen sich mit unserem Vaterland, wie viele unruhige Herzen lassen sich von Sorge und Freude über unser aller Sache bewegen! Aber viele, sehr viele neue Gedanken werden nicht Wirklichkeit, und zahllose vorteilhafte und kluge Vorschläge verwandeln sich in leeres Gerede.

Neben der Tür zum Büro des Brigadiers hängt ein Holzkasten an der Wand, auf dem mit großen Worten ›Verbesserungsvorschläge‹ geschrieben steht. Das Schloß war eingerostet, und kein Mensch warf je einen Vorschlag ein. Auf ihrem Weg zur Schicht mußten die Arbeiter täglich zweimal am Brigadebüro vorüber, aber nur ganz selten ging jemand zu einem Gespräch ins Büro hinein. Das war auch kein Wunder: denn was hatte eine Aussprache für Nutzen, wenn ein Vorschlag, nachdem er bereits erfolgreich erprobt war, doch wieder verworfen wurde.

Das bei der Brigadeleitung am häufigsten gebrauchte Wort hieß ›normal‹. Wenn die einzelnen Abteilungsleiter auf der wöchentlichen Plansitzung einen Rückblick auf die Arbeit der vergangenen sieben Tage hielten, so sprachen sie von ›normal‹. In den Berichten an die Verwaltung stand auch ›normal‹.

Dieses ›normal‹ bedeutet, daß alles, was gemeldet, angeordnet, diskutiert oder berechnet werden sollte, auch getan worden ist. Aber wenn danach auf der unteren Ebene noch Schwierigkeiten und Probleme existierten, wenn die Mas-

sen Forderungen oder Vorschläge hatten, wurde nicht mehr darüber gesprochen.
Brigadier Lo erkannte nur die Beschlüsse, Anweisungen, Vorschläge und Regelungen von der Verwaltung an. Den Gedanken, Ansichten, Methoden und dergleichen, die von den Massen kamen, widmete er nicht die geringste Aufmerksamkeit, selbst wenn sie für die Realisierung einer Anordnung notwendig waren. Wenn ein Vorschlag oder ein Verfahren über den Bereich des Planes oder der Vorschriften hinausging, oder Brigadier Lo sie selbst nicht hatte voraussehen können, behandelte er sie mit einer Mischung von Gespanntheit und Überdruß. Wenn sie die Ordnung innerhalb der Brigade verletzten, wenn sie den Zustand des ›Normalseins‹ bei der Brigade hätten zerstören können oder gegen die Regeln verstießen, die vor fünf Jahren festgesetzt waren – oder, was ganz besonders schwerwiegend war, wenn sie ganz einfach der Verwaltung nicht vor Augen gekommen waren, so daß sie sogar gegen die Absichten der Führung hätten verstoßen können, so betrachtete man sie mit großen erschreckten Augen als Abweichung und sagte, sie seien »riskant«.
Lo Li-Dscheng wurde nicht müde, bei jeder sich bietenden Gelegenheit die Funktionäre der Brigade und der einzelnen Abteilungen zu ermahnen:
»Für uns ist es das Wichtigste, die Absichten der Führung zu verstehen. Wir müssen gegen die Schwierigkeiten auf höherer Ebene außerordentlich nachsichtig sein. Manchmal denkt ihr vielleicht, die Absichten der Führung sind konfus und ihre Handlungsweise zu nachlässig. Aber wißt ihr denn nicht, daß alles seine eigenen Maßstäbe hat, und daß darin eine bestimmte Absicht liegt?«
Bei der Durchführung der Anordnungen von oben setzte Lo Li-Dscheng stets seine ganze Kraft ein. Das ging so weit, daß er manchmal sogar den Nutzen der Arbeit opferte. So habe ich zum Beispiel folgende Merkwürdigkeit beobachtet:
Für die behauenen Steine, die zum Ausmauern der Brückenbögen benötigt wurden, galt die Forderung des Amtes für

öffentliche Arbeiten, daß die Abweichungen nicht mehr als zwei Zentimeter betragen durften. Das technische Büro verlangte, daß die Steinarbeiter demgemäß produzieren sollten. Alle Steine, die mehr als zwei Zentimeter abwichen, wurden durch die Bank als Ausschuß verworfen. Nachdem man einen halben Monat gearbeitet hatte, waren mehrere tausend Steine zerschlagen worden. 75 Prozent entsprachen nicht der Forderung. Die Arbeiter kamen nicht zu ihrem Baumaterial. Die alten Arbeiter und die Techniker sagten des öfteren ihre Meinung: die Steine für die Brücke brauchten nicht so genau zu sein, außerdem sei das Material wirklich zu grob, entweder brachen die Ecken ab oder es bekam Risse. Als der Streit heftige Formen annahm, begab sich Ingenieur Dschou, der Leiter des technischen Büros, auf die Baustelle, um den Fall persönlich zu überprüfen. Und es stellte sich heraus, daß die Arbeiter tatsächlich nicht faul waren, und daß auch die Technik nicht unzureichend war. Diese Sorte Steine konnte einfach nicht genau angefertigt werden. Auf die Brigade zurückgekehrt, berichtete er den Sachverhalt dem Brigadier. Beide Männer tauschten ihre Ansichten aus. Schließlich erging ein vom Brigadeleiter unterschriebener Befehl an die Steinarbeitsbrigade:
»... um die Festigkeit der Bogenbrücke zu garantieren, dürfen die Maße für die behauenen Steine nicht eigenmächtig geändert werden. Es ist unbedingt erforderlich, daß man sich streng an die vom Amt für öffentliche Arbeiten festgesetzten Maße hält. Die Arbeiten müssen nach den ursprünglichen Maßen durchgeführt werden ...«
Daraufhin schlug die ganze Affäre ihre Wellen bis hinauf zum Amt. Man schickte jemand von der Verwaltung, um die Sache einmal zu untersuchen. Dieser Fachmann erweiterte die Toleranz für die Abweichungen der Steine um das Vierfache – auf acht Zentimeter – und stellte fest, daß sie auf die Festigkeit der Brücke keinerlei Einfluß hatten. Als man sich nun zurückwandte und nach den paar tausend Steinen suchte, die verworfen worden waren, so existierte bereits keine Spur

mehr davon: sie waren dem Bauamt der Stadt als Pflastersteine für die Straße zur Verfügung gestellt worden.
Schon immer hatte es in dieser Beziehung nichts gegeben, was Lo Li-Dscheng nicht fertiggebracht hätte. Wenn zum Beispiel das Amt verlangte, daß in der Brigade auf die Sicherheit bei der Arbeit hinzuweisen sei, dann wurden bei der Brigade die Arbeiter bestimmt dreimal hintereinander zur Diskussion aufgerufen. Wenn die Verwaltung sagte, zur Frage der Sicherheit müsse eine Schulung durchgeführt werden, dann wurden bei der Brückenbaubrigade bestimmt die Abende einer ganzen Woche benutzt, um Referate zu halten und wiederholte Diskussionen zu veranstalten. Aber eine Woche später konnte die Brigade so etwas wie Sicherheit völlig vergessen haben.
Dies nennt man falschen Schein.
Der Leiter des technischen Büros, Dschou We-Ben, war der erste, der diesen Geist gelernt hatte. Bei allen Dingen erst ein paarmal sagen ›das geht nicht‹, kann nie etwas schaden. Für alle technischen Verfahren oder Maßnahmen, die von den einzelnen Unterbrigaden vorgeschlagen wurden, erhöhte das technische Büro den Sicherheitskoeffizienten um 20 Prozent. Hunderte von Tonnen Zement, Stahl und Holz sind unter der Devise ›Kampf um Sicherheit‹ einfach vergeudet worden. Aber niemand konnte den technischen Leiter deswegen eines Vergehens bezichtigen: ›Sicherheit über alles!‹ ist eine Direktive von oben, und Dschou We-Ben hatte nicht einen einzigen Yüan in seine eigene Tasche gesteckt.
Im Büro des Parteisekretärs besprach ich einmal diese Frage des falschen Scheins mit dem Parteisekretär, Genossen Dschang Dschï-Hua. Er ließ mich ruhig von den Umständen erzählen, die ich zu dieser Zeit zu sehen bekommen hatte. Dabei stopfte er Tabak in einen Pfeifenkopf, der vom Gebrauch ganz blank geworden war, und tat einige kräftige Züge, bis der Tabak brannte. Auf seinem Gesicht erschien plötzlich ein bitteres Lächeln. Augenscheinlich fiel ihm gerade ein unerfreuliches Erlebnis ein.

»Außenstehende und die Leute im Amt sehen die stärksten Seiten des Brigadeleiters der Brückenbaubrigade im Organisationstalent und in der Disziplin. Kein anderer bittet so oft um Anweisungen, und jede Direktive des Amtes wird bei der Brückenbaubrigade am striktesten durchgeführt. Das ist Tatsache. Aber was sind denn letzten Endes Organisationstalent und Disziplin? Die Politik der Zentrale lernt er nicht. Die Beschlüsse der Zentrale und ihre Direktiven versteht er nicht, wenn sie nicht mit den Befehlen der Behörden verbunden sind. Die Leitartikel der Parteizeitung hat er noch nie sehr gründlich gelesen. Er sagt, sie sind für eine Durchschnittssituation geschrieben; wir bei der Brigade hätten es mit konkreten Situationen zu tun, das sei etwas anderes...« Heftig nahm er einen Zug aus seiner Pfeife, so daß er husten mußte, und fuhr fort: »Seine Maxime ist: ›Nie kann einer verantwortlich gemacht werden, wenn er nicht nach den Leitartikeln handelt. Das kann man nicht als einen Fehler betrachten. Wenn man nach den Befehlen der Verwaltung handelt, dann kann doch die Verantwortung nicht nach unten weitergegeben werden, selbst wenn man von der Politik der Partei abweicht. Das ist doch logisch!‹«

Wenn ich diesen mageren, wegen seiner Blutarmut blaßgesichtigen Genossen so reden hörte, konnte ich im großen und ganzen verstehen, welches die Hauptschwierigkeiten seiner täglichen Arbeit waren.

Der Brigadier war ein Mitglied des Parteikomitees. Er stellte sich natürlich niemals gegen einen Mehrheitsbeschluß des Parteiausschusses. Auch respektierte er gewöhnlich die Ansichten des Parteisekretärs. Aber um irgendeinen Beschluß oder Vorschlag zu realisieren, sind gewisse Bedingungen erforderlich. Und viele Bedingungen können erst geschaffen werden, wenn mit Unterstützung der Verwaltung die entsprechenden Maßnahmen getroffen werden. Der Brigadier konnte gegebenenfalls Dutzende von konkreten Schwierigkeiten bei führenden Leuten der Verwaltung vorbringen, um Dinge, die ihm nicht ganz gefielen oder die er nicht für vor-

dringlich hielt, zu verzögern. Und niemand konnte ihm einen Vorwurf machen, weil er ja durchaus nicht gegen die Beschlüsse des Parteikomitees handelte.
Als der neue Parteisekretär nach drei Monaten merkte, daß da etwas nicht in Ordnung war, widmete er seine besten Kräfte den unteren Einheiten. Gestützt auf seine gute Nase, die er in langjähriger politischer Arbeit erworben hatte, merkte er sogleich, daß die dritte Unterbrigade in Ordnung war. Dseng Gang von der dritten Unterbrigade half dem Parteisekretär auf drei Gebieten: als politischer Führer und verantwortlicher Ingenieur erfand er in seiner Abteilung bessere Arbeitsmethoden und schuf neue Voraussetzungen. Er organisierte gemäß den Beschlüssen des Parteiausschusses einen echten Wettbewerb und unterwarf jeden durchführbaren Rationalisierungsvorschlag der Arbeiter einer praktischen Bewährungsprobe. Zweitens gründete er als Mitglied des Sekretariats der Jugendorganisation in der dritten Unterbrigade zum ersten Male Kontrollposten der Jugendgruppe, was den Fortschritt von Verwaltung und Arbeitsorganisation deutlich förderte. Und schließlich half er als Genosse diesem Laien von Parteisekretär, innerhalb eines Monats mit den wichtigsten Prinzipien des Brückenbaus und mit den grundlegenden Maximen der Arbeitsorganisation genau vertraut zu werden.
Dschang Dschï-Hua hatte ursprünglich gedacht, man brauche zunächst nur mit der dritten Unterbrigade ein Beispiel zu geben und dann die übrigen Unterbrigaden folgen zu lassen, um so die Leitung der gesamten Brigade dazu zu bringen, in ihrer eigenen Arbeit weiter voranzukommen. Aber die Dinge erwiesen sich als weit komplizierter, als er es sich gedacht hatte. Ein paar Erfahrungen, die von der dritten Abteilung gewonnen waren, an die anderen Unterbrigaden weiterzugeben, war leicht. Wollte man jedoch die eigentliche Haltung des Brigadiers und den starken Einfluß, den diese Haltung auf die einzelnen Abteilungen und Unterbrigaden ausübte, verändern, so war das wesentlich schwieriger.

Wenn dieser Einfluß nicht geändert werden würde, würden auch weiterhin positive Dinge ihr Gutes verlieren. Als die Einrichtung der Kontrollposten der Jugendgruppe auf die fünfte Unterbrigade übertragen wurde, wurde sie plötzlich zu einem ›Lobeposten‹. Jedesmal, wenn ein Mann kritisiert wurde, wurden an der Wandzeitung am schwarzen Brett fünf andere gelobt. Das war ein Vorschlag, den der Brigadier gemacht hatte, als er sich das angesehen hatte. Er hatte gesagt, man müsse öfter ein Lob aussprechen, um sich nicht von den Massen zu entfernen. Bereits zwei Tage nach Gründung von Kontrollposten bei der zweiten Unterbrigade hatte man schon 13 Verzögerungen, Nachlässigkeiten und Verantwortlichkeiten in der Arbeit von Unterbrigade- und Brigadeleitung entdeckt. Am siebten Tag kam der Generalsekretär der Jugendgruppe von der Brigade zurück und übermittelte mit umwölkter Stirn die Meinung des Brigadiers: wichtigste Aufgabe der Kontrollposten sei die Beobachtung von Fragen innerhalb der Arbeiterschaft. Er solle seine Spitze nicht gegen die Leitung kehren. Wenn man so weitermache, laufe man Gefahr, die Autorität der Führung zu untergraben...
Ein Parteisekretär kann natürlich nicht immer wegen einer solchen Sache gleich zum Brigadeleiter gehen. Außerdem war bisher die Atmosphäre der Brückenbaubrigade nicht dazu angetan, ohne weiteres eine Kontroverse in Gang zu bringen. Wenn etwa irgendein führender Funktionär die Ansichten eines anderen Funktionärs von A bis Z widerlegen wollte, so empfand man dies als unnormal. Alle, die auf dem Kampfplatz anwesend waren, beschlich dabei für einige Minuten ein unangenehmes Gefühl. Dschang Dschï-Hua konnte sich natürlich nicht ganz der Einengung durch diese Tradition entziehen. Dies galt besonders, weil es unmöglich ist, eine Auseinandersetzung zu führen, wenn der Gegner der Spitze der Argumente ausweicht und den Kampf nicht aufnimmt, selbst wenn man eine Frage entschlossen vorgebracht hat und alle mit Vergnügen den Kampf um die Wahrheit erwarten.

IV

Lo Li-Dscheng lebte in meiner Erinnerung als jener Mann, der im Jahre 1949 im Rücken der Armee und unter der Last schweren Gepäcks auf dem Weg von Peking nach Hankau längs der Front in Nachtmärschen nach Süden eilte. Zu jener Zeit hatte die Arbeit wahrhaftig ihre Schwierigkeiten. Die Arbeiter mußte man selbst anwerben und ausbilden, Maschinen und Material persönlich zusammensuchen. Dazu kam, daß die Termine für die notdürftige Errichtung der Brücken unbedingt einzuhalten waren.

So manchen Abend hatten wir neben dem Zelt ein Lagerfeuer angezündet. Während wir unsere durchnäßten Kleider trockneten, führte uns unser Gespräch durch alle nur denkbaren Gefilde. Wie könnte auch die Unterhaltung auf irgendwelche Grenzen stoßen, wenn junge Leute in lodernde Flammen blicken.

»Wartet nur, bis der Krieg zu Ende ist, dann werde ich auch noch Brücken bauen«, sagte Lo Li-Dscheng. »Dann werden wir die Technik meistern, und mit einer großen Menge von Arbeitern und Maschinen – bestimmt haben wir dann Maschinen – über den Gelben Fluß und den Yangtse eine Brücke nach der anderen bauen! Ohne Brücken haben wir keine Straßen. Aber wenn die Brückenbauer dagewesen sind, dann fürchten die nachfolgenden Menschen weder Ströme noch Schluchten – sie können sie in Scharen überqueren...«

Unser Gespräch kam vom Brückenbau auf die Produktion von Kraftwagen, Traktoren und Panzerwagen, um sich dann wieder dem Brückenbau zuzuwenden.

»Habt ihr schon einmal eine Bogenbrücke gesehen?« wandte sich Lo Li-Dscheng dann wieder an die Menge am Lagerfeuer, und er gab sich selbst die Antwort: »Höchst elegant! Wie ein Gürtel! Heute können wir nur Bogenbrücken aus Stein bauen. Wenn wir aber erst einmal solche aus Stahl über den Gelben Fluß und den Yangtse bauen können, so wäre das doch viel schöner...«

Als ob er sich seiner eigenen Phantasie schämte, begann er leise zu lachen. Das Feuer beschien sein gerötetes Gesicht und seine glänzenden Augen.
In einem Zeitraum von sechs Jahren ist alles das, was früher ein Traum war, Wirklichkeit geworden. Und ausgerechnet dieser Lo Li-Dscheng hatte inzwischen am Gelben Fluß nicht nur eine Brücke gebaut, sondern auch die erste große Bogenbrücke Chinas entstand gerade unter seinen Händen.
Das Merkwürdige daran war nur, daß Lo Li-Dscheng sich heute überhaupt nicht daran begeisterte. Es blieb selbstverständlich nicht aus, daß Stolz ihn erfüllte, wenn er auf die Erfolge dieser Jahre zurückblickte, und ein Lächeln brach dann durch seine müden Züge. Aber schon im nächsten Moment war es wieder verschwunden.
Wenn man sagte, Lo Li-Dscheng sei gegen alles gleichgültig, so hätte man auch nicht recht. Mein Freund hatte neue Leidenschaften entwickelt. Er ging gern auf die Jagd. Es war schon fast zu einer Regel geworden, daß er jeden Mittwoch und Donnerstag am Steuer seines Jeeps in die Wildnis fuhr, um braune Ziegen zu jagen. Es war an einem Abend, wahrscheinlich am Donnerstag, als er aus der Stadt zurückkam. Kaum hatte er mich gesehen, als er mich auch schon in sein Zimmer zog und zwei Tassen Tee aufbrühte. Während er das Jagdgewehr reinigte, begann er gestikulierend zu erzählen:
»Was für ein merkwürdiger Zufall! Das nenne ich tatsächlich einen Zufall! Stoße ich doch eben auf dem Weg auf ein halbes Dutzend braune Ziegen. Sie sehen den Wagen, springen aber nicht davon. Mitten auf der Straße standen sie da, reckten ihre Hälse und starrten mit ihren kleinen Augen in die Lichter. Ich lade, fasse das Ziel scharf ins Auge – meine Hände haben das Gewehr schon ganz fest umklammert – aber plötzlich kommt in meinem Herzen so eine Weichheit auf. Ich drücke auf die Hupe und jage sie davon. Das war vielleicht komisch!« Er mußte über sich selbst lachen. Da merkte ich auf einmal, daß sein Gesichtsausdruck und sein Geist genau der gleiche waren wie in jenem Jahr 1949 – jetzt, da er von den braunen Ziegen

erzählte. Er kam mir vor, wie wenn er am Lagerfeuer von seinen Phantasien sprach...

Danach erzählte er mir eine andere Jagdgeschichte. Wie er bei der Verfolgung brauner Ziegen seinen Wagen in der Grassteppe geparkt hatte, mitten in einer menschenleeren Gegend. Fertig mit der Geschichte, zog er eine Schublade auf, nahm ein kleines Kästchen heraus, klemmte eine Lupe ins Auge und begann, Uhren zu reparieren. Das war auch eine neue Leidenschaft von ihm – wenn er am Abend nichts mehr zu tun hatte, reparierte er in seinem stillen Zimmer in aller Ruhe Taschen- und Armbanduhren. In der Brigade war allgemein bekannt, daß der Brigadier diese besondere Fertigkeit hatte, und wenn eine Uhr nicht mehr ging, brachte man sie zur Reparatur zu ihm. Lo Li-Dscheng betrachtete das als einen Zeitvertreib.

Wirklich, Lo Li-Dscheng hatte sich verändert. Während er durch die Schmiede dieser letzten Jahre gegangen war, war er tatsächlich viel reifer geworden. Aber es war mir auch, als ob die Zeit noch etwas anderes in ihn hineingegossen hätte. Ich kann nicht ohne weiteres sagen, worin diese Veränderung bestand, aber der Lo Li-Dscheng von früher, wie er in meiner Erinnerung lebte, war von allen Dingen begeistert, er mußte alles selbst eigenhändig erproben. Und heute? Heute hatte er eine Abneigung gegen Konkretes und Kompliziertes. Auf mehreren Planungsversammlungen der Brigade las ich auf seinem Gesicht eine Mischung von Blasiertheit und Verärgerung, sobald einer der Abteilungsleiter ein Problem anschnitt – wie zum Beispiel die Frage, daß nach der Einführung der Leistungslöhne die Normen nicht mehr harmonierten, oder daß die Arbeiter bestimmte Vorschläge hätten und so weiter. Häufig wurde er vom Amt ersucht, an einer Versammlung teilzunehmen, und oft geschah dies zu einer Zeit, da bei der Brigade die dringlichsten Dinge zu erledigen waren. Dann hielt Lo Li-Dscheng den anderen die Benachrichtigung zum Lesen hin und fügte sich in einer halb lachenden, halb weinenden Art ins Unvermeidliche, als wollte er zum Ausdruck bringen: Seht her, da ist wieder etwas gekommen, da kann man wirklich nichts machen! Aber wenn er erst einmal in die Stadt gefahren war, blieb er auch gleich zwei, drei Tage – es konnte natürlich auch passieren, daß er schon am nächsten Tag zurückkam. Zweimal nahm auch ich an einer solchen Versammlung teil. Lo Li-Dscheng saß nicht weit von mir. Es wurden stundenlange Berichte gegeben und Reden gehalten. Sie waren zwar ein wenig lang, hatten aber doch ziemlich bedeutungsvollen Inhalt. Ich sah nach Lo Li-Dscheng. Wenn er nicht mit einem Bekannten an seiner Seite scherzte, malte er Kringel in sein Notizbuch. Er schien sich nicht zu langweilen, wenn er auch nicht den Reden zuhörte. Ja, wenn man auf einer Versammlung nicht den Vorsitz hatte oder eine Rede halten mußte, war es dort wesentlich erholsamer als zu Hause, wo man Fragen beantworten mußte, die sich aus der eigenen Arbeit ergaben. Man konnte dort sitzen, ohne an irgend etwas zu denken, ohne etwas zu tun, während die Zeit unmerklich verrann. Und dabei konnte keiner sagen, man sei nicht bei der Arbeit.

Um bei dem Thema Veränderung zu bleiben, da ist noch ein Punkt. Wenn er sah, daß etwas nicht so ist, wie er es sich vorgestellt hatte, oder wenn er es nur nicht verstand, dann zweifelte er nicht etwa an sich, sondern er redete gewöhnlich leichthin über etwas anderes, und manchmal spottete er einfach.

»Hast du gesehen, Ingenieur Dseng liest den Roman ›Der Traum der roten Kammer‹!« sagte er einmal zu mir, seine Lippen dicht an meinem Ohr. Als er meine Verständnislosigkeit bemerkte, fügte er hinzu: »Ein Mitglied des Parteikomitees und dazu noch ein Ingenieur! Der muß natürlich den ›Traum der roten Kammer‹ lesen! Interessant, wirklich interessant!«

Ich wollte fragen, was denn daran komisch sei. Wenn ein Leiter der Brückenbaubrigade und Mitglied des Parteikomitees wochenlang keine Zeitung in die Hand nimmt und niemals einen Roman liest, so ist das erst recht komisch.

Ich mußte unwillkürlich an einen Witz denken. Ein Mann war an Faulheit erkrankt. Den lieben langen Tag pflegte er auf dem Bett zu liegen. Dabei war er auch noch der Ansicht, daß die natürlichste Haltung des Menschen die Horizontale sei. Er dachte, es sei anomal, wenn die anderen aufrecht auf der Straße gingen. Er brach in ein lebensgefährliches Gähnen aus, verspottete diese anomalen Menschen und wollte so das Gehirn der anderen korrigieren.

Es war gegen Abend an einem Tag Ende April. Ich fuhr mit dem Wagen des Brigadiers Lo von der Baustelle der Brücke bei Lingkou zur Brigade zurück. Der Wagen wurde von ihm persönlich gesteuert. Ich saß auf dem Sitz neben ihm.

Es war ein stürmischer Tag, und der Wagen fuhr langsam inmitten einer riesigen gelben Staubwolke dahin. Das kleine Fähnchen vorn am Wagen schwankte unter den heftigen Windstößen kraftlos hin und her. Durch alle Ritzen des Jeeps drangen Sandkörner in den Wagen. Ich konnte geradezu spüren, wie der Sand allmählich in meine Haarwurzeln eindrang.

Mein Freund war an diesem Tag in sehr schlechter Laune. Seit er eingestiegen war, hatte er noch kein einziges Wort gesprochen. Mit zusammengezogenen Brauen starrte er durch das Fenster in den wirbelnden gelben Sand, während er mit beiden Händen sorgfältig das Steuerrad führte.

Wir waren etwa eine Viertelstunde gefahren, als er plötzlich kräftig ausspuckte. Ich dachte erst, es wäre ein Sandkorn, aber er begann sogleich zu sprechen:

»Hab ich eine Wut!...«

Da merkte ich, daß er an die Versammlung zurückdachte, die er soeben mit den Arbeitern der dritten Unterbrigade abgehalten hatte. Dabei hatte sich ein Mißverständnis ergeben: Brigadier Lo war eigentlich gekommen, um ihnen einen Bericht zu geben. Aber die Arbeiter hatten von allen Seiten ihre Meinung an den Brigadeleiter herangetragen. Das war natürlich nicht gerade erheiternd gewesen.

»Hast du schon einmal Soldaten geführt?« fragte er, indem er den Kopf zu mir neigte, ohne die Straße vor sich aus den Augen zu verlieren. »Es gibt ein altes Wort: Soldaten führen ist das gleiche wie einen Tiger führen. Ich glaube, Arbeiter zu führen ist weitaus schwieriger als Soldaten zu führen. Ich beneide wahrhaftig nicht die Funktionäre in der Armee. Beim Militär braucht man nicht die Soldaten aufzufordern, die Schlachtpläne zu diskutieren, und noch viel weniger geht es, daß die Soldaten den Befehlshabern ihre Ansichten vortragen. Aber hier bei uns! Daß so viele Leute reden, ist noch eine Kleinigkeit. Man kann nie genau sagen, was der Tag dir bringen wird. Wenn irgend etwas passiert, dann stößt zuerst die Führung auf Schwierigkeiten...«

Ich widersprach ihm und sagte, wenn die Arbeiter nur ihre Ansichten vorbrächten, so bleibe Arbeitsdisziplin und technische Ordnung doch noch gewahrt. Ich sei doch nun über einen halben Monat bei der Brückenbaubrigade, und ich hätte noch nicht gesehen, daß irgendein Befehl der Brigadeleitung auf der unteren Ebene nicht ausgeführt worden wäre.

»Aber wie viele Ansichten sie haben! Gibt man ihnen den kleinen Finger, so wollen sie schon die ganze Hand!« Lo Li-Dscheng schüttelte mehrmals kräftig den Kopf. »Um noch einmal darauf zurückzukommen: Weißt du, wie oft wir Brückenbauer Gelegenheit haben, einen Fehler zu machen? Sturm und Regen, Hochwasser und Eisgang – Gott im Himmel beratschlagt nicht mit dir! Das ist das eine. Der Zustand auf dem Grund des Flusses – man kann ihn nicht sehen, nicht abtasten. Das ist das zweite. Die Richtlinien, Beschlüsse und Direktiven von oben dürfen nicht vernachlässigt werden. Das ist das dritte. Heute gibt es noch ein viertes: Das Kontrollbüro des Volkes hat Bankinspektoren eingesetzt, ein Vorschlag der Arbeiter...«

Vor dem Wagen tauchte plötzlich ein Schild auf, auf dem ein Zeichen aufgemalt war, das wie mehrere zusammenhängende Blitze aussah. Rechts erhob sich der Berg, links war eine Schlucht, und vor uns lag eine Wegstrecke, die die gleiche Form hatte wie jenes Zeichen. Erst nachdem wir diese kurvenreiche Strecke hinter uns gebracht hatten, setzte Lo Li-Dscheng das Gespräch fort:

»Ich denke oft, was brauchen wir denn noch, wo wir die richtige Führung der Partei haben!« Er hielt eine Weile inne, als ob er mich über diese Frage ein wenig nachdenken lassen wollte, und fuhr nach einigen Minuten langsam fort: »Es gibt nur eine Regel: Keine Fehler machen! Keine Fehler machen, das ist der Sieg. Aber selbst diese Regel ist nur schwer zu befolgen.«

Wenn man das hört, klingt es ganz vernünftig. Aber es ist doch nicht ganz richtig. Als ich diese Worte mit dem in Verbindung brachte, was ich in dieser Zeit auf der Brückenbaubrigade gesehen und gehört hatte, verstand ich ihren tieferen Sinn. Nehmen wir an, wir säßen jetzt nicht in einem Wagen, sondern befänden uns auf einem Dampfer. Der Schiffer würde sagen: »Genug, haltet an! So sind wir sicher und können nicht auf eine Klippe auflaufen.« – Nein, das Ziel einer Schiffsreise ist es nicht, nicht gegen eine Klippe zu stoßen. Genausowenig ist es das Ziel der Arbeit, keine Fehler zu machen.

Als ich Lo Li-Dscheng so sitzen sah, mit fest geschlossenen Lippen tief in Gedanken versunken, da merkte ich, daß ich ihn erst jetzt ganz verstand. Es war völlig dunkel geworden. Im Schein der Lampen war ein einziges Staubmeer. Auf unseren Kleidern und auf der Haut hatte sich eine gelbe Staubschicht gebildet. Die Nasenlöcher waren verstopft, und die Trockenheit machte das Atmen unangenehm.

V

Ende April wurde das Wasser des Gelben Flusses schwarz. Das war ein Alarmzeichen – die Flut stand unmittelbar bevor. An diesem Flußabschnitt sahen sich die Brückenbauer jedes Jahr zwei Bedrohungen durch die Natur ausgesetzt: dem Hochwasser im Frühling und dem Eisgang im Winter.

Deutlich stieg von Tag zu Tag das Wasser, erhöhte sich stän-

dig die Geschwindigkeit der Strömung. Und die Besorgnis in den Herzen der Menschen wuchs noch schneller. Denn wenn die Brückenpfeiler nicht in aller Eile bis über die Wasseroberfläche hochgemauert würden, so würde das bedeuten, daß ein halbes Jahr verloren wäre: erst im Herbst, wenn die Flut zurückging, könnte dann die Arbeit fortgesetzt werden. Mit einem Schlag erhöhte sich das Arbeitstempo.
Aber auch die Flut gab nicht nach. Sie wollte unbedingt den Vorrang gewinnen. Rücksichtslos bedrängte sie gegen jeden Widerstand die Arbeit an den Pfeilern und drohte, die Gerüste aus Eisenplanken im Fluß umzuspülen.
Die Wasserbeobachtungsstation gab mehrmals täglich per Telefon die Entwicklung des Wasserstandes und der Strömungsgeschwindigkeit durch. Die Tage, an denen man ruhig und in Sicherheit arbeiten konnte, waren an den Fingern abzuzählen. Aber an den beiden großen Brücken am Gelben Fluß waren noch zwei Brückenpfeiler in Arbeit. Die Stahlgerüste waren in Gefahr, fortgeschwemmt zu werden.
Am siebten Mai neigte sich das Eisengerüst des ersten Pfeilers der Bogenbrücke unter dem Druck der Brandung ein wenig nach hinten. Sollte man die Arbeiten fortsetzen? Oder sollte man zunächst das Gerüst verstärken? Der technische Leiter konnte sich zu keinem Entschluß durchringen und erbat von der Brigadeleitung eine Anweisung. Brigadier Lo eilte zur Inspektion an den Brückenkopf; dann eilte er zurück, mit ernstem, verschlossenem Gesicht: sollte er die Arbeit fortsetzen? Es war nicht sicher, ob man den Pfeiler bis über die Wasseroberfläche fertigstellen konnte. Was sollte man machen, wenn das Gerüst einstürzte oder die Männer überspült würden? – Oder sollte man die Arbeiten einstellen? Aber wenn nun die Flut wider Erwarten zu heftig hereinbrechen würde und danach keine Möglichkeit mehr bestünde, den Pfeiler über die Wasseroberfläche zu ziehen? Wer sollte die Verantwortung dafür übernehmen? Eine Entscheidung mußte getroffen werden, mußte sofort getroffen werden. Aber das war einfach zu schwer: Ganz gleich, wozu man sich entschei-

den würde, man hätte keine hundertprozentige Sicherheit, immer bestand zu 70 Prozent die Möglichkeit, einen Fehler zu machen. Wenn man diese Verantwortung auf sich nehmen würde, könnte man vielleicht nicht auf Nachsicht rechnen.

Inmitten seiner Bedrängnis kam ihm die Erleuchtung: beim Amt für öffentliche Arbeiten Anweisungen anfordern! Es gab kein vernünftigeres Rezept als dies. Er brauchte nur mit dem Abteilungsleiter oder dem Direktor zu sprechen, und schon gab es keine Probleme mehr.

Daraufhin griff der Brigadier Lo zum Telefonhörer. Der Abteilungsleiter war nicht da und auch sein Stellvertreter nicht. Als er zum zweiten Male anrief, waren sie noch immer nicht da. Beim dritten Mal holte die Vermittlung schließlich den Abteilungsleiter aus einer Sitzung. Aber Brigadier Lo hatte wenigstens am Flußufer nachgeschaut, während der Abteilungsleiter nicht einmal den Zustand des Wassers kannte. Natürlich mußte er erst einmal nachdenken. Man einigte sich, daß in der Nacht die Meinung des Amtes telefonisch durchgegeben werden würde.

Gerade als Lo Li-Dscheng am Telefon stand und voller Aufregung antwortete, brachen die Wogen des Gelben Flusses mit aller Gewalt mehrmals über das Eisengerüst im Fluß herein. Um fünf Uhr gegen Abend, als Brigadier Lo wieder gemütlich der Stimme des Abteilungsleiters am Telefon lauschte, wurde das Gerüst flach und neigte sich nach hinten. Die Arbeiter, die am Ufer standen, wollten hinaufklettern, um die Maschinen zu retten. Aber das war bereits ein echtes Risiko. Niemand wollte sie gehen lassen. Halb sechs begann das Holz der Behelfsbrücke zu krachen, und um sechs wurde die Behelfsbrücke vor dem Eisengerüst vom Wasser hinweggerissen. Als gegen sieben der Chefingenieur in seinem Büro wieder einmal auf einen Anruf wartete, drang von draußen das aufgeregte, wirre und erschreckte Geschrei der Massen herein. Ohne hinzusehen wußte Lo Li-Dscheng, was geschehen war. Trotzdem eilte er mit der

Menge ans Ufer. Als er den Fluß erreichte, war vom Gerüst bereits nichts mehr zu sehen. Ein Arbeiter an seiner Seite weinte.
»Über 100 Eisenplanken! Wie sollen wir die wieder aus dem Wasser bekommen!« –
»Aber sie müssen heraus, der Brückenpfeiler muß doch an diese Stelle!« –
»Die Pumpen sind auch fortgeschwemmt!« –
Die Arbeiter diskutierten über den Schaden, den diese Naturkatastrophe angerichtet hatte. Der Brigadier hatte größere Klarheit als sie, weil er das alles schon vorher durchdacht hatte. Wenn man wollte, konnte er in zehn Minuten ausrechnen, wie hoch die Bergungskosten, Materialkosten und der Verlust an Arbeitszeit zu veranschlagen waren. Er dachte im Augenblick an etwas ganz anderes:
»Welch ein Glück, daß mein Anruf schließlich doch noch durchgekommen ist. Sei es, wie es wolle, ich habe jedenfalls um Anweisungen gebeten.«
In genau der gleichen Zeit ereignete sich bei der großen Brücke von Lingkou etwas anderes.
Diese Brücke war von der großen Bogenbrücke mehr als zehn Meilen entfernt. Wenige Minuten, nachdem die Flutwelle gegen die Pfeiler der Bogenbrücke gebrandet war, erreichte sie die Pfeiler hier.
Als Dseng Gang am frühen Morgen des siebten Mai aus seinem Zelt auf den Brückenkopf hinaustrat, drohte das Wasser, jeden Augenblick das Gerüst des fünften Pfeilers zu erreichen. Unten am Fundament fehlten noch sechs Zoll. Aber das Hochwasser konnte jede Minute die Behelfsbrücke einreißen und den Arbeitern den Rückweg abschneiden. Auch bestand die Gefahr, daß die Befestigungen des Pfeilers eingedrückt und die Arbeiter innen begraben wurden.
»Wenn der Brückenpfeiler nicht aus dem Wasser herauskommt, wird der Verkehr in Mitleidenschaft gezogen!« –
»Sieh die Brandungswogen, sie werden gleich deine Größe erreicht haben!« –

»Was auch geschieht, wir müssen den Brückenpfeiler über Wasser bekommen!«
Lebhaft diskutierten die Arbeiter miteinander. Dseng Gang rief sofort die positiven Elemente zu einer Versammlung, um die Frage zu diskutieren, ob man die Arbeit fortsetzen könne. Falls ja, mit welchen Methoden konnte man die Sicherheit garantieren?
Ohne das Ende dieser Versammlung abzuwarten, bildeten die am Fundament eingesetzten Arbeiter der Frühschicht dieses Tages einen Stoßtrupp. Diese jungen Burschen zogen Ölzeug an und gingen über die schwankende Behelfsbrücke zur Schicht, keinesfalls ganz ohne Besorgnis. Das Hochwasser brauchte nur ein bißchen stärker zu werden, und schon wäre ihre Sicherheit unwiederbringlich dahin! Aber jeder war sich der Wichtigkeit dieser acht Stunden bewußt. Außerdem waren sie überzeugt, daß der leitende Ingenieur und die alten Arbeiter schon die richtigen Methoden kannten und sie vor Schaden bewahren würden.
Am Tag davor hatte man schon vorbeugende Maßnahmen getroffen. Die Behelfsbrücke war repariert worden. Sämtliche Drahtseile waren überprüft worden. Man hatte die Pumpen, die sich auf dem Grund des Gerüstes befanden, ausgewechselt. In das Gerüst hatte man Stützen eingezogen, und oben hatte man es noch mit einem Wall von Sandsäcken verstärkt. In der Versammlung des heutigen Tages wurden darüber hinaus noch viele andere Maßnahmen ersonnen. Die allgemeine Direktive hieß: so lange man es aushalten konnte, sollte man weitermachen. Sobald sich aber der Zustand des Wassers änderte, sollte die Arbeit sofort eingestellt werden. Auch Partei und Jugendorganisation übernahmen ihre Rolle in der Arbeiterschaft.
Die Preßlufthämmer unter Wasser erhöhten ihre Schlagzahl. Ein nicht abreißendes, zusammenhängendes Geräusch war die Folge. Oben auf der Leiter war eigens ein Mann postiert, der mit einem Schalter in der Hand das Ufer beobachten mußte. Sobald dort eine Fahne geschwenkt wurde, mußte

der das grüne Licht ausschalten und ein rotes anmachen: der Befehl zum Rückzug für die Arbeiter. Und dabei hatte keiner von den Arbeitern die Zeit, aufzublicken und nach der Lampe zu sehen.

Man merkte sofort am Fuße des Schachtes, wenn die Flut stieg. Am Mittag hatte das Wasser bereits die Knie der Männer erreicht. Um zwei wurden die Stützen von der Gewalt des Hochwassers eingedrückt, und an den Verbindungsstellen der Eisenplanken drang Wasser ein. Die Arbeiter trauten sich nicht mehr, sich aufzurichten, denn sogleich floß ihnen das Wasser in den Nacken. Oben kam das Wasser in mächtigen Güssen hereingeschwappt. Die großen Rohre der Pumpen konnten es nicht mehr ganz bewältigen. Trotzdem hörten die Arbeiter nicht auf. Der Schacht versank allmählich im Wasser.

Zu dieser Zeit läutete im Büro der Unterbrigade das Telefon. Niemand hob ab. Nach einigen Minuten läutete es wieder. Noch immer meldete sich niemand. Da das Telefon hartnäkkig weiterklingelte, ging ein Arbeiter, der gerade auf dem Weg zur Schicht vorbeikam, hinein und nahm den Hörer ab. Es hieß am Telefon, soweit man informiert sei, sei die Behelfsbrücke vom Bau bei Lingkou nicht mehr passierbar, man müsse sie sofort abreißen. Der Arbeiter sagte, sie sei erst am Vortage repariert worden und man könne sie nicht abreißen, selbst wenn man wolle – denn wie sollten die Arbeiter, die am Fuße des Schachtes arbeiteten, zurückkehren. Die Stimme aus dem Telefon verfiel eine Weile in Schweigen. Dann fuhr sie fort: man müsse die Arbeit unbedingt unterbrechen und warten, bis vom Amt für öffentliche Arbeiten weitere Anweisungen kämen. Dann solle er noch den Ingenieur Dseng holen, damit man mit ihm sprechen könne. Der Arbeiter legte den Hörer hin und begab sich zur Baustelle. Als er auf dem Brückenkopf den Ingenieur sah, wollte er ihn erst zum Telefon rufen. Aber dann dachte er weiter und kam zu dem Schluß, daß die schnelle Fortsetzung der Arbeit wichtiger sei. Er war nicht willens, gerade jetzt jemanden von der

Arbeit abzurufen, sei es, wer es wolle. Daraufhin legte er seine wattierten Kleider ab, zog einen Gummimantel an und ging auf die Behelfsbrücke. Im Büro wartete das Telefon, aber kein Mensch nahm Notiz davon.

Noch immer stieg das Wasser am Grunde des Schachtes. Nach vier Stunden Arbeit waren die Männer erschöpft. Gesteinsstaub reizte die Kehlen, und auch die Luft war nicht gerade mit Duft erfüllt. Ingenieur Dseng gab den Befehl, die drei achtstündigen Schichten in vier sechsstündige umzuwandeln. Außerdem stellte er eine Gruppe Arbeiter bereit, die bei Bedarf übermüdete Arbeiter ablösen sollten.

Mit Beginn der Morgendämmerung war man unten im Schacht fertig. Als die Arbeiter der letzten Schicht an den Leitern über die Wasseroberfläche herauskletterten, dröhnte es ihnen in den Ohren, daß sie nichts hören konnten. Aber in ihrem Herzen brannte eine echte Freude wie Feuer. Sobald sie oben waren, kümmerten sie sich nicht darum, daß die Behelfsbrücke schon auf dem Wasser schwamm, sondern riefen mit aller Kraft, daß fast die Stimmbänder zerrissen, zum Ufer hinüber:

»Vorfristig fertig!« –

»Wir haben den Anschluß!« –

»Für uns hier gar kein Problem!« –

Die Menschen am Ufer hatten auf diese Nachricht gewartet. Aber man war noch nicht ganz fertig. Anschließend krochen die Maurer auf den Pfeiler, um die Oberfläche mit Steinen zu verkleiden. Es war außerordentlich spannend: So, wie die Arbeiter oben mauerten, stieg von unten das Wasser. So, wie die Steine eine Schicht höher kamen, rückte auch die Wasseroberfläche nach. Und kaum war die Einfassung fertig, wurde sie auch schon vom Wasser überspült.

Mit frohem Herzen sogen die Arbeiter keuchend die Luft ein: Diese 24 Stunden waren wirklich gefährlich gewesen! Aber ihre Freude dauerte nicht lange. Einige Stunden später erfuhren sie die traurige Nachricht: Der erste Pfeiler der Bogenbrücke war von dem Hochwasser zerstört worden.

VI

Ehe ich die Brückenbaubrigade verließ, begab ich mich noch einmal zum Ufer mit der unvollendeten Bogenbrücke, um Abschied zu nehmen.

Welch eine elegante Brücke würde dies eines Tages sein! Wie die Schwinge eines Adlers erhob sich vom südlichen Ufer der erste Bogen. Wenn erst einmal der erste Brückenpfeiler fertiggestellt sein würde, dann würde sich auch die andere Schwinge ausbreiten. Zu jener Zeit konnte man an der Nordseite des einzigen Pfeilers, der schon im Fluß stand, stählernes Gestänge sehen, von einem Bogen war jedoch noch keine Spur. Es sah aus, als ob einer jenen Flügel mit dem Messer abgeschnitten und nur ein paar Sehnen und Knochen daran gelassen hätte...

Was einen traurig stimmte, war natürlich nicht nur diese Brücke allein. In einem halben Jahr würde der umgespülte Pfeiler bestimmt wieder emporragen wie vorher. Eisenbahnen würden diese Brücke passieren. Die Menschen würden Gelegenheit haben, sich dieser kühnen, großen Brücke zu freuen. Etwas anderes war weit schwerwiegender.

Ich verabschiedete mich von Brigadeleiter Lo und dem technischen Leiter Dschou. Die Abenddämmerung brach schon herein. Über die Baustelle breitete sich tiefe Stille. Normalerweise war um diese Zeit Schichtwechsel, und durch das Kommen und Gehen der Arbeiter herrschte lebhaftester Betrieb. Aber nach der Zerstörung des ersten Pfeilers waren nahezu alle Arbeiten zum Stillstand gekommen, und damit verfiel die ganze Baustelle in tiefe Trauer über dieses Unglück. Beim Anblick dieses Bildes konnte ich mich eines Seufzers nicht erwehren. Auch Lo Li-Dscheng mußte seufzen. Aber wie ich aus dem jüngsten Bericht an das Amt für öffentliche Arbeiten wußte, war er sich nicht der geringsten Schuld an der Geschichte mit dem ersten Pfeiler bewußt. Das Hochwasser war zu schnell gekommen, eine Naturkatastrophe, was hätte man da machen sollen!... Jedesmal, wenn das Ge-

spräch auf den ersten Pfeiler kam, schüttelte Lo Li-Dscheng mit einem bitteren Lachen den Kopf. Anfangs hatte ich mir nicht erklären können, was dieses Lachen und Kopfschütteln zu bedeuten hatte. Erst nachdem ich ihn dabei einige Male genau beobachtet hatte, war mir plötzlich aufgegangen, daß er damit sagen wollte:
»Was hätten wir denn machen sollen? Jedem von uns wird sein Quantum an Unglück zugemessen.« Auch heute ließ er nach seinem Seufzer dieses bittere Lachen hören.
Mir fiel plötzlich der Lieblingssatz des technischen Leiters ein. Mit einem bitteren Lachen sagte ich: »Brückenbau ist nicht leicht!«
»So ist es, nicht einfach!« stimmte der technische Leiter sogleich das allgemeine Lied an. »Glücklicherweise hat es diesmal keinen Unglücksfall gegeben. Kein einziger ist ums Leben gekommen. Ein so großes Hochwasser? Und dann kam es auch noch so plötzlich! Kein Mensch getötet, das war nicht leicht!«
Lo Li-Dscheng brachte die Frage schnell wieder auf die hohe Ebene der Philosophie, indem er sagte: »Was sein muß, muß sein. Das läßt sich nicht vermeiden. Wer erlaubt denn dem Herrn des Himmels, daß er handelt, ohne uns zu fragen! Es geht eben nicht, wenn man nur nach seinen subjektiven Wünschen handeln will. Das Unvermeidliche läßt sich nicht vermeiden!«
Ich wollte schon fragen: »Und wenn ihr den Pfeiler nicht hättet einstürzen lassen und dabei trotzdem kein Unglücksfall passiert wäre? Wäre das nicht noch besser gewesen? Die Brücke bei Lingkou, die die dritte Unterbrigade baut, liegt am gleichen Fluß wie die Bogenbrücke. Hat man dort vielleicht nicht das ›Unvermeidliche‹ vermieden?«
Auf dem ganzen Weg kreisten meine Gedanken unaufhörlich um dieses Problem. Es ist schon wahr, in der ersten Zeit unseres Aufbaus mußten uns natürlich unvermeidliche Verluste treffen, weil die nötigen Erfahrungen fehlten. Und auch in Zukunft werden die Erfahrungen nicht ausreichen, werden

sich Naturkatastrophen nicht verhindern lassen. Aber sind denn jede Tonne Stahl, die wir weniger erschmelzen, jede Schiene, die wir weniger legen, jeder Quadratmeter Holz, den wir verschwenden, und jeder Yüan, den wir zuviel ausgeben, ›unvermeidlich‹? Und wie läßt es sich erklären, daß an zwei Stellen, die unter den gleichen Bedingungen arbeiten, die Zahl der Unfälle, das Arbeitstempo und die Höhe der Kosten und des Materialverbrauches derart unterschiedlich sind?

Fünf Monate später, im Oktober 1955, erschien der Bericht von Präsident Mau ›Über die Frage der Kollektivierung der Landwirtschaft‹. Damit nahm die Kollektivierung der Landwirtschaft ihren Aufschwung, begann die Flutwelle der Sozialisierung von kapitalistischem Handel und Gewerbe, ergaben sich tief einschneidende Veränderungen an der Front des industriellen Aufbaus.
Zu Ende dieses Jahres erreichte der Aufruf des Präsidenten zum Kampf gegen die rechtsabweichenden Konservativen und zur Erhöhung des Aufbautempos die Arbeiter. Die Werktätigen sagten: »Präsident Mau gibt uns seine Unterstützung!«
Eine beispiellose proletarische Bewegung nahm, von der Provinz Liauning, von den Bergwerken von Fuschun und den Werkhallen Schenyang ausgehend, ihren Anfang. Anschließend begann sie sich überall im ganzen Reich auszubreiten. Die Begeisterung der Massen für die Arbeit glich einer Flutwelle, die alle von den Konservativen errichteten Dämme einriß, die unzählige sogenannte ›von den Vorvätern überlieferte‹ und deswegen »unverrückbare‹ Dinge hinwegspülte. Die Arbeiter standen im plötzlich gewonnenen Selbstbewußtsein auf und verbesserten eigenhändig Pläne und Normen. Sie erweiterten die Listen derer, die die Produktion vorantreiben, und zerschlugen unzählige scheinbar richtige Irrlehren. ›Rückschrittliche Elemente‹ von gestern rückten in hellen Scharen in die vordersten Linien. Die An-

zahl der jugendlichen Stoßbrigaden, die an einem Tag die Planziffern von zwei Tagen erfüllten, wuchs von Tag zu Tag.

In der Vergangenheit hatte es auch schon Wogen der Begeisterung an der Arbeit gegeben, Massenbewegungen zur Reform der Technik, aber nicht eine hatte jene Verbreitung und jene Geschwindigkeit erreicht. Es war das erste Mal, daß sich die Spitze des Massenwettbewerbs in erster Linie gegen den Konservativismus und die Bürokratie richtete. Pläne, die nach gründlicher Beratung mutig aufgestellt worden waren, wurden vor der Arbeitervollversammlung zu Fall gebracht. Die für die Aufstellung der Pläne Verantwortlichen waren zu bedauern, man brachte die Männer, die mit der Versorgung mit Rohstoffen betraut waren, in ständige Bedrängnis.

Im Februar mußte ich wegen eines Interviews nach dem Nordwesten. Unterwegs fiel mir plötzlich mein alter Freund Lo Li-Dscheng und seine Brückenbrigade ein. Was mochte dieser edle Freund wohl heute machen? Ob er noch immer so selbstbewußt war wie früher? Oder ob er gar vor der Vollversammlung der Massen im Schweiße seines Angesichts eine Selbstkritik, die er vorher wiederholt geändert hatte, vorlas? Bei diesem Gedanken mußte ich laut lachen.

Eine Busfahrt von 20 Minuten brachte mich von der Stadt Gaulan zum Marktflecken Hsiau. Von hier mußte ich noch über einige Bergketten, um die Stelle zu erreichen, wo sich das Büro der Brückenbaubrigade befand.

Hier hatte es gerade heftig geschneit. Solange ich auf dem ebenen Weg der Spur folgte, machte es nichts aus, aber bergauf fiel mir das Gehen doch schwer. Der alte Schafspelz, den ich anhatte, wurde auf einmal etliche Pfund schwerer. Nachdem ich zwei Berge überwunden hatte, war ich müde geworden und über und über mit Schweiß bedeckt.

Auf der Kuppe des letzten Berges mußte ich unwillkürlich stehenbleiben. Vor meinen Augen breitete sich eine verwirrende Schneelandschaft aus. Endloser weißer Schnee bedeckte alles, so weit das Auge reichte. Der Gelbe Fluß war nicht mehr zu sehen. In der Windstille stiegen von den Türen der Höhlenwohnungen und Erdhütten dünne Rauchschwaden wie Fäden zum Himmel empor. In der tiefen Stille ließen die kahlen, in Sonnenlicht getauchten Zweige und einige zwitschernde Vogelstimmen eine überraschende Lebenskraft ahnen. Weit öffnete ich meinen Mund und sog tief einen Zug von der frischen, mit süßem Duft erfüllten Luft ein. Der Frühling stand bevor.

Das Sonnenlicht warf auf einen wie ein Fels im Fluß stehenden steinernen Pfeiler die kräftigsten Farben. Jetzt bemerkte ich erst die schwarzen Schatten, die sich kribbelnd auf dem Schnee des Ufers durcheinander bewegten. Auf dem gegenüberliegenden Ufer war es genauso. Als ich scharf hinschaute, erkannte ich, daß Arbeiter dabei waren, hölzerne Pfosten zu transportieren. Sicherlich war man dabei, aufs neue die Errichtung des ersten Pfeilers in Angriff zu nehmen. Ich hatte in der Redaktion eine Meldung gelesen, in der es hieß, daß nach dem Unglück vom Mai wegen der ständigen Bedrohung durch das Hochwasser über ein halbes Jahr nicht an dem Brückenpfeiler gearbeitet werden konnte. Erst im Dezember hatte man Taucher angefordert, die die über 100 Eisenplanken am Grunde des Flusses losmachen sollten und sie zum Teil sogar Stück für Stück absägen mußten. Erst dann konnte man sie langsam herausziehen. Anscheinend waren diese Arbeiten mittlerweile abgeschlossen.

Hinter meinem Rücken näherten sich knirschende Schritte. Als ich mich umschaute, waren es zwei Arbeiter, die mich eingeholt hatten. Der kleinere trug einen über und über mit Öl beschmierten braunen Mantel. Als er mich erblickte, blieb er plötzlich stehen, um dann mit großen Schritten auf mich zuzueilen und meine Hand zu ergreifen. Es war wahrhaftig der Kranführer Dschang Guang-Fa, der mir seinerzeit alle möglichen Knoten beigebracht hatte. Wir gingen gemeinsam auf das Brigadebüro zu. Auf diesen drei Meilen berichtete er mir aufgeregt und begeistert von den Dingen, die sich im Lauf des letzten halben Jahres auf der Brückenbaubrigade ergeben hatten. Sein Gesicht war ganz gerötet vor Aufregung. Ungewöhnlich klar seine Augen, was eine gewisse Jugendlichkeit verriet. Ich wunderte mich, weshalb er wohl mit keinem Wort den Ingenieur Dseng erwähnte, den er doch so uneingeschränkt verehrte. Als ich die Frage nach Dseng Gang stellte, blieb er unvermittelt stehen, schaute mich gerade an und fragte verwundert:

»Wie? Sie wissen noch nicht, daß Ingenieur Dseng schon längst versetzt worden ist?«

Diesmal war die Reihe an mir, verwundert zu sein. Dann fuhr er fort:

»Das war noch im Juni, vor mehr als einem halben Jahr.«

Sein Begleiter, der auf dem ganzen Weg nicht ein einziges Wort gesagt hatte, fiel ihm hier plötzlich in die Rede und verbesserte ihn:

»Was heißt im Juni? Vielleicht Ende Mai, wir trugen ja noch die wattierten Kleider.«

»Richtig, vielleicht auch Ende Mai«, fuhr Dschang Guang-Fa ernsthaft fort. Offenkundig war diese Versetzung in ihren Augen ein ganz großes Ereignis gewesen. »Es war nur wenige Tage nach der Fertigstellung des fünften Pfeilers, als er versetzt wurde. Das ist alles, was wir gehört haben. In jenen Tagen war bei der Brigadeleitung eine ständige Konferenz. Wir dachten erst, es sei die Untersuchung des Unglücks mit dem ersten Brückenpfeiler. Erst hinterher erfuhren wir, daß die Beziehungen zwischen Ingenieur Dseng und dem technischen Leiter Dschou zur Diskussion standen. Es hieß, beide hätten ihre Fehler. Dseng Gang sei überheblich und selbstzufrieden, und Dschou We-Ben habe auch seine Fehler. Schließlich war es die Ansicht der Führung, daß einer von diesen beiden versetzt werden müsse. Ich glaube nicht, daß Ingenieur Dseng Fehler hat, und doch wurde er versetzt...«

»Das ist nicht richtig«, sagte der etwas größere Arbeiter, und jetzt merkte ich erst, daß er viel älter sein mußte als Dschang Guang-Fa – etwa 40 Jahre. »Ingenieur Dseng ist nicht völlig fehlerfrei. Wahrscheinlich ist er tatsächlich ein wenig überheblich. Aber wie wäre es auch möglich, daß junge Leute in ihrem Handeln immer recht hätten. Um einmal von dir zu reden, Dschang Guang-Fa, wollte ich bei dir die Fehler zusammensuchen, so könnte ich einen ganzen Korb zusammenkriegen. Lach nur nicht! Ich will nur sagen, daß man es nicht allein unter diesem Blickwinkel sehen darf. Bei allen Dingen muß man zunächst einmal klarstellen, wer recht hat und wer nicht. Wenn der technische Leiter und ein Ingenieur nicht harmonieren, kann man noch lange nicht sagen, beide hätten unrecht. Früher hieß es, wenn man einen Streit schlichten wollte: ›Eine Handfläche allein gibt noch kein Klatschen!‹ Und dabei ist diese Affäre etwas ganz anderes als eine Streitigkeit.«

»Aber weshalb hat man allein den Ingenieur Dseng versetzt, wenn beide unrecht hatten? Das kann ich nicht begreifen!« Mit diesen Worten schloß Dschang Guang-Fa seinen Mund, und sein Gesicht wurde noch dunkler.

»Parteisekretär Dschang war der Meinung, man brauche keinen von beiden zu versetzen. Wenn aber einer versetzt werden müsse, dann solle der technische Leiter gehen. Im Amt sagte man, wenn die Beziehungen gespannt seien, müsse man für eine Trennung sorgen. Zum Glück fehlte gerade in der Fabrik für Betonsteine ein Mann. Komischerweise mußte unbedingt ein solcher Mann wie Ingenieur Dseng an diese Stelle...«

Wir waren zum letzten Abhang gekommen. Man konnte schon genau sehen, wie das Schmelzwasser vom Dach des Brigadebüros herabtropfte. Ich verabschiedete mich von meinen beiden Begleitern und begab mich zur Brigade.

Ich stieß die Tür auf und betrat das Büro des Brigadeleiters. Lo Li-Dscheng lag voller Konzentration über den Tisch gebeugt, als schreibe er etwas. Und als ich genau hinsah, war er doch tatsächlich wieder beim Reparieren einer Armbanduhr! Als er mich eintreten sah, entfuhr ihm ein Ruf des Erstaunens. Dann kam er auf mich zu und faßte kräftig mit der Linken meine Hand. Die Rechte war voller Öl.

Er lachte übers ganze Gesicht, als er sich mit mir unterhielt. Er war kein bißchen schmaler geworden, sondern eher dunkler und ein wenig voller. Plötzlich machte er ein ungewöhnlich ernstes Gesicht und fragte mich mit leiser Stimme:
»Hast du schon von den Richtlinien der Zentrale gehört?«
Ohne meine Antwort abzuwarten, sagte er mit grenzenloser Melancholie in der Stimme, während er schwarzen Tee aufbrühte:
»Weise, unendlich weise ist die Zentrale der Partei! Sag, weshalb sind wir so schwerfällig? Weil wir so fest am Überlieferten festhalten, weil wir an den alten Formen kleben.«
Nachdem er noch eine Weile das Loblied auf die Partei gesungen hatte, fxierte er mich scharf und brach auf einmal in ein unmotiviertes Lachen aus.
»Haha, Frauen mit eingebundenen Füßen! Auf industriellem Gebiet sind wir alle Frauen mit kleinen Füßen! Haha... Uns sind noch nicht die Hörner gewachsen, uns allen sind noch keine Hörner gewachsen!« Danach wischte er sich die Tränen aus den Augen und sagte mit höchster Begeisterung: »Das war eine plötzliche Erleuchtung! Das kann man wirklich eine Erleuchtung nennen! Wer sagt, er sei nicht konservativ? Wer sagt, in China gäbe es keine Bürokratie? He, wer, wenn nicht wir?«
Ich mußte auf einmal an einen Fabrikdirektor denken, den ich gut kannte. Dieser Mann schwor täglich Stein und Bein, daß er in seinem Denken keinerlei kapitalistische Ideen vertrete. Und weil wir einmal in einem kritischen Artikel in der Zeitung diesen Ausdruck gebraucht hatten, begann er eine Kontroverse, daß sein Gesicht rot wurde und ihm die Ohren glühten. Unnachgiebig verfocht er seinen Fall bis vor dem Parteiausschuß des Industrieministeriums der Provinz. Aber als eines Tages eine solche Haltung von oben kritisiert wurde und alle mehr oder weniger dieses Denken aufspürten, da erklärte er gegenüber allen, mit denen er zusammentraf, daß er selbst der typische Vertreter kapitalistischen Denkens sei, und stellte sogar noch ›tiefgreifende‹ Untersuchungen an.

Und als es dann zum Kampf gegen den Konservativismus kam, bekannte er wieder mit kühner Stirn, daß er selbst zu den typischsten gehöre. Und welch merkwürdiger Zufall: wenn jener Mann solche Reden führte, begleitete er sie mit dem gleichen lauten Lachen wie heute Lo Li-Dscheng. Selbst der Ton seines Gelächters war genau der gleiche!
Lo Li-Dscheng sprach anschließend von vielen Dingen, um zu beweisen, wie konservativ ›wir‹ in der Vergangenheit gewesen sind. Aus dem Ton, wie er jenes häufige ›wir‹ aussprach, war zu ersehen, daß er sich selbst darin einschloß, aber auch sämtliche Funktionäre und Arbeiter. Er tat, als seien alle außer dem Zentralkomitee der Partei konservativ gewesen, und Lo Li-Dscheng sei nur einer aus dieser großen Menge.
Ich machte ihn darauf aufmerksam, daß vor nicht allzu langer Zeit auf der Brückenbaubrigade Leute gewesen seien, die gegen den Konservativismus gekämpft hatten, daß aber die Konservativen nicht nur selbst ›noch keine Hörner‹ gehabt hatten, sondern auch verhindert hatten, daß an den Köpfen anderer derartige Dinger wuchsen und daß diese Konservativen sämtliche positiven Vorschläge und Ansichten zurückgewiesen hätten.
Er lachte nicht mehr, aber er zeigte auch keinerlei Betroffenheit, sondern sagte nur leichthin:
»Waren zu jener Zeit nicht alle noch gleich? Es fehlten noch die Direktiven der Zentrale.« Für eine Weile verfiel er in tiefes Nachdenken. Auf einmal rief er voller Erregung, als sei er von einer Idee gepackt: »Das nennt man die Führung der Partei! Was haben wir zu fürchten, da wir die Führung der Partei haben! He, was haben wir noch zu fürchten! Ganz gleich welches Problem, früher oder später wird es gelöst werden, wenn erst einmal die Zentrale ihm ihre Aufmerksamkeit schenkt.« Nach diesen Worten lachte er wieder.
War es nun, weil das Ticken der Uhr an der Lehmwand zu eintönig war, oder weil mir das lachende Gesicht Lo Li-Dschengs allzu vertraut war, ich begann mich zu langweilen.

Ich schlenderte zum Fenster und schaute hinaus. Die Lichter an der Bogenbrücke zitterten gleich Sternen im Blau über dem Gelben Fluß. Die dritte Schicht dieses Werktages lief gerade an. Ob diese Parteigenossen, die Mitglieder der Jugendorganisation und die gewöhnlichen Arbeiter dort draußen, die soeben bei der strengen Kälte von mehr als zehn Grad unter Null ihre Arbeit aufnahmen, auch dachten: Wenn wir nur die Führung der Partei haben, dann gibt es keine Probleme mehr?

Da setzte ich mich wieder und stellte ohne großes Interesse leichthin die Frage:

»Und auf welche Weise führt ihr in der Brigade den Kampf gegen den Konservativismus?«

»Von unten nach oben.« Man konnte sehen, wie sehr er sich freute, auf diese Frage antworten zu können. »Wir beginnen unten und schreiten nach oben fort, ganz demokratisch. Wir beginnen damit, daß die Arbeiter und Techniker ihre konservativen Gedanken selbst überprüfen, und die Führung gibt ihre Kritik zu. Dann kommen die Leiter der Arbeitskolonnen und die Vorarbeiter an die Reihe. Bei diesen Funktionären sind reaktionäre Gedanken besonders schwerwiegend. Danach unterwerfen sich die Funktionäre der Unterbrigaden und Abteilungen der Selbstprüfung.«

Ich unterbrach ihn mit der Frage: »Und wann wird sich schließlich der Brigadier prüfen?«

Wieder lachte er, zog eine Schublade auf und nahm ein großes Schriftstück heraus, welches er mir überreichte. Dabei sagte er mit Bestimmtheit: »Da steht alles drin, der Entwurf von zwei Jahren.« Er kam auf mich zu, ergriff mich bei den Schultern und sagte eindringlich: »Schreib einen Artikel, berichte ruhig von uns! Ha, richtig, ich kann dir ein typisches Beispiel nennen – Chefingenieur Dschou! Dschou vom technischen Büro!«

Grenzenlose Hoffnungslosigkeit stieg plötzlich in meinem Herzen auf. Dazu gesellten sich Enttäuschung und Empörung. Ich hatte immer geglaubt, daß es nicht so schwer sein könne, die Konservativen zu besiegen oder wenigstens dazu zu bringen, sich selbst klar zu erkennen. Heute, zu einer Zeit, wo im ganzen Reich eine solche Flutwelle aufstieg! Ich hatte mich getäuscht. Die Schwierigkeit lag gerade darin, daß Männer wie Lo Li-Dscheng diese Flutwelle eben nicht bekämpften, darin, daß das Problem nicht allein nur in den konservativen Gedanken lag.

Draußen heulte der Sturm vom nächtlichen Gelben Fluß herüber. Es war, als könnte man durch das Fenster den lebenerfüllten Atem des Frühlings hören. Der Frühling schickte als Wegbereiter diesen Sturm aus dem Norden.

Und mein Freund – der saß immer noch dort, Müdigkeit in den Augen.

Wann wirst du, o Frühlingswind, endlich in dieses Büro hereinwehen?

(Übersetzt von Klaus Walther)

ZHANG JIE

Liebe heißt nicht vergessen können

Ich bin ebenso alt wie unsere Republik – dreißig Jahre. Nun, für eine Republik ist dies kein Alter, im Gegenteil. Eine Frau hingegen läuft dann schon Gefahr, ihr Leben womöglich als alte Schachtel zu beschließen.

Doch jetzt macht mir tatsächlich jemand ernsthaft den Hof. Kennen Sie die Skulptur »Der Diskuswerfer« des großen griechischen Bildhauers Myron? Qiaolins Körper ist beinahe das getreue Abbild dieser Skulptur. Nicht einmal unsere unförmige wattierte Winterkleidung kann seinen edlen Körperbau verbergen. Sein Gesicht zeichnet sich aus durch einen dunklen Teint, markante Nase und Mund, große Augen unter einer breiten Stirn. Die meisten jungen Frauen würden sich vermutlich allein beim Anblick seines Gesichtes und Körpers in Qiaolin verlieben.

Und dennoch – ich selbst kann mich nicht zur Heirat entschließen. Denn es gelingt mir beim besten Willen nicht, herauszufinden, was ich eigentlich an ihm liebe und was er wiederum an mir liebt.

Ich weiß, daß manche bereits hinter meinem Rücken tuscheln: »So wie's um sie steht, sollte sie froh sein. Will sie etwa einen noch besseren Mann finden?«

In ihren Augen bin ich eben nichts als eine minderwertige Kuh, die aber mit allerlei Tricks versucht, einen spendablen Dummkopf, der bereit ist, einen hohen Preis für sie zu zahlen, übers Ohr zu hauen. Und dies entfacht ihre Entrüstung gerade so, als hätte ich tatsächlich ein himmelschreiendes Unrecht begangen und den Anstoß aller erregt. Doch darf ich mit ihnen nicht zu hart ins Gericht gehen. In einer Warengesellschaft läßt es sich eben kaum vermeiden, daß die Heirat, wie so vieles andere auch, das Signum des Warentauschs trägt.

Ich bin jetzt fast zwei Jahre mit Qiaolin befreundet. Dennoch habe ich bis heute nicht in Erfahrung bringen können, ob seine Verschlossenheit daher rührt, daß er nicht gern spricht, oder daher, daß er einfach nichts zu sagen hat. Immer wenn ich mir vornehme, einen kleinen Intelligenztest durchzuführen und ihn, koste es, was es wolle, zu zwingen, endlich seine Ansicht zu einer bestimmten Angelegenheit oder einem Sachverhalt zu äußern, so bringt er unweigerlich wieder nur die in Kindergärten gebräuchlichsten Worte hervor:
»Ja!« oder »Nein!« Es gibt nur diese zwei Möglichkeiten, eine andere kommt ihm offenbar nicht in den Sinn.
Als ich ihn fragte: »Qiaolin, warum liebst du mich eigentlich?« da sann er gewissenhaft eine lange Zeit nach. Das Kräuseln der auf seiner breiten Stirn so selten erscheinenden Falten verriet mir, daß die in seinem hübschen Kopf angeordneten Zellen die Tätigkeit angespannten Denkens ausübten. Unwillkürlich erfaßte mich eine Art von Mitleid und Bedauern, als hätte ich ihn mit meiner Frage absichtlich vor Schwierigkeiten stellen wollen. Daraufhin hob er seinen kindlichen, lauteren Blick und entgegnete: »Weil du gut bist.«
Mein Herz versank in tiefe Einsamkeit. »Ich danke dir, Qiaolin!«

Mir drängte sich die Frage auf: Wenn er tatsächlich mein Ehemann wird und ich seine Ehefrau, werden wir dann den ehelichen Verantwortungen und Pflichten voll und ganz nachkommen können? Es mag gelingen. Schließlich verbinden uns Gesetz und Moral fest miteinander. Wenn wir aber lediglich Gesetz und Moral Folge leisten und so die gegenseitigen Verantwortungen und Pflichten erfüllen, wäre dies nicht ein trauriges Schicksal? Gibt es denn nichts, das uns stärker und fester noch als Gesetz und Moral zusammenhält?
Wenn ich solchen Gedanken nachhänge, beschleicht mich stets ein sonderbares Gefühl, gerade so, als sei ich nicht eine

glückliche Braut kurz vor ihrer Hochzeit, sondern ein alter griesgrämiger Pedant, der Gesellschaftswissenschaften studiert.

Vielleicht sollte ich nicht soviel grübeln. Wir könnten ein Leben nach Art der allermeisten Familien führen: Kinder in die Welt setzen und großziehen, füreinander dasein, unerschütterlich die vom Gesetz vorgeschriebene Treue bewahren... Obgleich die menschliche Gesellschaft bereits in das achte Jahrzehnt des 20. Jahrhunderts eingetreten ist, betrachtet sie die Ehe weiterhin unbeirrt – so wie es die Menschen seit Jahrtausenden zu tun pflegen – allein als Werkzeug zur Fortsetzung der Familienlinie, als einen Tausch oder Handel, bei dem Heirat und Liebe durchaus zwei verschiedene Dinge sein können. Wenn viele Menschen so dahinleben, wieso sollte es ausgerechnet mir unmöglich sein, auf die gleiche Weise zu leben?

Nein, ich kann mich trotzdem nicht dazu entschließen. Ich erinnere mich noch gut, daß ich als kleines Kind oft nächtelang ohne irgendeinen ersichtlichen Grund schluchzte, wodurch nicht nur ich, sondern meine ganze Familie keinen friedlichen Schlaf fand. Meine Amme, die zwar keine Schulbildung genossen hatte, dafür aber über einen beachtlich gesunden Menschenverstand verfügte, meinte dazu: »Dir saust ein böser Wind im Ohr herum!« Ich glaube, ihre ein wenig geheimnisvoll klingende Erklärung war wohl doch von recht wissenschaftlicher Natur. Denn bis heute neige ich dazu, manche an sich völlig einfache Fragen derart zu verwickeln, daß weder ich noch die anderen zur Ruhe kommen. »Die natürliche Veranlagung läßt sich schwer verändern« – das wird es sein!

Und manchmal denke ich auch an meine Mutter und was sie, wenn sie noch lebte, wohl von meinen Ansichten und von Qiaolin und seinem Heiratsantrag halten würde. Nicht etwa weil sie eine strenge Mutter gewesen wäre, deren Geist selbst nach ihrem Tode noch mein Schicksal beherrschte, denke ich so oft an sie. Nein, sie war für mich im Grunde weniger eine

Mutter als meine liebste und vertrauteste Freundin. Gerade bei dem Gedanken, daß sie nun nicht mehr bei mir ist.
Sie hat mir nie Lehren erteilt, hat mir nur in ihrer dunklen Stimme, die nichts von jenem weiblich-sanften Klang hatte, liebevoll von den eigenen Fehlschlägen oder Erfolgen erzählt, um mich daraus meine eigenen Schlüsse ziehen zu lassen. Allerdings scheinen die Momente des Glücks und Erfolgs sehr selten gewesen zu sein; ihr Leben war eher begleitet von zahlreichen Enttäuschungen und Niederlagen.
In ihren letzten Tagen folgte mir stets der unverwandte Blick ihrer klugen und schönen Augen, als wäge sie ab, ob ich tatsächlich die Fähigkeit besäße, auf eigenen Füßen zu stehen; und auch, als wollte sie mir noch etwas Wichtiges einschärfen, ohne sich jedoch entscheiden zu können, ob sie es mir mitteilen sollte. Ganz sicher beunruhigte sie meine unbekümmerte Art, nichts sonderlich ernst zu nehmen. Schließlich wandte sie sich unvermittelt an mich:
»Shanshan, solange du nicht genau weißt, was du wirklich willst, solltest du besser weiter allein leben, als unbedacht zu heiraten.«
Der eigenen Tochter einen solchen Rat zu geben, grenzt für die meisten anderen Menschen an unglaublichen Unverstand. Ich aber verstand, daß aus ihm all die bitteren Erfahrungen ihres Lebens sprachen. Und ich hatte nicht das Gefühl, ihre Warnung beruhe auf einer Geringschätzung meiner Person oder meiner Lebenserfahrungen. Sie liebte mich und hoffte, ich würde ein Leben ohne Kummer führen; war es nicht so?
»Mama, ich will gar nicht heiraten!« Ich sagte dies nicht aus Scham oder um mich zu zieren. Offen gesagt, wußte ich nicht einmal, daß Mädchen oder junge Frauen mitunter ein schüchternes oder züchtiges Gebaren an den Tag zu legen haben. Denn meine Mutter hatte mich in all die Dinge, die die meisten Eltern glauben ihren Kindern verschweigen zu müssen, schon frühzeitig so weit eingeweiht, wie sie es für richtig hielt.

»Nun ja, wenn du den richtigen Mann findest, dann spricht eigentlich nichts gegen eine Heirat.«
»Den gibt's womöglich gar nicht!«
»Aber sicher, nur ist es fraglich, ob man ihn auch trifft. Das ist der Punkt. Denn schließlich ist die Welt nicht gerade klein.« Es war ihr gleichgültig, ob ich heiratete oder ledig blieb; ihr ging es um den eigentlichen Sinn einer Ehe.
»Du fühlst dich doch allein sehr wohl!«
»Wer sagt, daß es so ist?«
»Mir kommt es so vor.«
»Ich hatte keine andere Wahl...« Sie brach ab und versank in Gedanken. Ein abwesender, melancholischer Ausdruck trat auf ihr Gesicht. Wehmütig und mit seinen Falten, erinnerte es mich an die getrockneten Blumen, die ich als Kind zwischen den Seiten von Büchern gepreßt hatte.
»Warum hattest du keine andere Wahl?«
»Warum, warum, du fragst zu oft warum!« Sie wich mir aus. Gewiß verbarg sie in ihrem Herzen ein Geheimnis, das sie mir nicht enthüllen wollte. Ich verstand, daß sie es mir nicht aus Scheu verschwieg, sondern aus Furcht, ich könnte seine Bedeutung nicht genau erfassen und mißverstehen. Und vermutlich auch deswegen, weil jeder Mensch etwas sein eigen nennt, das er wie einen kostbaren Schatz hütet und mit in sein Grab nimmt. Bei diesem Gedanken wurde mir ein wenig unwohl zumute. Dieses Gefühl des Unbehagens trieb mich, unhöflich und taktlos weiterzuforschen: »Liegt es daran, daß du Vater immer noch liebst?«
»Nein, ich habe ihn nie geliebt.«
»Hat er dich denn geliebt?«
»Nein.«
»Warum habt ihr dann überhaupt geheiratet?«
Sie zögerte. Offensichtlich wollte sie ihre Worte sorgfältig abwägen, um ihre damalige Entscheidung, die anderen widersprüchlich und schwer verständlich erscheinen mußte, zu erklären. Schließlich beschied sie mich mit einem Ausdruck grenzenloser Reue: »Wenn man jung ist, ist man sich seiner

Ziele und Wünsche nicht immer ganz sicher. Und das kann dazu führen, daß man heiratet, nur weil einem die anderen aufgeregt zureden. Erst wenn man dann ein wenig erwachsener und reifer ist, weiß man, was man wirklich will. Doch bis dahin hat man schon so viele Torheiten begangen, daß Bedauern und Reue einem das Herz zerfressen. Und wenn man endlich nichts sehnlicher wünscht, als sein Leben noch einmal neu leben zu dürfen, erst dann ist man etwas klüger. Es heißt: ›Der Zufriedene ist immer glücklich‹, doch mir bereitet ein solches Glück keinen Genuß.« Bei diesen Worten lachte sie spöttisch auf. »Ich muß mich anscheinend damit abfinden, eine arme Idealistin zu sein.«

Hatte ich möglicherweise meine Marotte mit dem »bösen Wind im Ohr« von ihr? Offenbar war es ein besonders pflichtbewußtes Gen, das in unseren Zellen für die Eigenschaft »böser Wind im Ohr« zuständig war.

»Warum heiratest du dann nicht wieder?«

Etwas unwillig entgegnete sie: »Ich fürchte, ich weiß auch jetzt noch nicht genau, was ich will.« Es lag auf der Hand, daß sie mir immer noch nicht die volle Wahrheit sagen wollte.

Ich erinnere mich nicht an meinen Vater. Er und meine Mutter hatten sich getrennt, als ich noch ein kleines Kind war. Ich kann mich lediglich entsinnen, daß meine Mutter mir einst verlegen erzählt hat, er sei ein recht gutaussehender, verwöhnter Sohn aus reichem Hause gewesen. Gewiß schämte sie sich, früher auf so oberflächliche und törichte Dinge ausgewesen zu sein. Einmal gestand sie mir: »Wenn ich nachts nicht einschlafen kann, zwinge ich mich oft mit aller Macht, mir all die Dummheiten und Fehler meiner Jugend ins Gedächtnis zurückzurufen. Um ein für allemal zur Vernunft zu kommen! Natürlich ist das sehr unangenehm und schmerzlich, und manchmal verhülle ich dann vor Scham mein Gesicht mit der Bettdecke, als durchbohrten mich selbst im Dunkeln zahllose Blicke. Aber in diesem Schmerz liegt auch eine Art Freude an der Sühne.«

Ich bedauerte aufrichtig, daß sie nicht wieder heiratete. Sie war eine sehr anziehende Frau, und hätte sie sich mit jemandem, den sie liebte, verheiratet, dann wären wir bestimmt eine sehr zufriedene kleine Familie gewesen. Obwohl sie keineswegs hübsch war, wirkte sie doch anmutig und schlicht, gleich einer Landschaftsmalerei von zarter Tusche. Auch besaß sie einen feinen literarischen Stil, weshalb ein guter Freund von ihr, ein Schriftsteller, gern scherzte: »In dich muß sich dein Leser ja einfach verlieben.«

Darauf gab sie dann zurück: »Wenn er erführe, daß er in Wirklichkeit eine alte Frau mit einem faltenübersäten Gesicht und weißen Haaren liebt, nähme er sicher vor Schreck Reißaus.«

Es war ausgeschlossen, daß sie in ihrem Alter immer noch nicht wußte, wonach ihr eigentlich der Sinn stand. Ihre Antwort auf meine Frage war zweifellos eine Ausrede. Ich meine dies deshalb, weil sie nämlich einige sonderliche Angewohnheiten hatte, die mir rätselhaft waren.

So pflegte sie zum Beispiel auf jede Dienstreise, wohin diese auch führen mochte, einen Band ihrer 27bändigen, 1950 bis 1955 herausgegebenen Sammlung ausgewählter Werke von Tschechow mitzunehmen. Doch damit nicht genug, schärfte sie mir überdies vor ihrer Abreise ein: »Rühr bitte nicht meine Ausgabe an. Wenn du Tschechow lesen möchtest, dann nimm die, die ich dir geschenkt habe.« Diese Mahnung war natürlich überflüssig. Ich besaß meine eigene Tschechow-Ausgabe, wozu sollte ich also in ihrer herumstöbern? Zudem hatte sie diese Anweisung schon unzählige Male wiederholt. Und trotzdem verließ sie nie die Sorge, dieser unwahrscheinliche Fall könnte eines Tages doch eintreten. Wie leidenschaftlich besessen, so liebte sie ihre Tschechow-Ausgabe.

Wir besaßen also zwei Ausgaben dieser Sammlung ausgewählter Werke von Tschechow. Nun, dies zeugt sicherlich von einer in unserer Familie besonders ausgeprägten Wertschätzung dieses Autors. Vermutlich diente aber das Vorhandensein von zwei Ausgaben eher dazu, mir und anderen, die Tschechow ebenso schätzten, den Zugriff auf die Bände meiner Mutter zu verwehren. Wollte sich jemand einen Band ausleihen, so holte sie ihn stets aus meinem Zimmer. Eines Tages, meine Mutter war gerade nicht zu Hause, griff ein naher Freund zu einem Band ihrer Tschechow-Ausgabe. Als sie es bemerkte, war sie schier außer sich vor Aufregung und tauschte ihn sogleich gegen den entsprechenden Band meiner Ausgabe.

Seit ich denken kann, hatte diese Sammlung ihren Platz im Bücherregal meiner Mutter. Sosehr ich diesen Autor schätzte, bleibt es mir doch unverständlich, wie sie diese Bände wieder und wieder lesen konnte, ohne ihrer jemals überdrüssig zu werden, und was sie seit mehr als zwanzig Jahren dazu trieb, tagtäglich darin zu lesen.

Manchmal, wenn sie müde vom Schreiben war, ließ sie sich, eine Tasse starken Tee in der Hand, vor dem Bücherregal nieder und versank beim Betrachten der Tschechow-Bände tief in Gedanken. Trat ich in einem solchen Augenblick unversehens ins Zimmer, schien sie verstört und aufgeschreckt. Zwar verschüttete sie dann nicht unbedingt ihren Tee, aber sie errötete doch beschämt wie ein zum allerersten Mal verliebtes junges Mädchen, das beim Stelldichein mit ihrem Geliebten auf frischer Tat ertappt wird.

Schließlich trieb mich sogar die Frage um, ob sie womöglich diesen Schriftsteller liebte. Aber dies wäre wohl äußerst unwahrscheinlich gewesen, selbst wenn er noch gelebt hätte.

Als sie, kurz vor ihrem Tode, schon nicht mehr bei vollem Bewußtsein war, lauteten ihre letzten Worte an mich: »Meine Ausgabe...«, sie war schon zu schwach, noch den umständlichen Ausdruck »meine Ausgabe gesammelter Werke von Tschechow« über die Lippen zu bringen. Doch ich verstand, was sie meinte. »... Und auch die Notizbücher mit der Aufschrift ›Liebe heißt nicht vergessen können‹ ... verbrennt das zusammen mit mir.«

Einige ihrer letzten Anweisungen habe ich in ihrem Sinne

ausgeführt, zum Beispiel was die Tschechow-Ausgabe betraf. Manche ihrer Bitten aber habe ich nicht erfüllt. Die erwähnten Notizbücher habe ich nicht verbrannt. Ich kann mich nicht von ihnen trennen. Und oft denke ich, daß diese Notizbücher, würden sie veröffentlicht, ihre Leser sicherlich mehr bewegen würden als all ihre anderen Werke. Aber ich darf sie natürlich nicht der Öffentlichkeit preisgeben.
Zunächst hielt ich ihre Notizbücher nur für Material, das meine Mutter zu schriftstellerischen Zwecken gesammelt hatte. Denn sie besaßen weder Ähnlichkeit mit einem Roman noch mit Aufzeichnungen, ähnelten weder einer Briefesammlung noch Tagebüchern. Nachdem ich sie von Anfang bis Ende gelesen hatte, verflochten sich die zusammenhanglosen Worte und Sätze mit meinen bruchstückhaften Erinnerungen allmählich zu einem noch undeutlichen Ganzen. Und erst nach langem Nachsinnen erkannte ich, daß das, was ich da in meinen Händen hielt, weit mehr war als leblose Buchstaben ohne Fleisch und Blut. Es spiegelte sich darin ein leidenschaftliches Herz, gefangen in Liebe und Schmerz. Und ich sah, wie sich dieses Herz im Kampf zwischen Liebe und Schmerz verzehrte. Mehr als zwanzig lange Jahre gehörte ihre ganze Liebe einem einzigen Mann, und dies ohne die Hoffnung, jemals mit ihm zusammenleben zu können. Es blieb ihr lediglich, stellvertretend in den Seiten ihrer Notizbücher vertrauliche Gespräche mit ihm zu führen: jede Stunde, jeden Tag, jeden Monat, jedes Jahr.
Kein Wunder, daß sie an keinem Bewerber Interesse fand, mochte er noch so sympathisch sein; kein Wunder, daß sie mit einem gleichgültigen Lächeln über Bemerkungen hinwegzugehen pflegte, bei denen man nicht zwischen wohlwollendem Rat und böswilligem Geschwätz unterscheiden konnte. Denn ihr Herz war bereits erfüllt, und keine andere Regung konnte darin noch Aufnahme finden.
Die alten Verszeilen kamen mir in den Sinn:

»Wer die Meere befahren hat,
den setzt kein Wasser mehr in Erstaunen;
doch was wären die Schleier des Himmels
ohne das Wolkenhaupt des Berges Wu?«

Und als ich erkannte, daß die wenigsten unter uns zu einer solch innigen Liebe fähig sind und daß auch mich wohl nie jemand derart würde lieben können, da beschlich mich ein Gefühl unsagbarer Enttäuschung und Verlorenheit.

Ich brachte in Erfahrung, daß der Mann, den meine Mutter geliebt hatte, Ende der 30er Jahre im Shanghaier Untergrund tätig war. Ein alter Arbeiter deckte ihn, wurde deswegen verhaftet und opferte schließlich für ihn sein Leben. Er hinterließ Frau und Tochter, die nun völlig auf sich allein angewiesen waren. Der Geliebte meiner Mutter heiratete später die Tochter des Mannes, dem er sein Leben verdankte. Er tat dies, ohne zu zaudern. Das Gefühl moralischer Verpflichtung, Verantwortung und Klassenbewußtsein waren ihm Grund genug. Und wenn er all jene Ehepaare betrachtete, die zwar einst aus Liebe geheiratet hatten und trotzdem oder gerade deswegen unglücklich waren, dann dachte er sich gewiß: »Dem Himmel sei Dank, selbst wenn wir nicht aus Liebe geheiratet haben, leben wir immerhin friedlich und einträchtig miteinander, so wie der rechte und linke Arm eines Menschen.« Mehrere Jahrzehnte hielten sie so zusammen, gemeinsam den Stürmen des Lebens trotzend, ein Ehepaar, das Freud und Leid teilte.
Bestimmt war er einer von den Amtskollegen meiner Mutter. Ich fragte mich, ob ich ihn wohl schon einmal gesehen hatte. Jedenfalls fand ich keinen Anhaltspunkt, der darauf hätte schließen lassen, daß er zum Kreis derer gehörte, die uns häufig daheim besuchten.

Es war etwa im Frühjahr 1962, da besuchte ich mit meiner Mutter ein Konzert. Der Veranstaltungsort war nicht allzuweit entfernt, so daß wir zu Fuß dorthin gingen.
Eine kleine schwarze Limousine hielt völlig lautlos neben dem Gehweg. Ihr entstieg ein weißhaariger älterer Mann, gekleidet in einen hochgeschlossenen Mao-Anzug aus schwarzem Wollstoff. Auf mich wirkte er überaus stattlich und würdevoll. Er machte einen unbeugsamen, äußerst gewissenhaften und kultivierten Eindruck. Mir fielen besonders seine Augen auf. Ein strenges, kühles Licht glitzerte in ihnen, vergleichbar einem zuckenden Blitz oder dem Widerschein eines wirbelnden Schwertes. Ein solch eiskaltes Augenpaar mit dem Glanz der Zärtlichkeit zu erfüllen, das gelingt, so denke ich, höchstens einer Frau, die er über alles liebt.
Er trat heran und begrüßte meine Mutter: »Wie geht es Ihnen, Genossin Zhong Yu? Wir haben uns lange nicht gesehen.«
»Guten Tag!« Die Hand, an der Mutter mich führte, wurde mit einem Male eisig und zitterte kaum merklich.
Von Angesicht zu Angesicht standen sie einander gegenüber, mit verlorenem, geradezu grimmigem Ausdruck. Doch blickte keiner den anderen an. Mutter heftete ihren Blick auf die kahlen Sträucher am Wegrand, die noch zögerten, ihre ersten zarten Frühjahrstriebe zu zeigen. Er dagegen musterte mich: »Du bist ja schon ein großes Mädchen. Nein so was, du siehst deiner Mutter aber wirklich sehr ähnlich. Das gefällt mir.«
Meiner Mutter hatte er nicht die Hand gereicht, dafür schüttelte er nun mir die Hand. Seine Hand war eiskalt und zitterte sacht, ganz wie die meiner Mutter. Wie elektrisiert, spürte ich eine unerklärliche Vibration und Spannung. Hastig entzog ich ihm die Hand: »Mir gefällt's aber gar nicht!«
»Wieso?« fragte er verdutzt oder besser gesagt: er stellte sich absichtlich erstaunt. Denn Erwachsene setzen immer eine solche Miene auf, wenn Kinder offen mit etwas herausplatzen. Ich prüfte Mutters Gesicht. Ja, ich sah ihr wirklich ähn-

lich. Dies machte mich ein wenig hoffnungslos: »Weil sie nicht hübsch ist.«
Er lachte und meinte belustigt: »Welch ein Jammer, die eigene Mutter nicht schön zu finden. Erinnerst du dich noch an das Jahr 1953, als deine Mutter gerade nach Peking versetzt worden war? Wie sie dich zur Anmeldung mit ins Amt brachte? Sie ließ dich kleinen Schelm draußen im Flur, und du bist treppauf, treppab überall herumgestrolcht, hast durch sämtliche Türspalten geschaut und dir zu guter Letzt in meiner Zimmertür die Finger eingeklemmt. Du hast Rotz und Wasser geheult; ich hab' dich dann auf den Arm genommen und deine Mutter gesucht.«
»Nein, das weiß ich nicht mehr.« Mir war nicht sehr wohl in meiner Haut. Schließlich erwähnte er Vorgänge aus jener Zeit, in der ich noch kurze Hosen mit hinten offenem Schlitz getragen hatte.
»Siehst du, ältere Leute haben doch ein besseres Gedächtnis.« Er drehte sich plötzlich um und wandte sich an meine Mutter: »Ich habe Ihren jüngsten Roman gelesen. Ich möchte keinen Hehl daraus machen und Ihnen offen sagen, daß Sie in einem Punkt nicht ganz recht haben. Sie sollten nämlich nicht die Heldin tadeln. Ich meine, man kann nicht grundsätzlich verurteilen, daß sie sich zu einem anderen hingezogen fühlt. Denn es führte ja nicht dazu, daß das Leben Dritter zerstört wurde. Und warum sollte nicht auch der Mann die gleiche Zuneigung empfinden dürfen? Aber weil beiden auch das Glück eines dritten Menschen am Herzen liegt, ist ihnen ihre Liebe verwehrt...«
Bei diesen Worten näherte sich ein Verkehrspolizist seinem Wagen, um den Chauffeur lautstark auf das Parkverbot hinzuweisen. Der Fahrer war bemüht, sich zu entschuldigen. Unser Gesprächspartner erfaßte die brenzlige Lage. Er brach ab, verabschiedete sich mit einem überstürzten »Auf Wiedersehen« und eilte mit langen Schritten zum Wagen zurück. Ich hörte, wie er sich bei dem Polizisten entschuldigte: »Bitte verstehen Sie, den Chauffeur trifft keine Schuld, ich habe...«

Ich konnte meinen Blick nicht abwenden und genoß, wie unterwürfig dieser ältere Herr den Zurechtweisungen des Polizisten lauschte. Ich fand die Szene wirklich lustig. Mit frechem Grinsen schaute ich mich zu meiner Mutter um. Und sprachlos stellte ich fest, daß ich sie noch nie so verlegen gesehen hatte.
Sie stand da wie eine zerknirschte ABC-Schülerin vor dem gestrengen Schulmeister, als tadelte der Polizist sie und nicht ihren Bekannten.
Der Wagen fuhr davon, eine leichte Rauchwolke ausstoßend. Und als auch diese sich im Nu im Wind auflöste, schien es, als wäre nichts geschehen. Ich kann mir nicht erklären, weshalb meine Erinnerung an diese Begebenheit sich nicht ebenso leicht und schnell verflüchtigte.

Bei kühler nachträglicher Betrachtung komme ich zu dem Schluß, daß es gewiß seine geistige Ausstrahlung war, die meine Mutter in ihren Bann gezogen hatte. Eine Ausstrahlung, die ihre Stärke vermutlich aus seinem reifen, gefestigten politischen Bewußtsein bezog, aus den lebensgefährlichen Erfahrungen in den unruhigen Zeiten der Revolution und natürlich auch aus seinen vielseitigen Interessen. Er setzte bei der Arbeit seine Vorstellungen unerschrocken durch, war literarisch und künstlerisch gebildet. Und, seltsam genug, gleich meiner Mutter besaß auch er eine besondere Vorliebe für die Oboe. Sie hatte diesen Mann bestimmt bewundert, denn an einer Stelle erwähnte sie, daß ohne diese Bewunderung ihre Liebe wahrscheinlich keinen Tag gewährt hätte.
Aber ich wußte nicht, ob er die Liebe meiner Mutter erwiderte. Doch hätte er sie nicht geliebt, so hätte sich wohl kaum die folgende Eintragung in ihren Notizbüchern gefunden:

»Ihr Geschenk ist zu großzügig. Woher wußten Sie, daß ich Tschechow mag?«
»Sie sagten es einst.«

»Daran kann ich mich gar nicht erinnern.«
»Aber ich weiß es noch. Sie haben es einmal in Ihr Gespräch einfließen lassen.«

Er also hatte meiner Mutter die Tschechow-Ausgabe geschenkt. Und sie muß darin einen Beweis seiner Liebe gesehen haben.
Er hatte bisher nie auf Liebe vertraut. Doch vielleicht empfand auch er, nachdem sein Haar sich bereits weiß verfärbt hatte, ein inniges Gefühl, das man hätte Liebe nennen können. Diese Liebe trat unvermittelt in sein Leben, als er schon nicht mehr frei war, mit einer solchen Intensität, daß er für sie sein Leben gegeben hätte. Aber da war dieses Glück bestenfalls tragisch.
Diese kleine Episode ist das einzige, was ich mir zu seiner Person in Erinnerung bringen kann.

Mir war es eine unbegreifliche und bittere Vorstellung, daß meine Mutter mit allen Fasern ihres Herzens an einem Manne hing, ohne je wirklich in seiner Nähe sein zu können. Statt dessen mußte sie Zeitberechnungen anstellen und sich den Kopf zerbrechen, wann ihn wohl sein Weg zur Arbeit durch unsere Gasse führen würde – um so im Rückfenster seines Wagens wenigstens flüchtig seinen Hinterkopf zu erspähen. Von den hinteren Rängen lauschte sie seinen Reden und betrachtete durch die sich unruhig bewegenden Köpfe aus weiter Ferne sein Gesicht, das im rauchigen Halblicht verschwamm. Und wenn sich ihr Herz dabei kalt verkrampfte, dann mußte sie ihre stillen Tränen mit aller Macht vor den anderen verbergen. Besorgt dachte sie an seine Bronchitis und weshalb ihn niemand vom Rauchen abhielt, wenn er wieder einmal hustend seine Rede unterbrechen mußte. Er war ihr unfaßbar nah und unerträglich fern.
Ihm erging es sicherlich ähnlich. Tagtäglich hielt er Ausschau nach ihr und beobachtete angespannt aus dem Wagen heraus die unablässig und gleichmäßig an ihm vorbeiströmenden

Fahrräder, bis ihm die Augen flimmerten, und war ängstlich besorgt, daß ihr in dieser Flut von Rädern nichts zustoßen möge. Vielleicht ließ er an seinen wenigen freien Abenden das Auto stehen und begab sich auf Umwegen, die ihn an unserem Haus vorbeiführten, nach Hause. Und bei aller Arbeitsüberlastung nahm er sich, auf der Suche nach einer Veröffentlichung meiner Mutter, doch die Zeit, sämtliche Zeitschriften durchzustöbern.

Sein Leben war bislang so eindeutig und überschaubar verlaufen, selbst in den schwierigsten Zeiten. Nun aber machte ihn diese Liebe schwach und hilflos. In diesem Alter mußte ihm dies lächerlich und albern erscheinen – oder nur unverständlich, weshalb es das Leben gerade so eingerichtet hatte?

Ich stellte mir vor, wie die beiden, trafen sie sich zufällig einmal im Hof ihres Dienstgebäudes, der Begegnung rechtzeitig auszuweichen suchten und mit einem flüchtigen Kopfnicken aneinander vorbeihasteten. Wie eine solche Kleinigkeit meine Mutter aus der Fassung brachte, ihr nahezu die Besinnung raubte und die Welt sich im Bruchteil eines Augenblicks in einen leeren Raum zu verwandeln schien. Begegnete sie dann jemandem in diesem Zustand, bei dem Hören, Sehen und Denken sich auflösten, so konnte sie sich gewiß nicht einmal auf dessen Namen besinnen, nannte ihn womöglich Guo statt Wang und sprach verworrene Worte, die sie selbst nicht verstand.

Wie ich ihren Aufzeichnungen entnahm, kämpfte sie verzweifelt gegen ihre Gefühle an:

»Wir haben einst abgemacht: Wir wollen einander vergessen. Aber ich habe dich betrogen, ich habe dich nicht vergessen. Und ich glaube, auch du hast mich nicht vergessen. Vielmehr betrügen wir einander und versuchen, unseren Schmerz tief im Herzen zu vergraben. Dabei habe ich mich an unsere Abmachung zu halten versucht, habe mich so sehr bemüht, unseren Vorsatz in die Tat umzusetzen. Bei meinen zahllosen

Dienstreisen setzte ich ein ums andere Mal, fernab von Peking, all meine Hoffnung in die Zeit und den Raum, bis ich meinte, dich endlich vergessen zu haben. Doch wenn ich dann heimkehrte und der Zug sich Peking mehr und mehr näherte, konnte ich das schwindelerregende Hämmern meines Herzens einfach nicht mehr ertragen. Und sehnsüchtig hielt ich auf dem Bahnsteig Ausschau, als wartete jemand auf mich. Doch nein, das war natürlich unmöglich. Es wurde mir nur schmerzhaft bewußt, daß ich gar nichts vergessen hatte. Alles war unverrückt und unverändert. Etwas hatte Wurzeln geschlagen, die sich Jahr um Jahr, einem großen Baume gleich, tiefer eingruben. Und jetzt waren diese Wurzeln nur noch unter Aufbringung aller Kräfte herauszureißen. Aber dazu war ich schlicht unfähig.
Immer wenn ein Tag sich seinem Ende zuneigt, meine ich, etwas Wichtiges versäumt zu haben. Oder ich fahre des Nachts erschreckt aus dem Traum empor: Was ist geschehen? Dabei ist natürlich gar nichts geschehen; es drängt sich mir einzig glasklar und scharf ins Bewußtsein, daß du mir fehlst. Im Licht dieser Erkenntnis erscheint alles andere unzureichend und unvollkommen, und nichts kann diese Lücke ausfüllen oder gar vergessen machen. Wir sind nicht mehr die Jüngsten, zählen bereits unsere Tage. Doch warum sind wir, geradeso wie kleine Kinder, immer noch nicht Herr unserer Gefühle? Warum läßt das Leben uns erst eine lange, beschwerliche Reise durchstehen, um dann endlich den heimlichen, lebenslang bewahrten Traum vor unseren Augen auszubreiten? Nicht genug, daß wir diesen Traum, weil wir anfangs geschlossenen Auges unseren Weg gingen, an einer Kreuzung verfehlten; es trennen uns mittlerweile unüberwindbare Schluchten.«

Mit einem Male erinnere ich mich, daß meine Mutter tatsächlich nie zuließ, sie bei der Heimkehr von einer Dienstreise am Bahnhof abzuholen. Mitleid erfaßte mich bei der Vorstellung, daß sie, eine Frau, deren Haar bereits ergraut

war, lieber einsam und allein auf dem Bahnsteig stehen wollte, einem bis über die Ohren verliebten jungen Mädchen gleich der Illusion hingegeben, der Geliebte werde sie abholen.
Dabei waren es nicht einmal besonders viele dieser Zeilen, die von der Liebe der beiden erzählten. Vielmehr handelte der größte Teil ihrer Aufzeichnungen von alltäglichen Dingen. Das eine Mal fragte sie sich nach den Gründen für den Mißerfolg eines ihrer Werke und zweifelte dabei an ihrer Begabung. Ein anderes Mal überlegte sie, warum Shanshan (das bin ich) wieder unartig gewesen war und ob sie mich bestrafen sollte. Oder sie schrieb, wie sie einmal ein hervorragendes Theaterstück verpaßt hatte, nur weil sie sich beim Kauf des Billetts in ihrer Zerstreutheit einen falschen Vorstellungsbeginn gemerkt hatte. Dann wiederum war sie spazierengegangen, hatte natürlich den Regenschirm vergessen und kam völlig durchnäßt heim.
In ihren Gedanken und Gefühlen war sie offensichtlich Tag und Nacht bei ihm, als wären sie ein glücklich liebendes Ehepaar. Zählt man aber die Zeit zusammen, die sie in ihrem gesamten Leben tatsächlich miteinander verbracht haben, so können es nicht mehr als 24 Stunden gewesen sein. Doch bedeuten diese 24 Stunden vermutlich mehr und waren tiefer erlebt als das, was manche in ihrem ganzen Leben genießen. Shakespeares Julia sagte: »Ich kann nicht einmal die Hälfte meines Reichtums ermessen.« Und ebenso konnte wahrscheinlich meine Mutter nicht einmal die Hälfte ihres Reichtums ermessen.

Anscheinend ist er während der Kulturrevolution eines gewaltsamen Todes gestorben. Es mag an den besonderen politischen Umständen jener Zeit gelegen haben, daß meine Mutter sich hier in ihren Eintragungen so verworren und dunkel ausdrückte. Ich wundere mich, daß es ihr, die aufgrund ihrer schriftstellerischen Tätigkeit hart angegriffen wurde, überhaupt gelang, die Gewohnheit des Schreibens

beizubehalten. Doch konnte ich aus ihren unklaren Zeilen immerhin erkennen, daß er vermutlich Zweifel an den Lehrmeinungen jener »theoretischen Autoritäten«*, die damals gerade auf dem Gipfel ihrer Berühmtheit und Macht angelangt waren, geäußert und sogar zu jemandem gesagt hatte: »Ihre Worte sind schlichtweg die Worte von Rechten.« Jene Seiten, die die Spuren von Tränen meiner Mutter trugen, verrieten mir, daß man ihn daraufhin ziemlich grausam behandelt hatte. Dieser komische alte Kauz erwies sich jedoch als äußerst standhaft. Zeit seines Lebens hatte er nie vor anderen gebukkelt, mochten sie über noch so einflußreiche Verbindungen verfügen. Noch kurz vor seinem Tode hatte er starrköpfig gesagt: »Und wenn ich oben beim alten Marx bin, der Kampf um Recht und Gerechtigkeit muß weitergehen.«
All dies ereignete sich gewiß im Winter 1969, denn damals wurde das Haar meiner Mutter, die sich eben erst dem Alter von 50 Jahren näherte, über Nacht weiß. Auch band sie um ihren Arm einen schwarzen Gazestreifen. Damit brachte sie sich in eine sehr schwierige Lage, denn dieser Trauerflor löste scharfe öffentliche Kritik aus. Es hieß, sie halte an den »Vier Alten Dingen«** fest, und außerdem sollte sie gestehen, um wen sie trauerte.
»Mama, für wen trägst du das?« fragte ich angstvoll.
»Für einen Verwandten«, entgegnete sie und fügte beruhigend hinzu: »Aber du kennst ihn nicht.«
»Soll ich's auch tragen?«
Sie antwortete mit einer Geste und streichelte meine Wange, so wie sie es, als ich noch klein war, oft getan hatte. Doch es lag schon sehr weit zurück, daß sie es das letztemal getan hatte. So zärtlich war sie schon seit langer Zeit nicht mehr gewesen. Mitunter schien mir, als sei mit zunehmendem Al-

* Eine Anspielung auf die beiden Mitglieder der im Oktober 1976 verhafteten »Viererbande« Zhang Chunqiao und Yao Wenyuan.

** Eine Bezeichnung für alte Kultur, alte Ideologie, alte Sitten und Gebräuche, die während der Kulturrevolution bekämpft wurden.

ter und Lebenserfahrung, insbesondere den zahlreichen Sorgen, von denen all die Jahre erfüllt gewesen waren, ihre Zärtlichkeit allmählich dahingeschwunden. Vielleicht hatte sie sie aber nur im Laufe der Zeit ganz tief verborgen, bis ich sie schließlich häufig sogar als hart und männlich empfand.

Sie lachte verwirrt und traurig auf: »Nein, das ist nicht nötig.«

In ihren ausgetrockneten, von Falten umgebenen Augen schien auch der letzte Rest von Tränen versiegt, als hätte sie bereits all ihre Tränen vergossen. Ich wollte sie gern trösten oder etwas tun, um sie ein wenig glücklicher zu stimmen. Doch sie sagte nur: »Geh!«

Ich weiß nicht, warum damals ein Gefühl der Furcht in mir aufstieg. Ich liebte meine Mutter sehr, und mir war, als hätte sich ein Teil von ihr auf der Suche nach etwas anderem von mir entfernt. Unwillkürlich rief ich: »Mama!«

Feinfühlig erfaßte sie mit einem Blick, wie mir zumute war und beruhigte mich sanft: »Du brauchst keine Angst zu haben. Nun geh schon und laß mich ein wenig allein!«

Tatsächlich, ich hatte mich nicht in meiner Vermutung geirrt, denn sie schrieb:

»Du bist gegangen. Mir ist, als sei mit dir auch ein Teil von mir gegangen.

Ich darf nicht einmal wissen, wo dein Grab ist, geschweige denn dir die letzte Ehre erweisen. Auch habe ich kein Recht, sie um eine Erläuterung der Todesumstände zu bitten, denn ich bin ja weder mit dir verwandt, noch zählte ich zu deinen nahen Freunden... Nun sind wir auf diese Weise getrennt worden. Haß erfüllt mich bei dem Gedanken, daß nicht ich diese unmenschlichen Qualen auf mich nehmen durfte, um dein Leben zu verschonen. Wie gern hätte ich dein Leben gerettet, damit du den Tag einer Rehabilitierung hättest erleben und einst wieder für unsere Gesellschaft arbeiten können – und den Menschen zuliebe, die sich lieben. Man schimpft dich ein ›Drei-Anti-Element‹* und hat dich, einen der Besten, ermordet. Aber ich habe immer an dich geglaubt; wie könnte ich dich sonst lieben? Ich habe jetzt keine Angst mehr, diese drei Worte auszusprechen.

Ununterbrochen wirbeln dicke Schneeflocken. Himmel! Selbst Gott ist so verlogen, eine blütenweiße Decke legt er über dein frisches Blut und diesen gemeinen Mord.

Bisher hielt ich mein eigenes Dasein nie für sonderlich wichtig. Nun aber überlege ich stets bei allem, was ich sage und tue, ob du womöglich mißbilligend deine dichten Augenbrauen zusammenziehen würdest. Mein Leben geht weiter, und so wie du will ich ein gutes und richtiges Leben zum Wohl unserer Gesellschaft führen. Denn so wie jetzt darf es nicht bleiben; das Schwert der Strafe schwebt bereits über den Köpfen dieser üblen Clique. Ich werde, so gut ich kann, meinen kleinen Beitrag leisten.

Ganz allein mit mir legte ich noch einmal jenen kleinen Weg zurück, den wir ein einziges Mal, nur du und ich, gingen, und lauschte in der stillen Nacht meinen einsamen Schritten, die auf dem Asphalt hallten und hallten... Unzählige Male schon irrte ich so, den Abschied verzögernd, hin und her, doch nie hat mir dabei das Herz derart geblutet. Zwar warst du auch früher nicht an meiner Seite, aber ich wußte dich immerhin am Leben; und so war mir, als begleitetest du mich. Diesmal jedoch war ich wirklich und wahrhaftig verlassen, und es wollte mir nicht gelingen, das zu begreifen.

Ich ging den Weg bis an sein Ende, kehrte wieder um, begann von neuem und beschritt ihn noch einmal.

Ich ging um den Zaun herum, wandte in alter Gewohnheit den Kopf und blickte hinüber. Es war, als stündest du immer noch dort und winktest mir mit der Hand zum Abschied. Wir haben uns damals nahezu unmerklich zugelächelt, beiläufig wie zwei Menschen, die einander kaum kennen, darauf

* So wurden damals angebliche Gegner und Kritiker der Partei, des Sozialismus und des Mao-Tse-tung-Denkens bezeichnet.

bedacht, unsere Liebe zu verbergen, die sich tief und unauslöschlich in unsere Herzen gegraben hatte. Es war ein Abend zu Frühlingsbeginn, jedoch alles andere als poetisch. Nach wie vor blies ein kalter, unfreundlicher Wind. Wir gingen tiefschweigend, in weitem Abstand voneinander. Du keuchtest leicht. Besorgt dachte ich an deine Bronchitis und versuchte, ein wenig langsamer zu gehen, aber aus unbegreiflichem Grunde gelang es mir nicht. Wir schritten in Windeseile, als hätten wir noch etwas Wichtiges zu erledigen und müßten nun dieses Wegstück unbedingt in der größten Hast zurücklegen. So sehr wir an diesem einzigen gemeinsamen ›Spaziergang‹ hingen, trieb uns doch zugleich ganz offensichtlich die Angst, wir könnten uns womöglich nicht länger bezähmen und die erschreckenden drei Worte aussprechen, die uns so viele Jahre schon quälten: ›Ich liebe dich‹. Dabei würde vermutlich niemand auf der ganzen Welt uns glauben, daß wir einander noch nicht einmal die Hände gereicht haben, von anderen Dingen ganz zu schweigen.«

Hier irrte sie, denn ich glaube es ihr. Doch wird sich außer mir niemand jemals so in sie einfühlen können.
Nie hätte ich geahnt, welch bedrückende Erinnerungen jenen Asphaltweg pflastern. Also verdienen auch die unscheinbarsten, winzigsten Winkel der Erde sehr wohl unsere Beachtung; wer weiß, wie viele heimliche Freuden und Schmerzen sie stillschweigend in sich verschließen mögen.
Nun wundert es mich nicht mehr, daß sie so oft, wenn sie des Schreibens müde war, langsam diesen kleinen Weg vor unserem Fenster auf und ab wanderte, manchmal frühmorgens nach einer durchwachten Nacht, manchmal auch an einem stürmischen, mondfinsteren Abend. Dabei war es einerlei, ob tiefster Winter herrschte oder ein schneidender Wind gleich einem toll gewordenen Tier heulte und Sand und Steine aufwirbelte und gegen das Fenstergitter peitschte. Damals hielt ich diese Spaziergänge für nichts weiter als eine ihrer sonderbaren Eigenheiten. Ich konnte nicht wissen, daß

sie ihr soviel bedeuteten wie ein Treffen mit dem Geliebten.
Ebenso gern stand sie am Fenster und betrachtete, in Gedanken verloren, diesen kleinen Fußweg. Einmal fand ich dabei auf ihrem Gesicht einen solch eigenartigen Ausdruck, daß ich annahm, es nähere sich gerade ein lieber, willkommener Gast. Eilig preßte ich meine Nase an die Scheibe, doch an jenem spätherbstlichen Abend fegte nur ein kalter Wind die herabgefallenen, gelbvertrockneten Blätter empor und trieb sie über das Pflaster des menschenleeren Weges.

Als wäre er noch am Leben, so gab sie auch nach seinem Tode die Gewohnheit nicht auf, ihm auf dem Papier ihre Gedanken anzuvertrauen, bis zu dem Tage, an dem sie den Stift nicht mehr halten konnte. Auf der letzten Seite richtete sie ihre letzten Worte an ihn:
»Ich bin ein Mensch, der vom Materialismus überzeugt ist. Doch mit einem Male wünsche ich mir ein Paradies. Denn wenn es dieses sogenannte Paradies tatsächlich gäbe, dann würdest du dort auf mich warten, dessen bin ich gewiß. Nichts möchte ich lieber, als dorthin aufzubrechen und dich zu treffen, um für immer bei dir zu sein und mich nie mehr von dir trennen zu müssen. Endlich frei von der Last, daß unsere Liebe das Leben eines anderen zerstören könnte, und frei von der Angst, uns und unsere Liebe deswegen aufgeben zu müssen.«

Ohne ihre Aufzeichnungen hätte ich nie erfahren, zu einer welch tiefen und dauerhaften Liebe meine Mutter bis zum Tage ihres Todes fähig war. Diese Liebe hatte sich, wie sie selbst sagte, unauslöschlich in ihr Herz gebrannt. Ich aber sehe darin mehr als Liebe, ein verzehrendes Leiden, eine Kraft, die stärker ist als der Tod. Gäbe es tatsächlich die ewige Liebe, dann hätte die Liebe meiner Mutter das Maß erschöpft. Dabei hatte sie sich gewiß bis an ihr Lebensende glücklich gefühlt, denn schließlich hatte sie wirklich und auf-

richtig geliebt. Und darüber empfand sie nicht das geringste Bedauern.
Inzwischen sind die Körper der beiden, ihre Falten und weißen Haare, längst in irgendwelche anderen Stoffe übergegangen. Doch was auch immer aus ihren Körpern wurde, für mich lebt ihre Liebe weiter. Sie hatten sich kein einziges Mal die Hände gereicht und hatten doch beide im anderen den wahren Lebensgefährten gefunden, auch ohne die Anerkennung eines geschriebenen Gesetzes oder der gesellschaftlichen Moral. Ihre Liebe vermag nichts zu trennen. Es mögen unzählige Jahre verstreichen, aber wann immer eine weiße Wolke eine andere weiße Wolke begleitet, ein Grashalm sich an einen anderen Grashalm schmiegt, eine Welle sich über einer anderen Welle bricht und eine Brise dicht einer anderen Brise folgt, werde ich darin Zeichen ihrer Liebe erkennen.

Als ich diese Aufzeichnungen las, denen sie den Titel »Liebe heißt nicht vergessen können« gegeben hatte, konnte ich meine Tränen nicht zurückhalten. Es waren bittere, unaufhaltsame Tränen, als wäre diese unglückliche und traurige Liebe mir selbst widerfahren. Entweder war ihre Liebe eine wahre Tragödie, oder aber sie war der schiere Aberwitz. Eines jedoch weiß ich: Eine Liebe wie diese, mag sie noch so schön und bewegend sein, möchte ich nicht erleben.
Ich bringe es nicht übers Herz, ihre Liebe nach Art unserer landläufigen Moralauffassung zu mißbilligen. Der große Schriftsteller Hardy schrieb: »Rufende und Gerufene können nur selten einander antworten.« Und so lautet mein einziger Vorwurf: Weshalb haben sie sich nicht die Zeit gelassen, auf den Ruf des anderen zu warten? Zahlreiche ähnliche Tragödien ließen sich vermeiden, wenn wir diese Geduld aufbrächten und uns nicht dazu treiben ließen, uns Hals über Kopf in die Ehe zu stürzen.
Ob auch in einer kommunistischen Gesellschaft Liebe und Ehe weiterhin zwei verschiedene Dinge sein werden? Wie

traurig wäre das. Vielleicht gibt es in Zukunft Möglichkeiten, solche Tragödien zu vermeiden.
Ich will keine Haarspalterei betreiben. Denn im Grunde ist jeder selbst für diesen Mißstand verantwortlich. Und das Festhalten an den alten Konventionen trägt seinen Teil bei. Nicht zu heiraten, das kommt einer Provokation gleich. Und sogleich setzt das Gerede ein: man sei nicht ganz richtig im Kopf oder, schlimmer noch, hätte etwas Schändliches zu verbergen; oder man gilt als Exzentriker, der die »normalen« Leute verachtet und sich über die altehrwürdigen gesellschaftlichen Bräuche hinwegsetzt, als Ketzer, der die Klassiker verhöhnt und gegen die Tradition rebelliert. Kurzum, die Leute werden alles Erdenkliche versuchen, ein solches Verhalten in ein schlechtes Licht zu setzen. Schließlich beugt man sich der Übermacht der Konvention und sucht überstürzt nach einem Ehepartner. Legt sich eigenhändig die Garotte einer Ehe ohne Liebe um den Hals, um später sein Leben lang unter diesem Würgeeisen zu leiden.
Ich bin nun überzeugter denn je und werde fortan auch in aller Öffentlichkeit sagen: Wir sollten uns hierbei nicht von der Meinung der anderen bestimmen lassen, sondern gelassen abwarten, bis wir einen Menschen gefunden haben, den wir sicher sind zu lieben. Und wenn uns dieses Glück nicht widerfährt, so ist dies noch lange kein Grund, aus Angst vor dem Alleinsein hastig irgend jemanden zu heiraten. Schließlich ist das Alleinleben kein Schrecknis, im Gegenteil, es ist lediglich eine andere Lebensform, in der sich zeigt, daß unsere Gesellschaft und Kultur sich entwickelt haben.

(Übersetzt von Claudia Magiera)

WANG MENG

Die Drachenschnur

Neben der weißen Schrift auf rotem Grund »Es lebe die ruhmreiche Volksrepublik China« mit dem mühsam dahinter gequetschten Ausrufungszeichen ragte ein westliches Eßbesteck mit Suppenlöffel, Messer und Gabel zwei Stockwerke in die Höhe, flankiert von einem Klavier der Marke »Sternenmeer«, »Große-Mauer«-Reisekoffern, »Schneelotus«-Angorapullovern und »Goldfisch«-Schreibstiften.

In dem frühwinterlichen, schneidend kalten Nachtwind, zwischen dem verlassenen Rasen und den großsprecherischen Reklametafeln, da stand sie: Fan Susu. Sie trug eine aprikosengelbe Jacke, eine glatt fallende aschgraue Wollhose und schwarze, halbhohe Lederschuhe. Um den Hals hatte sie ein schneeweißes Chiffontuch geschlungen, das ihre Augen und Haare hervorhob, die noch schwärzer als die Nacht waren.

»Treffen wir uns bei den Erporkömmlingen!« hatte sie Djia Yüan am Telefon vorgeschlagen. Sie nannte die Reklametafeln immer »die Emporkömmlinge«. Sie betrachtete diese plötzlich aus dem Boden gestampften Idole mit Wohlwollen, aber auch mit etwas Neid. »Wenn man nur lange genug hinschaut«, hatte Djia Yüan einmal bemerkt, »bekommt man das Gefühl, selber ein Klavier zu besitzen.«

»Natürlich«, hatte sie erwidert, »das ist wie mit dem Satz Fressen oder Gefressen werden. Wenn man ihn oft genug liest, verwandelt man sich zuletzt selber in einen Wolf.«

Mehr als zwanzig Minuten waren vergangen, doch Djia Yüan kam immer noch nicht. Er verspätete sich ständig. Der Dummkopf, war er wieder einmal hereingelegt worden? Er war an einem Wintermorgen mit dem Fahrrad zur Bibliothek gefahren, vorbei am Dreikönigsgrab, als er am Straßenrand

eine wimmernde alte Frau liegen sah. Sie mußte von jemandem angefahren worden sein, der sich gleich aus dem Staub gemacht hatte. Djia Yüan half der kahlköpfigen alten Frau auf die Beine, fragte sie nach ihrer Adresse, stellte sein Fahrrad abgeschlossen am Wegrand ab und begleitete die alte Frau nach Hause, sie den ganzen Weg stützend. Dort angekommen, umringten ihn die Nachbarn und Angehörigen der alten Frau. Sie hielten ihn für den Täter. Und die Alte mit ihren schwachen Augen erklärte auf Drängen der Umstehenden tatsächlich, er sei es gewesen, der sie umgefahren hätte. Lag es an altersbedingter Geistesschwäche, oder kam es von der schlechten Angewohnheit, jeden Fremden gleich als Feind zu betrachten – jedenfalls, als Djia Yüan alles erklären wollte und sagte, daß er nur jemand war, der helfen wollte, da rief eine Frau mit schriller Stimme: »Das soll wohl heißen, daß du ein sozialistischer Musterknabe bist!«
Die Umstehenden brachen darauf in ein Gelächter aus, das ihnen die Tränen in die Augen trieb.
Das war im Jahre 1975 gewesen. Die ganze Nation studierte damals den Philosophen Hsün Dse, und alle glaubten, daß der Mensch seiner Natur nach schlecht sei.
Er war immer unpünktlich. Immer mit irgend etwas beschäftigt. Er hatte nicht einmal Zeit, den Schmutz vom Brillengestell und den Staub von den Brillengläsern zu putzen. Bevor sie ihn kennenlernte, war Susu niemals in Eile gewesen. Wenn an ihrem Mantel ein Knopf lose herunterhing, machte sie sich nicht die Mühe, ihn anzunähen. Sie empfand, daß ihr in dieser Stadt, von ihrer Großmutter abgesehen, nur Kälte und Ablehnung entgegenschlugen. Die Stadt hatte sie verstoßen, als sie gerade sechzehn Jahre alt geworden war. Verstoßen ist vielleicht nicht der richtige Ausdruck. Immerhin hatte man sie mit Salutschüssen verabschiedet und mit Fanfaren aufs Land gerufen. Es hatte auch rote Armbinden gegeben, rote Fahnen, das kleine rote Buch, rote Herzen, einen roten Ozean. Eine leuchtendrote Welt sollte aufgebaut werden. In dieser Welt sollten die Herzen von neunhundert

Millionen Menschen einig wie ein Mann sein. Mit allen, von acht bis achtzig Jahren, einen Kreis bilden, gemeinsam die Zitate aufsagen, gemeinsam rufen »Greift rechts an!«, »Greift links an!«, »Tötet! Tötet! Tötet!« Ihre Sehnsucht nach einer solchen Welt war noch größer gewesen als ihr Kindheitswunsch nach einem Spielzeugdrachen mit zwei Glöckchen. Das Werden dieser leuchtendroten Welt sah sie nicht. Dafür sah sie eine grüne Welt der Weiden und Getreidefelder. Sie genoß diese grüne Welt. Später wurde es eine gelbe Welt: Welke Blätter, Schlamm, die kahle Winterszeit. Sie hatte Heimweh. Und dann die schwarze Welt. Für einen Jungen, der mit ihr aufs Land gekommen war, taten sich alle Türen auf, fort war er. Susu wurde aus Vitaminmangel krank, ihre Sehkraft ließ vorübergehend nach.

Ihr Traum von der leuchtendroten Welt war verlorengegangen im Wechsel von der grünen über die gelbe zur schwarzen Welt. Sie litt an Appetitlosigkeit, die Funktion des Magens war gestört, ihre Gesichtszüge wurden hager. Außer dem roten Traum verlor sie auch viele andere farbige Träume, die ihr heimlich gestohlen oder im Tumult entrissen wurden. Der weiße Traum, das waren Matrosenanzüge und Wogengischt, das waren Ärzte und Assistenten, das war Schneewittchen. Weshalb sind alle Schneeflocken Sechsecke in unzähligen Abwandlungen? Hat nicht auch die Natur das Talent zum Künstler? Der blaue Traum, das war der Traum vom Himmel und vom Meeresgrund, vom Sternenschein, vom Stahl, von Meisterfechtern und Fallschirmspringern, vom chemischen Laboratorium mit Reagenzgläsern und Bunsenbrennern. Dann gab es noch den orangefarbenen Traum, richtig, die Liebe. Wo war er – der große, brillante, intelligente, gutherzige, gewinnend Lächelnde? »Ich bin hier!« rief Susu in die Echomauer am Himmelstempel.

Vater und Mutter hatten alle Verfahren ausgeschöpft, alle Kniffe angewandt und sämtliche Kräfte mobilisiert, um Susu in die Stadt zurückzuholen, die ihr einst so viele Träume geschenkt hatte. Vater wußte, daß es nicht anders ging. Auch

die Geschichte ihrer hindernisreichen Rückkehr war ein befremdender absurder Traum. Sie hing nicht an den Träumen, sie hing auch nicht an jenem Leben, das ihr den Ehrentitel »Eiserne Pferdehirtin« eingebracht hatte. Sie sprach sehr wenig davon, von diesem Titel und von den Farben des an unterschiedlichen Aspekten reichen Lebens. Eine vielfältige, mehrkantige, sich drehende Säule.
Sie war zurückgekehrt. Sie hatte die vielen Farben verloren, ihre Kräfte erneuerten sich, sie gewann viele neue Gerüche dazu. Öldunst, Knoblauchmus, goldgelb gebratener Schnittlauch. Alkohol, Dampf, papierdünn geschnittenes Hammelkopf-Fleisch. Sie arbeitete als Serviererin in einem mohammedanischen Restaurant, obwohl sie selber diesen Glauben nicht hatte. Sollte alles, was gewesen war, das Überreichen der Blumen, der Glückwunsch, die guten Punkte, Aufstellung nehmen, heiße Tränen, das Sausen von Lederriemen, das Herunterleiern »höchster Anweisungen«, Erfolgsmeldungen, die Eisenbahn, Autobusse, fliederfarbene Pferde, kastanienbraune Pferde, der Gesichtsausdruck des Brigadeleiters – sollte das alles zu nichts anderem führen als dem Auftragen gebratener Maisklöße?
Einmal beim Wühlen, hatte sie ein Foto aus der Zeit des ersten Schuljahrs gefunden. Das war am Nationalfeiertag des Jahres 1959. Sie war gerade sieben Jahre alt und hatte zwei kleine Zöpfe mit zwei großen Schmetterlingen, die sie in die Höhe tragen wollten. Die Gruppenleiterin führte, sie flog hinauf auf das Tor des Himmlischen Friedens und überreichte dem Vorsitzenden Mao einen Strauß frischer Blumen. Der Vorsitzende Mao schüttelte ihr die Hand. Sie war so klein, noch niemals hatte ihr jemand die Hand geschüttelt. Die Hand des Vorsitzenden Mao war groß, dick, warm und kräftig. Wahrscheinlich hatte er auch etwas zu ihr gesagt, aber sie hörte es nicht richtig. Wenn sie später daran zurückdachte, war es wohl das Wort »Baby«. Wie konnte sie nur so ein Glück haben? Sie war Maos »Baby«, sie war auf ewig ein glücklicher Mensch.

Aber später erkannte sie das Bild nicht mehr. Das sollte Wirklichkeit gewesen sein? Sie erkannte sich selbst nicht, und als sie im Jahre 75 in die Stadt zurückkehrte, erkannte sie auch den Vorsitzenden Mao nicht mehr. Früher war sein Rücken so besonders aufrecht, er bewegte sich so kraftvoll. Doch jetzt sah er in den neuesten Wochenschauen aus, als hätte er Schwierigkeiten, seine Füße zu bewegen. Um den Mund zu schließen, brauchte er fast einen halben Tag. Doch Radio und Zeitung propagierten beständig mit großem Aufwand seine kaum verständlichen »neuesten Weisungen«.
Das bedrückte sie sehr. Sie überlegte sich ernsthaft, den Vorsitzenden Mao zu besuchen und eine Schale Yamswurzelsuppe für ihn zu kochen. Als Großmutter krank war, hatte sie für sie so eine Suppe gekocht, eine duftige, süße und beißende Yamswurzelsuppe mit feinen, weißen, glatten Yamswurzelstücken, gut für die Stärkung der Lebenskraft alter Menschen. Nein, sie wollte dem Vorsitzenden Mao nichts von ihrem Verdruß, von dem ihr zugefügten Unrecht erzählen. Es gehörte sich nicht, bestimmt das Gesicht zur Seite gedreht. Aber das war völlig unmöglich. Hatte sie kein Glück mehr? Hatte sie als Siebenjährige schon das Glück ihres ganzen Lebens aufgebraucht? Weshalb war sie überhaupt in die Stadt zurückgekehrt? Für ihre Mutter? Lächerlich. Für die Großmutter? Auch das nicht. Alles für den Vorsitzenden Mao, hieß es in der Zeitung, aber man konnte ihn nicht besuchen! Deshalb hatte Susu keine Träume mehr. Sie träumte nicht mehr, aber sie hörte nicht auf, im Schlaf zu reden, mit den Zähnen zu knirschen, sich herumzuwälzen und zu stöhnen. »Susu, wach auf!« rief die Mutter. Sie erwachte benommen. Sie konnte sich an keinen Traum erinnern, aber ihr Kopf war naß von kaltem Schweiß; sie fühlte sich am ganzen Körper wie zerschlagen, als hätte man sie gerade aus der Isolierstation entlassen.
An diesem Tag war es gewesen, als sie, am Straßenrand stehend, den Dummkopf Djia Yüan bemerkte, wie er von der alten Frau, der er nach Hause geholfen hatte, zu Unrecht be-

schuldigt wurde. Sie sah, wie er von allen Seiten belagert wurde. Djia Yüan war von Gestalt nicht groß, sein Aussehen war nicht erhebend, aber auf seinem Gesicht lag ein Lächeln, das auf Susu wie altvertraut wirkte.
Der Mann vom Polizeirevier kam dazu. Der Polizist war so weise wie König Salomon. Er sprach:
»Du mußt zwei Zeugen bringen, die beweisen, daß du die Dame nicht verletzt hast. Wenn du das nicht kannst, bist du es gewesen.«
Hast du zwei Zeugen dafür, daß du kein Agent des KGB bist? Wenn nicht, mußt du mit deiner Erschießung rechnen, fuhr es Susu durch den Kopf. Natürlich sagte sie das nicht laut. Sie befand sich auf dem Weg zur Arbeit und war nur stehengeblieben, um das Spektakel anzuschauen. Die Zuschauer drängten sich schon in zwei mal drei Reihen. Zu solchen Zwischenfällen ist der Eintritt kostenlos, und die Veranstaltung wirkt noch lebendiger als eine Vorführung auf Bühne oder Leinwand. Im Kino und Theater ist immer nur die Rede davon, »die Wolken zu zerteilen«, »zum neunten Himmel aufzusteigen«, »den Himmel zu besiegen« und »den Wolkenhimmel zu durchdringen«. Abgesehen davon, daß man es mit dem Himmel aufnehmen will, werden dort keine neuen Ausdrücke geprägt.
»Was wollen Sie denn von mir? Soll man für eine gute Tat auch noch bestraft werden?«
Das vertraute Lächeln wich weit aufgerissenen, schmerzlichen Augen. In Susus Herz drang ein Stachel. Ihr war, als müßte sie sich übergeben. Sie taumelte fort und hoffte nur, daß König Salomon sie nicht verfolgen würde.
Was für ein Zufall! Am Abend erschien der kleine Dummkopf in ihrem Lokal, um gebratene Maisklöße zu essen. Das Lächeln war wieder da. Er bestellte nur zwei Unzen.*
»Können Sie denn von zwei Unzen satt werden?« Susu gab

* in Unzen werden die Rationen auf den Lebensmittelmarken für Getreideprodukte in China gemessen.

spontan ihre Angewohnheit auf, niemals mit den Gästen zu sprechen.
»Ach, ich eß erst mal zwei«, sagte der kleine Dummkopf ausweichend. Mit dem gekrümmten Zeigefinger der rechten Hand stieß er die Brille nach oben, die in Wirklichkeit gar nicht die Absicht hatte, auf die Nasenspitze zu rutschen.
»Wenn Sie nicht genug Geld haben oder Ihre Marken nicht reichen«, Susu wußte selber nicht, wie es kam, daß sie so etwas dachte und aussprach, »das macht gar nichts. Bestellen Sie jetzt. Morgen können Sie dann vorbeibringen, was Sie schuldig geblieben sind.«
»Und was ist mit den Vorschriften?«
»Wenn ich es Ihnen vorschieße, dann ist es kein Verstoß gegen die Vorschriften.«
»Vielen Dank. Dann nehm ich doch etwas mehr. Ich habe nämlich nicht richtig zu Mittag gegessen.«
»Wollen Sie anderthalb Pfund?«
»Nein. Sechs Unzen.«
»Gut.«
Sie ging, um noch vier Unzen zu holen.
Der Koch hatte den Eindruck gewonnen, daß der Gast ein Bekannter von Susu war. Deshalb goß er, nachdem er die Portion aufgelegt hatte, noch eine Kelle Hammelfleischwürfel zusätzlich darüber. Ein goldenes Leuchten überzog die fetttriefenden Klöße. Als sein Blick auf den Goldglanz fiel, wurde das Lächeln des Jungen noch schöner. Susu begriff zum ersten Mal, daß gebratene Klöße eine unvergleichliche Kostbarkeit sein konnten.
»Man sagt, ich hätte jemanden mit dem Fahrrad umgefahren. Deshalb mußte ich mein Geld und meine Marken abliefern.«
»Aber Sie sind es nicht gewesen?«
»Natürlich nicht.«
»Weshalb haben Sie dann Ihr Geld hergegeben? Nicht einen Fen sollte man denen geben, das ist zum Totärgern.«

»Aber die alte Frau braucht das Geld und die Marken. Außerdem hatte ich keine Zeit, mich aufzuregen.«
Von der anderen Seite rief ein Gast.
»Ich komme«, erwiderte Susu mit lauter Stimme, nahm ihr Wischtuch und ging hinüber.
Als sie am Abend nach Hause kam, wollte Susu ihrer Oma von diesem kleinen Dummkopf erzählen. Doch Großmutter hatte einen Herzanfall. Die Eltern waren sich nicht einig, ob die Oma ins Krankenhaus gebracht werden sollte.
»Die Notaufnahmestation in der Klinik stinkt zum Himmel«, sagte Susu. »Wer es schafft, dort fünf Stunden im Korridor zu liegen, ohne den Geist aufzugeben, muß eine eiserne Konstitution haben.«
Vater starrte sie an. Sein Blick tadelte sie, weil sie sich so herzlos über ihre Großmutter äußerte. Sie drehte sich um und ging weg, zurück zu dem provisorisch aufgestellten Verschlag, in dem sie wohnte.
In dieser Nacht hatte Susu einen Traum. Es war ein Traum, den sie früher, vor vielen Jahren, besonders oft geträumt hatte. Es war der Traum vom Drachensteigen, in dem sie den Drachen unter immer neuen Voraussetzungen hatte steigen lassen. Aber in den zehn Jahren seit 1966 hatte sie keinen derartigen Traum mehr gehabt. Und seit 1970 waren bereits sechs Jahre vergangen, in denen sie überhaupt nichts mehr geträumt hatte. Im lange vertrockneten Flußbett floß wieder Wasser, auf der lange blockierten Straße fuhren wieder Fahrzeuge, der lange verschwundene Traum kam zurück. Nicht auf der grünen Wiese, nicht auf dem Sportplatz, sondern auf dem Pferderücken ließ Susu den Drachen steigen. Himmel und Erde waren ungewöhnlich groß. »Das Dorf ist ein weites Reich«, deklamierten Kinder im Chor.
Eigentlich war gar nicht sie es, die den Drachen steigen ließ, sondern ein Junge, der auf einen Schlag sechs Unzen Maisklöße wegputzte. Der Drachen war so schlicht und schäbig, daß einem die Tränen kommen konnten. Es war einer von jenen rechteckigen Pappdrachen, welche der Volksmund

vulgär als »Arschklappe«* bezeichnet. Aber schließlich begann der Drachen doch zu steigen. Er stieg auf – höher als das Peking-Hotel, höher als die grünen Kiefern auf den blauen Bergen, noch höher als die Habichte über der Steppe, höher sogar noch als der Ballon mit dem Spruchband: »Es lebe der Sieg der großen proletarischen Kulturrevolution.« Flieg, Drachen, flieg. Hinweg über Bergketten, Flußläufe, grüne Kiefernreihen, Brigaden der Roten Garden, hinweg über Teller auf Teller voll gebratener Maisklöße. Wie aufregend! Sie hielt sich am Pappdrachen fest und flog mit hinauf, sie verwandelte sich in einen langen, langen Drachenschwanz.

Als sie erwachte, war der Himmel noch nicht hell. Sie knipste die Taschenlampe an. Sie suchte ihr glücklichstes Foto heraus. Sie hatte am zehnten Nationalfeiertag dem Vorsitzenden Mao einen Blumenstrauß überreicht. Sie war überzeugt, ein glücklicher Mensch zu sein. Sie summte das Lied »Die Kommune-Mitglieder sind wie Sonnenblumen.« Sie nähte den schon lange lose hängenden Mantelknopf fest. Sie wünschte dem Vorsitzenden Mao Gesundheit und ein langes Leben. Sie kochte für ihre Oma eine Yamswurzelsuppe. Diese Suppe hatte eine göttliche Wirkung. Nachdem Großmutter die Suppe gegessen hatte, ging es ihr viel besser. Um diese Zeit war der Himmel schon ganz hell. Die Familie und die Nachbarn waren bereits aufgestanden. Als sie sich nach Herzenslust die Zähne putzte und den Mund spülte, produzierte sie ein Geräusch, als führe die Eisenbahn durch den Hof. Als sie sich wusch, war es, als würde das Meer aufgewühlt.

Sie aß eine Dampfnudel, die vom Vortag übrig geblieben war und eine Scheibe Salzgemüse. Sie trank eine Schale abgekochtes Wasser. Erst als sie sich fragte, ob der Aufsatz »Gekochtes Wasser ist das beste Getränk« nicht einen Angriff auf die Politik der Drei Roten Banner darstellte, kam sie wieder

* in Anlehnung an den herausknöpfbaren Hosenboden von Kinderhosen in Peking.

ein wenig von ihrem Pappdrachen herunter in die gegenwärtige Welt. Sie band die Riemchen ihrer Schuhe fest und lief los, daß die Sohlen klapperten, als hätte sie Eisen unter die Absätze genagelt, als zimmerte sie mit Keil und Hammer eine Kommode im tschechischen Stil mit fünf Schubladen zusammen.

»Susu, warum bist du so glücklich?« fragte Vater.

»Ich werde bald Abteilungsleiterin«, erwiderte sie.

Vater freute sich schrecklich. Als Susu sechs Jahre war und Gruppenleiterin im Kindergarten wurde, war Vater so glücklich, daß er es allen erzählte. Als Susu neun Jahre alt war und Zugführerin bei den Jungen Pionieren wurde, war er so froh, daß er herumhüpfte. Doch als in der Kulturrevolution der langgezogene Pfiff der Dampflokomotive ertönte, weinte Vater plötzlich. Sein Gesicht zog sich so zusammen, daß er ganz häßlich aussah. Alle Kinder im Zug weinten gleichzeitig los. Nur Susu ließ nicht eine einzige Träne fallen. Anscheinend hatte sie den Ehrgeiz, noch viel entschlossener zu sein als ihr Vater.

»Sie sind gekommen!«

»Wie geht es?«

»Was darf es heute sein?«

»Zuerst möchte ich meine Schulden begleichen. Hier sind vier Unzen Getreidemarken, zwei Groschen und sieben Fen.«

»Sie sind ein Kleinigkeitskrämer.«

»Bin ich nicht. Bringen Sie mir noch einmal vier Unzen gebratene Klöße.«

»Wollen Sie heute zur Abwechslung nicht etwas anderes probieren? Wir haben gekochte Fleischtäschchen, sieben Stück für die Unze, einen Groschen, fünf Fen. Gefüllte Hefeknödel, zwei Stück für die Unze, einen Groschen, acht Fen. Sesamkuchen mit altem Bohnenkäse, vier Unzen für nur drei Groschen.«

»Bringen Sie mir, was am schnellsten geht.«

»Warten Sie, dort ist jemand gekommen. Gut, ich bringe

Ihnen gefüllte Hefeknödel. Sollen es wieder sechs Unzen sein? Hier sind die Knödel. Warum haben Sie es eigentlich so eilig? Sind Sie Student?«

»Könnte man mich dafür halten?«

»Sind Sie Techniker, Akkordeonspieler oder ein neu in die Abteilung versetzter Chef?«

»Sehe ich so aus?«

»Nun...«

»Ich habe noch keine Arbeit gefunden.«

»Warten Sie einen Augenblick, ein Kunde. Wenn Sie keine Arbeit haben, weshalb sind Sie so in Eile?«

»Arbeitslose sind auch Menschen. Ein Arbeitsloser hat auch sein Leben, seine Jugend und viele Sachen, mit denen er nicht fertig wird.«

»Womit beschäftigen Sie sich?«

»Ich lese Bücher.«

»Bücher – was für Bücher?«

»Über Optimierungsmethoden, Paläontologie, Fremdsprachen.«

»Wollen Sie die Aufnahmeprüfung für die Universität machen?«

»Braucht man heute eine Prüfung? Man kann auch ein leeres Blatt einreichen.«

»Dieser Einfall hilft auch nicht immer.«

»Jedenfalls sollte man etwas Sinnvolles lernen. Wir sind noch jung genug. Nicht wahr?«

Er aß die Knödel vollständig auf, dann machte er sich in Eile auf den Weg und hinterließ Susu ein Rätsel.

Pünktlich um die gleiche Zeit kam er wieder. Diesmal bestellte er alten Bohnenkäse. Über den aschgrauen Bohnenkäse waren grüne Lauchblüten, erdgelbes Sesammus und frischer roter Pfeffer verteilt. Wie kommt es nur, daß alle Chinesen und Ausländer den Ersten Majestätischen Kaiser der Tschin-Dynastie kennen, aber niemand den Namen jenes genialen Wissenschaftlers weiß, der den Bohnenkäse erfunden hat?

»Sie haben mich beschwindelt.«
»Hab' ich nicht.«
»Sie sagten, Sie hätten keine Arbeit.«
»Ich bin erst vor drei Monaten mit einer Ausnahmegenehmigung aus den Wüsten des Nordostens zurückgekommen. Aber nächsten Monat fange ich an zu arbeiten.«
»In welcher Forschungsorganisation?«
»Ich arbeite im Nachbarschafts-Dienstleistungszentrum. Als Lehrling. Ich lerne, Regenschirme zu reparieren.«
»Das tut mir leid für Sie.«
»Wenn Sie einen kaputten Regenschirm haben, bringen Sie ihn mir in den nächsten Tagen mit.«
»Was wird aus Ihren Optimierungsmethoden, aus der Paläontologie, aus den Fremdsprachen?«
»Ich lerne weiter.«
»Wollen Sie das Zusammenflicken von Regenschirmen optimieren? Oder aus Dinosaurierskeletten Schirmgestelle machen?«
»Die Optimierung läßt sich auch auf Regenschirme anwenden. Aber das ist nicht das Problem. Was ich sagen will: Bringen Sie mir noch eine Portion Bohnenkäse, aber nicht so viel Pfeffer, sehen Sie, mir steht schon die ganze Stirn voll Schweiß. Dankeschön. Das ist so: Der Beruf ist ein Mittel für den Lebensunterhalt. Das ist das Mindeste. Aber der Mensch sollte mehr sein als sein Beruf. Der Beruf ist nicht alles, er ist nicht für ewig. Der Mensch muß der Herr der Welt sein, der Herr seines Berufes und zuallererst Herr des Wissens.
Sie reparieren Regenschirme, ich repariere Regenschirme, Sie verdienen achtzehn Yüan, ich verdiene achtzehn Yüan. Aber wenn Sie etwas von Dinosauriern verstehen – und ich verstehe es nicht – dann sind Sie stärker als ich, besser und reicher. Hab' ich recht?«
»Ich versteh' Sie nicht.«
»Doch, Sie verstehen. Sie haben mich schon verstanden. Weshalb unterhalten Sie sich sonst mit mir?«

»Der Gast dort aus Schandung geht in die Luft. Er hat sich das Zahnfleisch an einem Stein verletzt, der in den gekochten Erdnüssen war. Auf Wiedersehen.«
»Auf Wiedersehen. Bis morgen.«
»Bis morgen.« Diese beiden Worte ließen Susus Gesicht brennen. Morgen, das war wie eine Drachenschnur, armselig, simpel, aber frei und gelöst. Wie Bambus, wie Wolken, wie Träume, wie ein Ballett, wie die Obertöne der G-Saite. Wie das Laub der Bäume im Herbst. Wie Blütenblätter im Frühling. Und doch war es nur ein Pappdrachen, mit dem ein blutarmes Baby mit bloßem Hintern spielte.
Am nächsten Tag kam er nicht. Am Tag darauf auch nicht. Auf der Suche nach einem Fohlen hatte Susu im Bergwald den Weg verloren. Sie schnaubte laut, wie eine bekümmerte Stute. Ihr war, als hätte man ihr gleichzeitig Aufenthaltserlaubnis, Getreidemarken und das Bezugsscheinheft entzogen.
»Sie sind gekommen. Sie sind wiedergekommen.«
»Meine Oma ist gestorben.«
Susu glaubte, in ein Eisloch zu fallen. Sie lehnte sich an die Wand, und es dauerte eine Weile, bis sie begriffen hatte, daß die Großmutter dieses brillentragenden Dummerchens nicht ihre eigene Oma war. Aber es schmerzte sie trotzdem. Sie fröstelte. »Das Leben ist sehr kurz. Das Wertvollste ist deshalb die Zeit.«
»Aber meine wertvolle Zeit verbringe ich mit Tellerschleppen«, sagte sie mit einem schwermütigen Lachen. Ihr war, als hörte sie in weiter Ferne den Hufschlag des kleinen Fohlens.
»Danke für das Auftragen, für das Bedienen so vieler Menschen. Aber es geht nicht nur um das Servieren, das wissen Sie.«
»Um was denn sonst. Nicht einmal für das Servieren ist man hier auf mich angewiesen. Um mich hier arbeiten zu lassen, haben meine Eltern sich nicht wenig abgemüht.«
»Mir geht es genauso«, sagte er mit einem verständnisvollen

Lachen. »Ich empfehle Ihnen, Arabisch zu lernen. Ihr seid ein Moslem-Restaurant.«

»Was ist an einem Moslem-Restaurant besonderes? Jedenfalls wird der ägyptische Botschafter nicht hierherkommen, um gebratene Maisklöße zu essen.«

»Aber Sie könnten Botschafterin in Ägypten werden. Haben Sie daran schon einmal gedacht?«

»Sie können Witze machen.« Das kleine Fohlen kam ins Moslem-Restaurant hereingesprungen und trat ihr schmerzhaft auf die Füße. »Das sind alles nur Träume.«

»Träumen, Witze machen, was haben Sie daran auszusetzen? Ist das Leben sonst nicht viel zu deprimierend? Sie müssen fest davon überzeugt sein, daß Sie es an Intelligenz, Charakter und Tüchtigkeit mit dem ägyptischen Botschafter aufnehmen können und ihn sogar noch übertreffen. Sie werden vielleicht nicht Botschafterin, aber Sie können noch stärker als ein Botschafter werden. Der Schlüssel dazu ist das Lernen.«

»Was Sie sagen, das schmeckt mir nach Streber.«

»Nein, das schmeckt nach Adamu.«

»Nach was?«

»Adamu.«

»Was ist Adamu?«

»Das ist das erste arabische Wort, daß ich Ihnen beibringen will. Adamu – der Mensch. Das ist eines der schönsten Wörter. Der Adam im Garten Eden ist eine andere Schreibart für Adamu. Und Eva, ausgesprochen Hawa, das ist der Himmel. Der Mensch braucht den Himmel, der Himmel braucht den Menschen.«

»Deshalb lassen wir von klein auf Drachen steigen.«

»Sehen Sie, Sie sind eine talentierte Schülerin.«

Lektion eins: der Mensch. Adam braucht Eva. Eva braucht Adam. Der Mensch braucht den Himmel. Der Himmel braucht den Menschen. Wir brauchen Drachen, Luftballons, Flugzeuge, Raketen und Raumschiffe.

So wurde mit dem Lernen des Arabischen begonnen, zur Beunruhigung der Umgebung. Du mußt den Teller ruhig tragen. Du darfst keinen schlechten Eindruck machen. Hast du Beziehungen nach Übersee? Wenn bei der nächsten Ausrichtung der Klassenreihen die drei Sonderbaren untersucht werden – sonderbare Personen, sonderbare Sachen, sonderbare Erscheinungen – wird man über dich eine Sonderakte anlegen. Ich habe keine Teller zerbrochen. Ich möchte nicht Abteilungsleiterin werden. Ich kenne Mohammed, Sadat und Arafat. Ich begrüße es, wenn du der Leiter der Sonderkommission für meinen Fall wirst.
Seit dieser Zeit war sie sich mit Djia Yüan gut. Die Information gelangte sofort in Vaters Ohren. Auf junge Mädchen sind überall automatische Fernsehkameras und Abhörgeräte gerichtet.
»Wie heißt er? Was ist sein ursprünglicher Name? Welchen Namen gebrauchte er früher? Der Klassenhintergrund der Familie, seine persönliche Klassenzugehörigkeit. Die wirtschaftliche Situation vor und nach der Bodenreform. Sein Lebenslauf vom dritten Lebensmonat bis heute. Sein politischer Werdegang. Wurden Familienmitglieder oder andere Angehörige zum Tode verurteilt, verhaftet oder unter Aufsicht der Massen gestellt? Gehörten sie zu den Gutsbesitzern, Großbauern, Konterrevolutionären, schlechten Elementen oder Rechtsabweichlern? Wann wurde er als was eingestuft? Wann amnestiert? Sein persönliches Verhalten in den verschiedenen politischen Bewegungen. Seine und seiner wichtigsten Angehörigen finanzielle Einkünfte und Ausgaben. Konto und Ersparnisse?«
Auf alle diese Fragen konnte Susu keine Antwort geben.
Mutter war so besorgt, daß ihr ständig die Tränen kamen.
»Du bist jetzt vierundzwanzig Jahre und sieben Monate. Erst in fünf Monaten ist es soweit, daß du dir einen Partner suchen darfst. Es gibt schlechte Menschen. Überall gibt es schlechte Menschen.«
Vater war fest entschlossen, herauszufinden, zu welcher Ein-

heit dieser Mensch gehörte, welches Polizeirevier, welches Aktenarchiv und welche Personalabteilung für ihn zuständig waren. Um die entsprechenden Personen, die er kannte, zu mobilisieren, hatte er eine Einladung zu einem Hammeltopfessen geplant. Peng! Eine Teekanne aus Keramik, die Vater besonders liebte, wurde zu Boden geschleudert und zerbrach.

»Wenn du solche Methoden anwendest, kannst du vielleicht einen Konterrevolutionär entlarven, aber niemals einen Freund gewinnen«, brüllte Susu, ganz die Eiserne Pferdehirtin. Danach weinte sie.

Der Vorsitzende des Revolutionskomitees ihres Restaurants, die Komiteemitglieder, die Mitarbeiter der Personalabteilung, die Schichtleiter und der Politinspektor – alle konfrontierten sie mit Fragen im Stil ihres Vaters und Ermahnungen im Stil ihrer Mutter. Die proletarische Liebe entsteht durch gemeinsamen Glauben, gleiche Gesichtspunkte und die Einheit der politischen Ideologie. Langfristiges, sorgsames gegenseitiges Verstehen. Ernst, vorsichtig, gewissenhaft. Die Saiten spannen und Wachsamkeit gegenüber dem Feind üben. Bei der Wahl des Ehepartners muß man sich von den fünf Prinzipien für die Nachfolger der proletarischen Revolution leiten lassen.

Im Restaurant durfte man die Teekannen nicht auf den Boden werfen. Von klein auf war Susu bei den Jungen Pionieren dazu erzogen worden, das gemeinschaftliche Eigentum zu achten.

Der Vorsitzende Mao starb. Susu zitterte. Sie weinte, bis ihr die Luft wegblieb. Sie hatte schon vorher weinen wollen. Weinen um den Vorsitzenden Mao, weinen um sich selbst und die anderen. »Mit China ist es aus«, sagte Vater. Aber aus war es nur mit der Viererbande.

Erst als sie ihm die letzte Ehre erwies, kam Susu dem Vorsitzenden Mao ein zweites Mal nahe.

»Ich bin gekommen, um Ihnen diese Blumen zu schenken«, sagte sie leicht und ruhig.

Sie begriff, daß alles sich änderte. Man konnte jetzt furchtlos Arabisch lernen, obwohl die Leute, die die ganze Nacht Poker spielten, es immer noch leichter hatten, in die Partei einzutreten oder befördert zu werden, als jene, die in der Nacht Fremdsprachen lernten. Susu konnte jetzt mutig Hand in Hand mit Djia Yüan über die Straße gehen, obwohl es immer noch Leute gab, die einen epileptischen Anfall bekamen, wenn sie Jungen und Mädchen zusammen gehen sahen. Aber sie fanden noch immer keinen Platz, wo sie sich ungestört unterhalten konnten. Im Park waren alle Bänke schon besetzt. Entdeckte man endlich eine, so breitete sich zu deren Füßen eine große Pfütze Erbrochenes aus. Suchte man einen größeren Park auf, standen dort Telegraphenmasten mit Lautsprechern neben den Bänken. »Wir bringen jetzt Hinweise für Besucher.« In diesen Hinweisen war nur die Rede von »Geldstrafe von fünf Groschen bis fünfzehn Yüan«, von »Ausliefern zur Behandlung durch die Organe der Diktatur« und »gewissenhaft befolgen, sich der Verwaltung unterwerfen«. Offenbar ist das Spazierengehen im Park eine Sache, die man erst in einwöchigen Schulungskursen erlernen muß. Kann man sich hier niederlassen und seine Liebe gestehen? Geht!

Wohin gehen? Am Schützengraben gibt es keine Lautsprecher mit Anweisungen. Aber die Gegend ist ziemlich verlassen. Es heißt, daß einmal ein Liebespaar, das sich flüsternd unterhielt, den Ruf vernahm: »Keine Bewegung!« Ein maskierter Mann trat vor sie, ein Klappmesser in der Hand. Ein Gehilfe stand daneben. Das Resultat war: Die Armbanduhren wurden heruntergestreift, die Taschen nach Bargeld durchsucht. Im Angesicht der Gewalt hat die Liebe keine Kraft zur Gegenwehr. Später hat der Sicherheitsdienst den Fall aufgeklärt und die Verbrecher gefaßt. Wie kommt es, daß manche Leute das Sicherheitsamt nicht lieben? Ohne Sicherheitsamt geht es auch nicht.

Ins Restaurant gehen. Hinter dem Stuhl eines anderen Aufstellung nehmen. Beobachten, wie er seine Suppe löffelt, mit

Stäbchen den Reis Happen auf Happen zu Ende ißt, eine Zigarette anzündet, sich räkelt. Hat man sich endlich mit Mühe auf den Stuhl gezwängt und die Stäbchen in die Hand genommen, ist schon ein neuer Anwärter da. Damit ihm niemand zuvorkommt, stellt er den Fuß auf die Rückenstrebe deines Stuhls. Sein Bein vibriert, daß dir die Fleischbrocken und Kutteln in der Kehle tanzen.

Ins Kaffee oder in die Bar gehen. Das sind Orte, an denen schlechte Einflüsse herrschen. Also nein. Über die Straße schlendern, durch die Gassen bummeln. Sogar in Amerika wird das Spazierengehen als Mittel gegen die Fettsucht gepriesen. Aber im Winter ist es zu kalt. Natürlich gingen sie auch bei zwanzig Grad unter Null spazieren, eingehüllt in Steppmäntel, Anoraks, Pelzmützen und Wollschals. Durch einen Mundschutz erklärten sie sich ihre Liebe. Das ist hygienisch, man infiziert sich nicht. Außerdem stößt man in den Gassen auf unartige Kinder, die beim Anblick eines Liebespaares lästern, schimpfen und mit Steinen werfen. Es ist unbegreiflich, wie es dazu kam, daß sie geboren wurden.

Djia Yüan war alles recht. Ein Geländer, ein Platz unter einem Baum, ein Flußufer. Er war nur darauf aus, sich so bald wie möglich niederzulassen, um sich an Susu anzulehnen und mit ihr arabische Vokabeln und englische Übungssätze auszutauschen. Susu war kritischer, unzufrieden, mäkelig. Nein, nein, nein, sie wollte keinen Ersatz. Sie war wie der Gast aus Schandung, der es nicht hinnahm, daß in seinen gekochten Erdnüssen ein Stein war. Drei Jahre lang waren sie an den Wochenenden immer auf der Suche. Sie suchten einen Platz zum Hinsetzen. Sucht nur, sucht, und schon ist der Abend um.

Hoher Himmel, breite Erde, großer dreidimensionaler Raum, könnt ihr den jungen Liebenden nicht eine kleine Ecke zum Reden, Küssen und Umarmen überlassen? Wir brauchen nur einen ganz, ganz kleinen Fleck. Ihr leistet euch so viele unbezwingbare Helden, welterschütternde Aufstände, durchtriebene Schädlinge und alles verschlingenden Müll. Ihr habt so viele Schlachtfelder, Explosionskrater, offene Plätze, Versammlungsorte und Richtstätten. Habt ihr denn keinen Platz für die Leidenschaft der ein Meter sechzig großen, achtundvierzig Kilo wiegenden Susu und des ein Meter siebzig langen, vierundfünfzig Kilogramm schweren Djia Yüan?

Susu rieb sich die Augen. Ihre Augen brannten wie Feuer. Waren ihre Finger mit Pfeffer in Kontakt gekommen, den sie auf die Augen übertragen hatte, oder hatten ihr die Augen schon vorher gebrannt? Werden wir heute abend einen Platz finden, wo wir bleiben können? Das Wetter war kalt, aber man brauchte noch keinen Mundschutz. Djia Yüan hatte aufs Wohnungsamt gehen wollen. Wenn sie eine Wohnung bekämen, könnten sie heiraten und müßten nicht länger draußen umherwandern. »Sag mal, Genossin Schwester, kannst du mir sagen, wie man hier zur Hauptstraße kommt?« fragte ein Mann, der ein großes Bündel schleppte, unter dessen Last er gekrümmt ging. Er sprach Dialekt und trug einen neuen Anzug, der schon vom Staub eingeschmutzt war. Der Mann war viel älter als Susu. »Die Hauptstraße? Das hier ist die Hauptstraße.« Susu wies auf die Kreuzung, an der die Ampeln gerade von Rot auf Grün umsprangen. Autos, Oberleitungsbusse und Fahrräder kamen der Meeresflut gleich Welle auf Welle herangeströmt, um zu verebben und aufs neue heranzuströmen.

»Das ist die Hauptstraße?« Der gebeugt stehende, ältere Mann hielt den Kopf schief und ließ zwei rabenschwarze Augen schweifen. Vom bloßen Zusehen schmerzte Susu der Hals. Die rabenschwarzen Augen verrieten ehrliches Mißtrauen.

»Das hier ist die Hauptstraße!« wiederholte Susu mit Nachdruck. Am liebsten hätte sie das große Kaufhaus und das Peking-Enten-Restaurant auf ihre Handfläche gelegt, um sie diesem so offen zweifelnden Fragesteller zu zeigen. Der Mann setzte sich zögernd in Bewegung und überquerte die

Fahrbahn, ohne sich an den Fußgängerstreifen zu halten. Der weißgekleidete Verkehrspolizist hob sein Transistormegaphon und brülle ihn mit elektronisch verstärkter Stimme an. Der durch das Schimpfen des Polizisten verunsicherte ältere Mann blieb mitten auf der Straße im Wirbel der Autos stehen. Er hielt den Hals schief und fragte den Verkehrspolizisten:

»Genosse Bruder, wo ist hier die Hauptstraße?«

»Susu!« rief Djia Yüan. Mit verschwitztem Kopf und zerwühltem Haar stand er da. Sein Atem ging keuchend.

»Bist du aus dem Erdboden herausgekrochen? Ich warte und warte und habe dich nicht kommen sehen.«

»Ich beherrsche die Kunst, mich unsichtbar zu machen. Ich bin dir schon die ganze Zeit gefolgt.«

»Wenn wir uns beide unsichtbar machen könnten, wäre das noch besser.«

»Weshalb?«

»Wir könnten im Park tanzen, ohne daß uns jemand sieht.«

»Was schreist du so? Die Leute drehen sich nach dir um.«

»Es gibt Leute, wenn man vom Tanzen spricht, halten sie das für unanständig, weil sie selber Schweine sind.«

»Deine Worte werden immer schärfer. Früher warst du nicht so.«

»Es ist der Herbstwind, der sie scharf macht. Wir haben noch keinen windgeschützten Platz gefunden.«

Djia Yüans Blick trübte sich. Susu senkte den Kopf. In seinen Brillengläsern spiegelten sich unzählige Lampen, Fenster, Häuser.

»Hast du nichts erreicht?«

»Nein. Das Wohnungsamt rückt nichts raus. Sie sagen, sie haben Leute, die schon mehrere Jahre verheiratet sind und Kinder haben und immer noch auf ein eigenes Zimmer warten.«

»Wo haben sie dann ihre Hochzeit vollzogen? Im Park? In der Küche des Restaurants? Oder in der Kabine des Verkehrspolizisten? Das wäre nicht schlecht, denn die ist von allen Seiten aus Glas. Noch besser wäre ein Eisenkäfig im Zoo! Man könnte die Eintrittspreise erhöhen.«

»Reg dich nicht auf, bitte.« Mit dem gekrümmten Zeigefinger stieß er die Brille zurück, die gar nicht die Absicht hatte, nach unten zu rutschen. »Du hast natürlich recht. Aber Wohnungen fallen schließlich nicht vom Himmel. So viele Menschen brauchen eine Wohnung. Manche haben noch viel größere Sorgen als wir.«

Susu sagte nichts. Sie senkte den Kopf und trat mit der Fußspitze nach einem nicht existierenden Stein.

»Wie ist es nun? Hast du schon gegessen?« wechselte Djia Yüan das Thema. »Ich habe noch nicht zu Abend gegessen.«

»Ich weiß nur, wie vielen Leuten ich das Essen aufgetragen habe. Ich kann mich nicht erinnern, ob ich selber etwas bekam.«

»Also nichts gegessen. Gehen wir ins Maultaschen-Restaurant. Du stellst dich an, ich besetze einen Platz. Oder ich besetze einen Platz, und du stellst dich an.«

»Wie du es drehst, es bleibt sich gleich. Du bist schlimmer als manche Versammlungsredner.«

Das Maultaschen-Restaurant war völlig überfüllt. Als ob es Maultaschen gratis gäbe. Als ob man auf jeden Teller Maultaschen noch zwei Groschen dazubekäme. Andererseits müssen wir keine Maultaschen essen. Es geht auch, wenn wir uns Pfannkuchen holen. Um Pfannkuchen zu kaufen, muß man sich auch wieder anstellen. Andererseits brauchen wir uns auch nicht anzustellen, in der Bude gegenüber kann man Brot bekommen.

Gerade als sie die Hand danach ausstrecken wollten, nahm der Verkäufer die beiden letzten Rosinenbrote und reichte sie einem kleinen alten Mann, der eine Fuchspelzjacke trug, die aus der Zeit der Mandschudynastie stammen mußte. Andererseits brauchen wir kein Brot zu essen. Wir – was sollen wir tun?

Andererseits müßte man gar nicht erst geboren sein. »Wäre

das nicht besser?« fragte Susu kalt. »Wenn man damals nicht die Bevölkerungstheorie des Ma Yin-Tschu frisiert hätte, wären wir vielleicht überhaupt nicht auf die Welt gekommen.«
»Du mußt dich nicht ärgern. Wir wurden schon vor der Veröffentlichung der Bevölkerungstheorie geboren.«
»Es gibt kein Rosinenbrot.«
»Komm, wir nehmen zwei Packungen Kekse. Jetzt haben wir Kekse. Wir haben Arbeit im Restaurant. Wir reparieren Regenschirme. Wir lernen. Wir tun Gutes und helfen anderen Menschen. Niemand wird sich beschweren, daß es zuviel gute Menschen gibt. Und es könnten immer noch mehr sein.«
»Wozu? Um sieben Yüan Bargeld und zwei Pfund Lebensmittelmarken an Leute auszuhändigen, die dich erpressen?«
»Und wenn sie mich um siebenhundert Yüan erpreßten, müßte man trotzdem einer verletzten alten Frau nach Hause helfen. Wärst du nicht auch so, Susu?«
Es begann zu donnern. Blitze leuchteten auf. Die elektrischen Drähte und die Lampen fingen an zu schwanken. Djia Yüan rief plötzlich:
»Probier meine Kekse.«
»Es sind die gleichen.«
»Meine schmecken viel besser.«
»Wie ist das möglich?«
»Wie soll das nicht möglich sein? Auch zwei Wassertropfen gleichen sich nicht vollständig.«
»Dann probier meine.«
»Ich nehme deine.«
»Ich esse deine alle auf. Dafür hast du meine.«
Sie tauschten die Kekse und aßen sie zusammen Stück für Stück. Als sie fertig waren, lachte auch Susu wieder. Satte Menschen haben bessere Laune als hungrige.
Der Himmel veränderte sich. Die Drähte surrten. Die Plakatwand ächzte. Die Straßenlampen verdüsterten sich. Sand-

körner prasselten gegen die Ohren. Der kalte Wind hetzte die Fußgänger. Die Straßen wurden sofort viel leerer. Der Verkehrspolizist verkroch sich in seine Kabine, die Susu als Hochzeitskammer auserkoren hatte.
»Wir müssen uns unterstellen.«
Ein eisiger, mit Schnee vermischter Regen verfolgte sie mit grimmiger Zudringlichkeit. Schräg kam der Schneeregen gefegt. Sie faßten sich fest an den Händen. Die Worte, die sie einander zuriefen, blieben unhörbar. Gegenüber der Natur hatten sie, wie gegenüber dem Leben, nur wenig Durchsetzungsvermögen. Aber ihre verschränkten Hände, die große Hand und die kleine Hand, waren beide sehr warm.
»Wir suchen uns einen Platz!« sagten sie, Sandkörner und Schneeflocken kauend. Dann fingen sie an zu laufen. War es Djia Yüan, der Susu zog, war es Susu, die Djia Yüan zog, oder war es der Wind, der beide stieß? Jedenfalls war da eine Kraft, die sowohl zog als schob. Sie blieben vor dem Neubau eines vierzehnstöckigen Wohnhauses stehen. Zu dieser Reihe neu in die Welt gesetzter Gebäude hatten sie schon lange eine Zuneigung gefaßt, als wäre es eine Gruppe unbekannter Personen. Abneigung und Mißtrauen gegenüber Fremden, das waren Charaktereigenschaften, die die verunglückte alte Dame und der Mann in der Fuchspelzjacke gezeigt hatte. Was für einen Blick hatte ihnen der Alte zugeworfen, als er das Brot einsteckte. Als ob sie jederzeit ein Klappmesser zücken könnten.
Schon lange waren Gerüchte über diese Hochhäuser im Umlauf. Die Mieter im vierzehnten Stock hatten keine Möglichkeit, ihre Kleiderschränke nach oben zu transportieren. Daher benutzte man Stricke, um sie zu den Fenstern hochzuziehen. Die Stricke rissen, die Kleiderschränke stürzten hinunter und zerbrachen. Neue Geschichten aus Tausendundeiner Nacht. Susu und Djia Yüan dachten anders. Wenn sie vor den Häusern standen, schämten sie sich immer ein wenig, weil ihre Zuneigung nicht erwidert wurde. Wind und Schnee machten ihnen Mut. Sie liefen hinein. Stockwerk für

Stockwerk stiegen sie die Treppe hinauf. Das Treppenhaus war sehr schmutzig. Es gab keine Lampen im Treppenhaus. Nur Fassungen ohne Glühbirnen. Aber der Lichtschein der Straßenlaternen reichte aus. Sie hatten schon viele Runden zurückgelegt und waren immer noch nicht oben. Also stiegen sie weiter. Schließlich erreichten sie den gemeinsamen Außenflur der vierzehnten Etage. Dieses Stockwerk war anscheinend noch nicht bewohnt. Es roch intensiv nach Zementstaub und frischer Ölfarbe. Hier war es warm. Hier gab es weder Wind, noch Regen, noch Schnee. Hier gab es keine Lautsprecher, die Verhaltensweisungen ausstrahlten, keine Maskierten, keine Fußgänger, niemanden, der einem mit zappelndem Oberschenkel drängte, den Platz zu räumen. Keine Eltern, die Schirmflicker und Kellnerinnen verachteten. Keine ungezogenen Kinder, die beim Anblick eines Liebespaares häßliche Bemerkungen machten, Schimpfwörter riefen und mit Steinen warfen. Von hier aus konnte man das Peking-Hotel mit seinen fünfundzwanzig erleuchteten Stockwerken sehen, den melodiösen Glockenschlag der Bahnhofs-Uhr hören, die elektrische Turmuhr des Telegrafenamtes erkennen. Der Blick nach unten erfaßte Perlenketten blaugrüner Lampen, orangefarbene Scheinwerferaugen, silberne Lichtblüten. Die Stromabnehmer der schienenlosen Elektrobusse schlugen blitzende Funken in das Dunkel. Die Autos blinzelten kurz mit Fernlicht und Bremsleuchten.

Sie holten tief Atem, als hätten sie den Himmel erstiegen.

»Bist du erschöpft?«

»Wovon?«

»Wir sind vierzehn Stockwerke hochgestiegen.«

»Ich könnte noch vierundzwanzig Etagen weitersteigen.«

»Ich auch.«

»Das war wirklich ein dummer Mensch.«

»Wovon sprichst du?«

»Da war ein Mann vom Lande. Er stand an der Kreuzung und suchte die Hauptstraße. Als man es ihm sagte, wollte er es nicht glauben.«

Sie fingen an, sich arabische Wörter abzufragen, stotternd, enthusiastisch und unregelmäßig, wie ihre Herzen schlugen. Djia Yüan bereitete sich darauf vor, nächstes Jahr in die Aufnahmeprüfung für Nachwuchswissenschaftler zu gehen. Er machte auch der skeptischen Susu Mut.

»Man weiß nicht, ob wir Erfolg haben werden, aber wir müssen uns anstrengen.«

Djia Yüan ergriff Susus Hand, die sanft und kräftig zugleich war. Susu suchte Djia Yüans Schulter, eine gewöhnliche, aber starke Schulter. Sie lehnte ihr Gesicht an Djia Yüans Schulter. Ihr Haar fiel wie ein warmer schwarzer Regen. Die Lampen funkelten, schwankten, drehten sich, als wollten sie ein Gedicht aufzeichnen. Das alte deutsche Volkslied vom Blümlein Vergißmeinnicht mit seinen blauen Blüten. Ein Lied aus Mittelchina: Wer sein Herz sprechen läßt, fürchtet die Lächerlichkeit. Die blaue Blume zog am Himmel ihre Kreise. Das Meer umspielte mit seinen Wellen ihre Körper. Welche Lächerlichkeit fürchten? Die Jugend ist heißer als das Feuer. Sie ist die kleine Flöte am Fuß der fliegenden Taube, ein Strauß frischer Blumen, Djia Yüans und Susus tränengefüllte Augen.

»Wer ist dort?« rief plötzlich eine Stimme. Djia Yüan und Susu entdeckten, daß der Flur zu beiden Seiten voll von Menschen war. Viele hatten Geräte in der Hand. Der Mensch ist ein Lebewesen, das es versteht, Geräte zu benutzen. Teigrollen, Bratenwender, Spaten. Man hätte annehmen können, es handle sich um den Ausbruch eines Aufstands primitiver Stadtbewohner. Eine strenge, feindselige Untersuchung begann.

Wer sind Sie? Was machen Sie? Wen suchen Sie? Sie suchen niemanden? Sie haben hier Schutz vor dem Wind gesucht? Wieso gerade hier? Zwei Menschen, die sich so ängstlich umarmen, können nichts Gutes im Sinn haben. Die heutige Jugend hat einfach keine Manieren. China wird in euren Händen zugrunde gehen. Name. Ursprünglicher Name. Zuletzt gebrauchter Name. Wo habt ihr Einwohnermeldebescheinigung, Arbeitsausweis, Empfehlungsschreiben? Warum bleibt ihr nicht zu Hause? Weshalb seid ihr nicht mit den Eltern zusammen, nicht mit den Führern zusammen, nicht mit den breiten Volksmassen zusammen? Ihr dürft nicht gehen. Bildet euch nicht ein, daß sich niemand um euch kümmert. Sagt, welche Tür habt ihr aufgebrochen? Ein öffentlicher Platz? Dieser öffentliche Platz ist unser Platz, nicht euer Platz. Aufs Geratewohl hereingekommen? Auf was für ein Geratewohl? Das ist einfach unverschämt, flegelhaft, schamlos. Eine Demütigung soll das sein? Was heißt hier Demütigung? Uns wurde schon der Kopf kahlgeschoren. Wir haben schon Ohrfeigen einstecken müssen. Uns wurde schon der Kopf auf die Brust gedrückt. Ihr wollt nicht? Mit Höflichkeit kommen wir nicht weiter. Holt die Stricke.

Susu und Djia Yüam blieben ganz ruhig, weil sie eine Sekunde zuvor noch so glücklich gewesen waren. Sie verstanden zwar Fremdsprachen, wenn auch nur ein wenig, aber die sonderbaren Reden ihrer lieben Landsleute verstanden sie nicht. Wenn Dinosaurier sprechen könnten, müßte die Sprache der Saurier immer noch leichter zu verstehen sein.

»Wir müssen etwas unternehmen«, sagte ein Monstrum mit frisch gestärktem Mut. Sprach es und versteckte sich hinter den anderen.

»Wir müssen wirklich etwas unternehmen.« Noch mehr Leute stimmten zu, noch mehr zogen sich zurück. Sie umzingelten und umstellten die beiden, so daß Djia Yüan und Susu nicht entkommen konnten.

In diesem Augenblick der Konfrontation rief plötzlich ein Mann, der mutig ein Stück Wasserleitungsrohr trug: »Ist das nicht Fan Susu?« Kopfnicken. Natürlich.

Nun handelte es sich nur noch um die Aufklärung eines Mißverständnisses. Verzeihung. Entschuldigung. Die Diebstähle haben uns nervös gemacht. In einigen Häusern wurde eingebrochen. Wir müssen unsere Wachsamkeit verstärken. Es gibt schlechte Menschen. Wir hatten angenommen. Lachhaft. Entschuldigung.

Susu erkannte in dem jungen Mann mit langen Haaren undeutlich einen Mitschüler aus der Grundschule. Er war zwei Klassen unter ihr gewesen. Jetzt war er dick und hatte eine weiße Haut, die ihm das Aussehen eines Weißbrots gab, einer Backware, die reichlicher angeboten werden sollte. Der Mitschüler lud sie herzlich ein, in seine Wohnung zu kommen.

»Da ihr nun schon vor meiner Tür steht.«

»Also gut.« Susu und Djia Yüan wechselten einen Blick. Sie folgten dem Mitschüler in den von blendend hellem Neonlicht erleuchteten Fahrstuhl. Sie hatten jetzt den Status rechtmäßiger Besucher in diesem Gebäude. Sie waren die Gäste eines Hausbewohners. Die Lifttür schloß sich. Die arabischen Ziffern vierzehn bis vier leuchteten oben in immer schnellerer Folge auf. Dann kam das Ohr, die drei. Der Lift hielt. Die Tür öffnete sich. Sie traten hinaus. Erst links herum, dann eine Wendung nach rechts.

Der Messingschlüssel mit den vielen Zähnen und Furchen fuhr selbstbewußt ins Schloß. Er war hier der Herr. Die Klinke gedrückt, die Tür sprang auf. Dielen- und Küchenlampe eingeschaltet. Schneeweiße Wände. Die Farbe in mehreren Schichten aufgetragen. Die Tür zum Wohnzimmer. Durch den Widerschein der Straßenlampen wurde das Wohnzimmer in ein bläuliches Licht getaucht. Noch ehe Susu den Mitschüler bitten konnte, das Licht aus zu lassen, brannte schon die Wohnzimmerlampe. Nehmt bitte Platz. Ein Doppelbett, ein Kleiderschrank, die nicht viel Raum wegnahmen. Ein rotes Kunstledersofa, eine Kommode im tschechischen Stil mit fünf Schubladen. Eine Dose Milchgetränk, eine Flasche Dessertwein, Unermüdlich stellte der Mitschüler seine Wohnung vor: Größe, Ausstattung, Einrichtung. Wasser, Heizung, Gas, Beleuchtung, Lüftung. Schallisolation. Feuerschutz. Erdbebensicherung.

»Wohnst du hier allein?«

»Ja.« Stolz rieb sich der Mitschüler die Hände. »Mein Vater hat mir die Wohnung besorgt. Der alte Herr möchte, daß ich bald heirate. Ich bin bereit, das Problem bis zum 1. Mai nächsten Jahres zu lösen. Ihr müßt unbedingt kommen, das ist abgemacht. Ich habe schon alles organisiert. Der Onkel eines guten Freundes von mir war früher Koch in der Französischen Botschaft. Es gibt chinesische und westliche Gerichte. Heißes Yamswurzelkaramell, das hauchdünne Fäden zieht, ohne zu brechen. Ihr braucht kein Geschenk mitzubringen. Kauft keine Möbel. Kauft keine Tischlampe. Kauft kein Bettzeug. Ich habe alles schon komplett.«

»Wie heißt deine Verlobte? Wo arbeitet sie?«

»Das steht noch nicht fest.«

»Hat sie noch keine Stelle gefunden?«

»Nein, ich meine, wen ich heirate, ist noch nicht festgelegt. Aber bis zum nächsten Frühjahr finde ich bestimmt jemanden.«

Susu nahm beiläufig einen Luftballon vom Teetisch auf und rieb ihn kräftig auf dem Kunstledersofa hin und her. Dann warf sie den Ballon nach oben. Er blieb an der Decke kleben, ohne herunterzufallen. Sie hob den Kopf und genoß den seit ihrer Kindheit oft geübten Trick.

»Himmel, weshalb fällt er nicht herunter? Wieso ist er immer noch nicht heruntergefallen?« wunderte sich der Mitschüler mit offenem Munde.

»Das ist Magie«, sagte Susu. Sie warf Djia Yüan einen Blick zu und schnitt ein Gesicht. Dann verabschiedeten sie sich. Als der Gastgeber sie zum Fahrstuhl begleitete, war er ganz unruhig. Er machte sich immer noch Gedanken über den grünen Luftballon, der unter der Decke klebte. Susu und Djia Yüan verließen das Haus, in das man sich verlieben könnte. Der Schneeregen fiel unverändert, der Wind blies wie zuvor. Es klang, als schüttelte man große Plastikplatten. Der Schneeregen liebkoste sie stürmisch, er berührte nicht nur Gesicht und Hände, sondern drang auch in den Nacken.

»Alles ist meine Schuld«, sagte Djia Yüan bedrückt. »Ich bin unfähig, so etwas zu besorgen. Und du mußt darunter leiden.« Susu legte ihm die Hand auf den Mund und lachte laut.

Es war ein von Herzen kommendes Lachen. Eine sich öffnende Granatapfelblüte konnte nicht gelöster sein.
Djia Yüan verstand sie. Er lachte auch. Sie begriffen beide ihr Glück. Sie begriffen, daß das Leben und die Welt ihnen gehörten. Regen, Wind und Schnee konnten ihnen nichts anhaben. Für sie ging am Nachthimmel über der Stadt die Sonne auf. Susu sprang voran. Djia Yüan folgte ihr. Im Lichtkreis der Laternen wurden die Regenfäden immer dichter und stärker.
»Dies ist die Hauptstraße, die Hauptstraße ist hier!« rief Susu und zeigte auf das Peking-Hotel.
»Selbstverständlich. Ich habe nie daran gezweifelt.«
»Gib mir die Hand. Mach's gut. Wir haben einen wunderschönen Abend verbracht.«
»Auf Wiedersehn. Morgen treffen wir uns nicht. Wir müssen fleißig sein, wir müssen die Prüfungen für Nachwuchswissenschaftler bestehen.«
»Das will ich hoffen. Eines Tages werden wir eine eigene Wohnung bekommen. Wir werden alles haben.«
»Träum etwas Schönes.«
»Wovon soll ich träumen?«
»Träum von einem Drachen.«
Was? Ein Drachen? Wie konnte Djia Yüan davon etwas wissen?
»Was verstehst du von Drachen? Weißt du, wie man Drachen steigen läßt?«
»Natürlich weiß ich das. Wie sollte ich nicht?«
Susu drehte sich um, lief zurück, umklammerte Djia Yüans Hals und gab ihm einen Kuß, mitten auf der Straße. Dann gingen sie auseinander, jeder in seine Richtung, und während sie weitergingen, drehten sie sich immer wieder um, schauten zurück und winkten einander zu.

(Übersetzt von Andreas Donath)

CAN XUE

In jener Welt

Für einen Freund

Jetzt ist es Mitternacht, mein Freund. Draußen ist es pechschwarz, es regnet heftig. Im Hof drängelt sich eine Menschenmenge, sie lärmt und johlt. Die ganze Zeit über höre ich, wie der Regen den Leuten auf die Regenhaut prasselt. Sie graben gerade den Kampferbaum aus, neben den Kampferbaum haben sie einen Tungölbaum gelegt, den sie von weit her herbeigeschleppt haben.

Gestern sind sie gegen Abend in mein Zimmer eingedrungen und haben wegen des Baumes mit mir diskutiert, hin und her diskutiert und krakeelt und gezetert, hüpften herum, sahen überall Gespenster und fingen an, nach irgend etwas in meinem Zimmer zu suchen. Ein kräftiger Bursche verfiel plötzlich in Zuckungen und schrie: »Es geht nämlich darum, daß wir einen Baum pflanzen müssen!« »Einen Baum pflanzen! Ha, ha, ha!« kreischten alle wie von Sinnen. Speichel rann ihnen aus dem Maul und jäh starrten sie mich aus kleinen Augen, lauter kleinen Grotten, an. Konzentriert und beflissen knüpfte der kräftige Bursche eine Schlinge, blinzelte mir zu und warf sie mir um den Hals.

»Wie kommen Sie dazu, dieses Zimmer in Beschlag zu nehmen?« fragte er mit leisem Vorwurf in der Stimme.

Mir war selber nicht klar, was ich hier suchte. Ich erinnere mich: Anfangs schneite es draußen, in der weiten Ebene war kein Mensch auszumachen. Dann hörte es auf zu schneien, vom Himmel hingen schimmernde Eisschollen. Ich lag auf dem Rücken, blickte hinauf und streckte einen Finger empor, der bald mit einer Eisschicht überzogen war. Gefrorene Kakteen gab es in der Ebene und durchscheinende Reptilien, und

feine Eiszapfen hingen vom Himmel herab und stachen in die Erde. Ein knirschendes Geräusch, ich neigte den Kopf und hörte, wie die Eiszapfen zum Grund der Erde hin wuchsen.
Dann drangen diese Leute hier ein und behaupteten, sie seien entfernte Verwandte von mir und hätten mir, als ich noch klein war, einmal das Leben gerettet. Ich blickte über ihre Schultern hinweg und sah, wie sich ein Trauerzug in Serpentinen einen kleinen, kahlen Hang hinaufbewegte. Die Schatten der Trauernden wehten wie lauter feine Schnüre auf und ab, in der Luft erschien eine lange Bambusflöte und verschwand wieder, erschien erneut und verschwand abermals und verströmte klagend eine Melodie, die ich nicht einzuordnen wußte.
»Erst einmal muß der Kampferbaum raus!« meint plötzlich die Alte, die da im Türwinkel steht, ein Adler, in einen schwarzen Umhang gehüllt, unter dem, krampfhaft zukkend, die Schultern hervorstehen. Dabei klingt ihre Stimme piepsig wie ein Küken.
»Richtig, der Kampferbaum muß raus!« Alle stimmten ihr zu. Da wird sie plötzlich nervös.
»Belauscht uns auch niemand? Verräter sind überall, man kann sich auf nichts verlassen, das dürfen wir nicht übersehen. Am Tag, als der Sturm einsetzte, tat sich am Himmel ein Riß auf...«
»Wir wollen doch den Tungölbaum pflanzen«, sagen da die anderen mit großer Bestimmtheit. Sie stampfen mit den Füßen auf und beginnen, vor Erregung laut zu schluchzen. Wie aufgezogen tragen sie einander vor, was sie in all den Jahren durchgemacht haben und was für Perspektiven sich ihnen nun eröffnen. Und alles endet damit, daß einer dem anderen in den Rücken und in den Hintern tritt und daß sie dann wie Affen an den Verstrebungen im Fenster emporklettern und von dort auf die apathische Hügellandschaft hinabblicken.
Der Adler, der sich in die schwarze Alte verwandelt hat,

greift verstohlen nach der Hacke hinter der Tür und verschwindet nach draußen und beginnt dort zu graben.
Man hört einen Säugling schreien, in der Ferne kündigt ein Hahn versehentlich den Morgen an, Stoffschuhe huschen über den staubigen Boden, dann ein splitterndes Geräusch: mitten im Zimmer hat jemand eine Flasche zerschlagen.
Ich entdecke die Bambusflöte, die ich zuletzt über dem Trauerzug gesehen hatte. Forschend streicht sie – ein heimtückischer Lauscher – am Fenster entlang.
Der kräftige Bursche bemerkt meinen Blick. Er stürzt nach vorn und baut sich mit seinem breiten Rücken so vor mir auf, daß mir die Sicht aufs Fenster versperrt bleibt.
»Draußen...«, beginne ich meine Rede. Seit sie hier eingedrungen sind, habe ich zu ihnen sprechen wollen. Jetzt kann ich nicht länger an mich halten, es ist, als wirkten übernatürliche Kräfte auf mich ein. »In dem Teich zwischen den Kalkfelsen, da passiert es immer wieder: sobald der erste Reif gefallen ist, tönt ein Dröhnen aus dem stehenden Gewässer, und auf der bereiften Erde ringelt sich irritierend eine gewaltige Python und verwandelt sich in eine große Schlinge... und ein grauer Schatten beugt sich am Rande des Teiches nieder, um etwas aus dem Wasser zu bergen...«
Sie haben nicht gehört, was ich sagte, vielleicht nimmt es sich für sie auch so aus, als hätte ich gar nichts gesagt, wo ich doch so befremdlich den Kopf wiege und mich winde wie ein Regenwurm. Auf den Zehenspitzen stehlen sie sich davon. Eine Alte sticht mir aus bloßer Neugierde mit einem Messerchen, wie man es zum Bleistiftanspitzen benutzt, in die Seite. Dann meint sie zu einem der Umstehenden: »Nichtrostender Stahl da drinnen.« Sie schnalzt bewundernd. »Still!« sagt sie dann, »vor der Tür lauscht einer.«
Ich schließe die Augen, rolle mich am Fuße der Wand zusammen und denke, mein Freund, an jenem Eisberg, wie er sich in Bewegung setzen wird, wenn die Weltmeere erst auftauen, wie ich den Kopf dann aus dem Wasser hebe und den Eisberg langsam dahintreiben sehe, einen gedankenversunkenen,

majestätischen weißen Wal. Pitsch – pitsch – pitsch... Wasser tropft von den Eisschollen, die das Firmament bedecken, knirschend zerbirst ein gewaltiger Eiszapfen, Eissplitter schreiben blitzschnell Bogen auf Bogen in einem unwirklich gleißenden Blau in die Luft und sind schon verschwunden. Was bleibt, ist das Glänzen der Schollen. Wie das blendet, mein Freund, hast du das je erlebt? Wie dir die Brust aufbricht und dein Schädel zum Reflektierspiegel wird, wie alle Sterne verlöschen und noch die Sonne in ihrer Ratlosigkeit abwechselnd matt aufflackert und wieder erlischt?

Ich hebe den Kopf aus dem Wasser, schüttel die Eisreste ab, kneife die Augen zusammen. Reif fällt vom Himmel.

»So ein Morgen«, sage ich leise zu mir und: »So ist das nun mal. Alles beginnt neu. Die Erde verwandelt sich in das ursprüngliche Chaos zurück. Unter einer gewaltigen zotteligen Decke wachsen verschwommene Begierden und unterschiedlichste Erregungen, ein lüsternes Grün sättigt nach und nach alle Pflanzen... Nur für mich gibt es keinen Neubeginn, ich bin bereits in diese Welt getreten. Immer wird der Eisschollenglanz das Auge blenden, werden Meteore verstört auf die Erde stürzen und sich in häßliches Gestein verwandeln, und die beschneiten stummen Gipfel aufleuchten. Freund, ich verschanze mich in dieser Welt, wachse hinein in einen jener unzähligen himmelwärts strebenden Eiszapfen. Wenn das zitternde reflektierende Licht aufblitzt, juckt es mich am ganzen Körper, mir ist, als wollten Blätter in großer Zahl aus mir hervorbrechen, ich bewege den Hals, höre, wie eine Brise in den flachen Blättern mit gespitzten Lippen pfeift. Ein dicklicher Saft quillt aus meinen Achselhöhlen.«

Mein Blick dringt durch die staubbeschlagenen Scheiben nach draußen. Den Kampferbaum haben sie ausgegraben. Eine Alte springt kichernd in die Grube, hüpft in dem Morast und zetert dabei wie eine Verrückte. Alle schippen sie ihr Erde auf den Leib.

»Hier *ist noch* eine!« Der kräftige Bursche weist plötzlich mit

ausgestrecktem Finger auf meine Augen hinter der Scheibe. Er lacht tückisch auf.
»Noch eine?« Die Leute sind verblüfft. Dann geraten sie in Unruhe und stürzen in alle Himmelsrichtungen davon. Die Frau, die sie in der Grube mit Erde zugedeckt haben, muckst sich nicht mehr, ist im Nu zu Stein geworden.
Ich weiß, gleich kommen sie zurück. Also verriegel ich die Tür fest, quäle mich dann in eine große Holzkiste und schlage den Deckel über mir zu. Möchte mich am liebsten in aller Eile in die Lüfte erheben, mich in aller Eile wieder in jenen Eiszapfen verwandeln, alles müßte nun in großer Eile geschehen. Aus diesem Ledersack hier schießt, als die Verschnürung mit Macht aufgerissen wird, frisches Blut wie aus einem Springbrunnen hervor. Es bleibt nicht mehr viel Zeit. Denn schon nähert sich der Trauerzug jenem Flecken Wildnis, der Nordwind verknäuelt die feinen Schnüre, ein Rudel hungriger Wölfe streicht eilig am Rande des Moores entlang. »Aiii-aiii-aiii...« singt ein alter Mann. Es klingt undeutlich von weit, weit her und hört sich für mich an, als singe er ein monotones »Seil-Seil-Seil...« und die Seile verknäulen sich noch heftiger, der Alte ist verschwunden, sein Gesang schallt als Echo vom Himmel zurück. Es scheppert: jemand hat die schwarze Bambusflöte auf die Erde geschleudert.
Ich habe die Schritte der Wölfe gehört.
Als eine sanfte Dünung das Meer zu bewegen beginnt, hebe ich den Rücken ein Stück aus dem Wasser. Das Herz weitet sich unter den sengenden Strahlen. Ich drehe mich um, suche nach dem Spiegel und entdecke mit flüchtigem Blick, daß sich meine Augen in zwei Levkojen verwandelt haben. Der weiße Wal läßt sich nimmer aus seiner Grübelei aufstören. In der Ferne schlagen Eissplitter herab. In der Welt des Eises gibt es weder Tag noch Nacht. Ich hebe den Kopf aus dem Wasser, öffne unter Aufbietung aller Kräfte die Brust, schneeweiße Funken sprühen zum Horizont, übereiste Gipfel stoßen violetten Rauch aus und grummeln bedrohlich.
Du, mein Freund, weißt, was es damit auf sich hat, ich

meine: mit jener Welt, den Eisschollen. Einmal ist es doch passiert, daß wir beide im Schneegestöber Schulter an Schulter am Straßenrand hockten und das Lied von »Mutters Schuhen« sangen. Dann knietest du nieder und fingst an, die weißen Geister vom Boden aufzulecken, sagtest, das sei weißer Zucker. Dabei wurde dein kleines Gesicht blau vor Frost, und die Finger schwollen dir gewaltig.
Damals sah ich es, im Lichte eines Blitzes, konnte es aber noch nicht an dich weiterleiten. Als es dann soweit war, daß ich es dir mitteilen wollte, war aus dir schon ein besonnener junger Mann geworden, eingenebelt von Zigarettenqualm.
In all den vielen, vielen Jahren bin ich unschlüssig hin- und hergewandert, bin wie eine Verrückte am Flußufer entlanggelaufen und habe mit abgebrochenen Weidenzweigen um mich geworfen. Manchmal blieb ich stehen und starrte aus verheulten Augen nach vorn. Von vorn lächelte es mir zu, aber es kam nicht. Unbeholfen stimmte ich das Lied von »Mutters Schuhen« an, so wie es mir die Erinnerung diktierte. Anrufung des Geistes längst vergangener Zeiten. Tag folgte auf Tag, Jahr auf Jahr. Es verbarg sich weiterhin im Nebel.
Dann wartete ich nicht länger, denn die Verwandten hatten entdeckt, wie ich auf dem Uferdamm hin und her rannte. Sie waren überzeugt, daß mit mir etwas nicht stimmte. So warteten sie, bis ich fest schlief, fesselten mich dann an Händen und Füßen und schlossen mich in einem verfallenen Tempel ein. Bei Einbruch der Nacht belebte sich der Tempel mit unzähligen Gespenstern und Kobolden und Wesen, die auf der Erde ausgelassen herumliefen und herumhüpften.
Als man mich freiließ, stimmte in der Tat etwas nicht mehr mit mir. Mein Gesicht schwoll enorm an, und eine klebrige Flüssigkeit sickerte den ganzen Tag über aus mir hervor. Meine eingetrockneten Beine schlugen klappernd aneinander. Wenn ich jemanden traf, packte ich ihn am Ärmel und sagte, jedes Wort betonend: »Schön sind die Abendstunden,

wenn es dunkel wird.« Die eingesunkenen Augen blitzten unheildrohend, meine Finger verknoteten sich nervös in den Taschen. Dann bastelte ich mir noch eine Affenmaske und drang damit ins Haus von Verwandten ein, fiel ihnen wahllos um den Hals und schrie: »Schön sind die Abendstunden, wenn es dunkel wird.« Sie musterten mich, nickten, besprachen sich heimlich. Ich wußte, was sie beschlossen. Wie man bei einer alten Henne wartet, daß sie noch einmal legt, so harrten sie auf ihre Stunde.

Durch den weiten Spalt, der da in die Tür gebrochen ist, steckt jemand einen Spaten.

Hör, Freund, es ist soweit. Glühende Hagelkörner fallen wie in einem Platzregen. Durchscheinende hohe Bäume breiten schwankend strahlend weiße Baldachine aus, das Meer wogt mit sinnlichem Rhythmus. Hand in Hand mit dir steige ich aus dem Meer empor, bade mit verkniffenen Lidern im Glanz des Eises und singe aus voller Brust das Lied von »Mutters Schuhen«...

(Übersetzt von Wolf Baus)

MO YINGFENG

Dorf der Buckligen

So sehr es mich schmerzt, ich wage nicht, in mein Heimatdorf zurückzukehren. Nicht, daß ich etwas verbrochen und dort Bestrafung zu fürchten hätte, nein, ich traue mich einfach nicht.

Wo meine Heimat ist? Auf der Landkarte ein Katzensprung, doch in meiner Erinnerung so weit entfernt, daß ich mich zuweilen sogar frage, ob ich tatsächlich von dort stamme.

Es ist ein wunderschöner Ort, eines der Hauptanbaugebiete für Bambus in China, und selbst Ausländern ein Begriff. Der Bambus der Berge hat viel mit den Gedichten der Berge gemein: üppig grün, frisch und saftig, kerzengerade und hochgewachsen, denn das Klima ist günstig. Bereits der Dichter Zheng Banqiao schrieb: »Reine Luft gibt's nur im Jenseits, Menschen, so kraftvoll wie Bambusknoten, gibt es nicht auf dieser Welt.« Ein Dorf wie meines gibt es auch nicht »auf dieser Welt«.

Die Menschen meiner Heimat haben mit geradem Bambus nichts gemein. Ohne Übertreibung: neunundneunzig von hundert sind bucklig. (Wozu auch übertreiben, man macht sich ohnehin nur unbeliebt.)

Warum die Bewohner meines Heimatdorfes seit jeher Buckel haben, ist mir schleierhaft. Als Kind dachte ich, er sei angeboren. Großvater bucklig, Großmutter bucklig, Vater, Mutter, alle hatten einen Buckel, und meinem kleinen Bruder wuchs er auch mit sieben Jahren. Ich hielt Buckel für schön, denn alle hielten sie für schön, und mein einfacher Verstand war voll überlieferter volkstümlicher Denkweisen. Doch warum ausgerechnet ein Buckel Menschen schön zu machen vermag, diese Frage wurde nicht berührt, und es gab keine Erklärungen dazu. Als Kind hatte ich einmal gefragt, und damit eine Lachsalve ausgelöst, die mich über und über rot anlaufen ließ. Danach ließ ich es auf sich beruhen.

Buckel war nicht gleich Buckel. Einige waren krumm wie Flitzebögen, andere nur leicht gebeugt, einige auch wurden erst durch beharrliches Training bucklig. Grundsätzlich hieß es: Je mehr Buckel, desto besser das Schicksal, d. h. weder Krankheit noch Katastrophen, und bei den meisten ein langes Leben. Und die weniger Buckligen seien zu einem Leben in Kummer und Armut verdammt, Nahrung und Kleidung müßten mit Mühsal und Plage erkauft werden. Andere jedoch meinten, anhand des Buckels lasse sich kein Schicksal vorherbestimmen. War es demnach Aberglaube? Nein, denn wir dürfen nicht einfach alles, was uns unerklärlich scheint, als Aberglauben abtun. Vater Shunde glaubte fest an jenes Gesetz und widersprach energisch jedem, der es für Aberglauben hielt.

Vater Shunde war über hundert Jahre alt. Mein Vater und ich hatten ihn aufgesucht, um mit ihm anzustoßen, und Vater hatte auf das Geschenk mit Pinselschrift »hundert« geschrieben. Aber ob er wirklich schon ganze hundert Jahre alt war? Schwer zu sagen, denn bei uns war es üblich, alle über neunzig als fast Hundertjährige zu betrachten: Männer gingen auf hundert zu, Frauen waren bereits hundert; folglich war er womöglich gerade erst neunzig Jahre alt.

Es war das erste Mal, daß ich ihm meine Ehrerbietung darbrachte. Seine Manieren zeugten von höchster Kultiviertheit. Sein Rücken war um neunzig Grad gebeugt, so daß er sich vor den Göttern nicht verneigen mußte, sondern nur die Hände vor der Stirn zusammenlegte und so dem traditionellen Begrüßungsritual genügte. Seinen bodenlangen weißen Bart hatte er mit einem Halsband hochgebunden, damit er nicht über die Erde fege. Am beneidenswertesten aber erschien allen sein mit Arhat veredelter Krückstock, ein roter Stab mit den für Bambus typischen Verdickungen. Beim Händeschütteln gab es ein Glimmern und Glitzern, wie um auf das hohe moralische Ansehen des Besitzers und die eigenen Qualitäten aufmerksam zu machen. Statt ins Gesicht sah der alte Shunde den Menschen stets auf die Füße. So gut kannte er sie mittlerweile, daß er an den Füßen zu erkennen vermochte, mit wem er es zu tun hatte. Warum aber sah er den Menschen nicht ins Gesicht? Anfangs hatte ich angenommen, daß er nicht in der Lage sei, den Kopf zu heben, doch belehrte man mich später, daß sein Hals beweglich genug sei und er aus freien Stücken den Kopf nicht hebe: eine derartige Bewegung sei unsittlich und zeuge von schlechtem Charakter.

Als Kind war ich ein Lümmel, der immer genau das tat, was verboten war. Und merkwürdig, schon immer wollte ich alles Unbekannte erforschen.

An jenem Geburtstag erfüllte mich mit einemmal der alles beherrschende Wunsch: ich wollte das Gesicht des Alten sehen. Es machte mich ganz kribbelig, daß er den Kopf nicht hob und sein Gesicht nicht zu erkennen war. Nur, was tun? Ihn bitten, mir in die Augen zu sehen? Er würde ablehnen. Schon schoß mir eine teuflische Idee durch den Kopf. Ich täuschte vor, plötzlich über meine eigenen Beine zu stolpern, und fiel genau vor seine Füße. Und wie, um ihn vor dem Umfallen zu bewahren, umklammerte ich seine Beine und schrie: »Opa, Opa! Fällst du?« Und in dem Augenblick sah ich sein Gesicht. Ein Gesicht, ähnlich dem einer uralten Frau, voller Pockennarben zwar, doch nicht so knochig, ein Mondgesicht oder das einer Dorfgroßmutter im Tempel des Erdgottes. Seine Augen waren voller Güte und Barmherzigkeit, ja, selbst die Pockennarben wirkten sanft und mild. Er wurde nicht wütend, im Gegenteil, er blickte mich freundlich an und strich behutsam über mein Haar. Doch plötzlich verdüsterte sich seine Miene besorgt, und er seufzte: »Oh, Kind!...« Was sollte das heißen? Mir blieb die Frage im Hals stecken angesichts seines in hohem Maße beängstigenden Gesichtsausdrucks. Hastig rappelte ich mich auf und lief davon.

Mein Vater schien von den unheilschwangeren Worten des

Alten noch beunruhigter als ich. Er zerrte mich in eine einsame Ecke, trommelte mit Fäusten auf meinem Kopf herum und schalt: »Du Flegel, nie wieder nehme ich dich mit.« Und schlug so heftig zu, daß es wie ein »hölzerner Fisch« dröhnte, ja, sogar lauter als jenes Schlaginstrument, denn mein ganzer Brustkorb bebte wie ein Resonanzraum. Mein Schmerz wich Verwunderung: Was war das? Waren Kopf und Brust gänzlich leer?

Nach der Feier wartete mein Vater, bis alle gegangen waren, und gesellte sich wie zufällig zu Vater Shunde.

»Vater Shunde«, begann er ehrerbietig, »dich Alten und Weisen frage ich: Dieser Flegel, mein Sohn, kannst du an seinem Knochenbau ein schlechtes Omen erkennen?«

Der alte Shunde murmelte unverständlich vor sich hin, als wolle er nicht offen und ehrlich sprechen, doch schließlich meinte er: »Wenn ich ihn mir so ansehe, so fürchte ich, daß er als Erwachsener auch so eine ›Bambusstange‹ wird wie der Außenseiter Lei Sheng. Wie alt ist er jetzt?«

»Elf«, sagte mein Vater.

»Elf Jahre jung, also ist das Wachstum noch nicht abgeschlossen. Laß ihn Lasten tragen, die ihn niederdrücken, dann wird er vielleicht doch noch krumm.«

Mein Vater war zu Tränen gerührt vor Dankbarkeit, wieder und wieder rühmte er den Alten und bat ihn, auch nach dem Geburtstag noch für Ratschläge zur Verfügung zu stehen.

Was aber heißt »Bambusstange«? Viele Jahre brauchte ich, um es ganz und gar zu verstehen. Anfangs erklärte man mir lediglich, »Bambusstangen« seien jene, deren Rücken so aufrecht und steif wie Bambus seien. Ich wollte wissen, was daran nicht gut sei. Kleine dumme Kinder sollten nicht soviel fragen, sagten sie. Später erst akzeptierten sie mich als großen Menschen und erklärten mir die Schrecken der »Bambusstangen«. Man hielt sie für eine Art Verlierer und hatte zwei Erklärungen dafür: Eine besagte, ein »Bambusstangen«-Mensch sei ein Müßiggänger, zu faul zum Arbeiten, und trage nur selten schwere Lasten. Die zweite Erklä-

rung wollte wissen, daß ein »Bambusstangen«-Mensch stets weit ausschreitend einherstolziere und wohl sehr hochmütig sei. Er sei pietätlos der älteren Generation und selbst seinen Eltern gegenüber, unbescheiden, verletztend und stifte gern Zank und Streit. Die meisten stürben urplötzlich, und damit sei es dann aus. Man glaubte mal an die eine, mal an die andere Theorie, je nachdem, wie abscheulich der einzelne »Bambusstangen«-Mensch war.
Mein Vater nahm die Worte des Alten nicht auf die leichte Schulter und begann entschlossen ein Härtetraining zur Krümmung meines Rückens. Von der Geburtstagsfeier an trug ich auf Befehl meines Vaters schwere Lasten, nicht nur den Toiletteneimer daheim, nein, ich trug auch Brennholz 15 Kilometer weit bis zum Markt, um es zu verkaufen. Das erste Mal fand ich es kein bißchen mühsam, im Gegenteil, es machte mir Spaß. Seht mich an, wie ein Erwachsener kann ich Holz gegen Reis tauschen! Ein Pfund Reis, genug für mich, um zwei Mahlzeiten davon zu bestreiten. Und das bereits mit elf Jahren – Grund genug, stolz zu sein. Erhobenen Hauptes trug ich das Brennholz leichtfüßig vor den anderen her, die Tragstange blitzte im Rhythmus meiner Schritte, und meine Füße schwebten dahin. Die Leute hinter mir lobten mich oft, und ich neigte den Kopf, um mir kein Wort entgehen zu lassen, ließ selbst möglichst nichts verlauten und war sehr zufrieden mit mir. Auf dem Weg traf ich Männer, die ihre Braut abholten, Rinder, die sich bekämpften, und ich hörte viele Neuigkeiten. Der Markt aber war ein noch besserer Umschlagplatz für Nachrichten, die verschiedensten Menschen und merkwürdigsten Dinge wirkten auf mich ein. Das war mehr, als unser verlassenes Gebirgsnest das ganze Jahr über zu bieten hatte. Nach dem Verkauf des Holzes eilte ich noch unbekümmerter heim; ein Lied auf den Lippen, lief ich gelegentlich in die Felder am Wegesrand, um nützliche Gräser zu sammeln. Zu Hause angekommen, hatte ich Reis und andere Nahrungsmittel vorzuweisen – genug, um vor Stolz zu platzen!

Doch mein Vater war alles andere als begeistert. Voller Wut fragte er: »War's anstrengend?«

»Oh, nein, es war lustig.«

»Tut die Hüfte weh?«

»Nein, sieh mal.« Ich lachte und bewegte meine Hüfte heftig in alle Richtungen.

»Morgen trägst du zehn Pfund mehr.«

Das Gesicht meines Vaters zeigte keinerlei Gefühl. Doch meine Mutter widersprach heftig: »Bist du wahnsinnig? Das Kind ist erst elf Jahre alt, und seine Knochen sind noch weich, willst du ihn zum Krüppel machen?«

Mein Vater mußte vorläufig nachgeben. Doch nicht lange, und er lud mir erneut Lasten auf, jedesmal fünf Pfund mehr: fünfunddreißig, vierzig, fünfundvierzig, schließlich fünfzig Pfund. So war das Tragen von Brennholz schließlich kein Vergnügen mehr, und die mannigfaltigen Eindrücke des Marktes ödeten mich nur noch an. Der Hüftschmerz verbot mir, vom Wege in die Felder abzuschweifen. An die Stelle meines Lachens traten Tränen; oft musterte ich den Packen Brennholz und weinte bitterlich, bevor ich ihn schulterte. Auf dem Weg setzte ich immer wieder die Last ab, um zu verschnaufen, und die Tränen liefen mir ohne Unterlaß übers Gesicht. Mir wurde bewußt, daß ich einer Folter unterzogen wurde, einer besonders langen und quälenden Folter. Hörte mein Vater das Krachen meiner Lendenwirbel, fiel ihm jedesmal ein Stein vom Herzen, und unermüdlich spornte er mich an:

»Zähne zusammenbeißen, Kind, so ist es eben, wenn man arbeitet, das geht allen Menschen so, wie sonst sollten wir dich ›Bambusstange‹ in Form bringen? Mit dem bißchen Schmerz hast du für dein ganzes Leben ausgesorgt. Als ›Bambusstange‹ aber würdest du nicht einmal eine Frau finden. Du kennst doch Außenseiter Lei Sheng! Er mußte mit einer Witwe vorliebnehmen, weil er keine andere Frau gefunden hat. Und weißt du, wie die Frau Witwe geworden ist? Sie ist eine von außerhalb, und ihr Mann war einer von uns,

der draußen über zehn Jahre bei der Volksarmee diente. Als er zurückkam, hatte er eine Frau und ein Gewehr. Er war auch eine ›Bambusstange‹ und trug Lederschuhe, die auf dem Pflaster klapperten, wenn er hocherhobenen Hauptes durch das Dorf stolzierte, von Kopf bis Fuß ein ›Verlierer‹. Vater Shunde sah auf den ersten Blick, daß er nicht eines natürlichen Todes würde sterben dürfen. Und wie zu erwarten, es war noch nicht ein Jahr vergangen, da ging beim Putzen seines Gewehres versehentlich ein Schuß los, und er kam dabei ums Leben. So sieht das Schicksal von ›Bambusstangen‹ aus. Und der Witwe konnte es auch nicht besser ergehen. Sie hat eine ›Wasserschlangenhüfte‹, ebenfalls eine ›Verliererin‹. Sie heiratete den Außenseiter Lei Sheng – und kam vom Regen in die Traufe! Er war eine ›Bambusstange‹, wie ihr erster Mann. Vater Shunde meinte: ›Abwarten und sehen, wie er stirbt.‹ Aber wähle dir bloß nicht Außenseiter Lei Sheng als Vorbild; er denkt immer noch, ein hocherhobener Kopf sei schön! Und alle reden hinter seinem Rücken über ihn. Eine Ente in einer Hühnerschar könnte nicht stärker auffallen. Niemand sollte den Groll seiner Mitmenschen erregen wie Lei Sheng, der sich ein schönes Leben macht und um so mehr zum Außenseiter wird. Am schlimmsten ist, wenn man nicht auf die Alten hört. Vater Shunde hat in seinem Leben mehr Brükken überquert, als wir Wege gegangen sind; sollte es Dinge geben, von denen er nichts versteht? Hunderte von Menschen im Dorf hat er sterben sehen und die ›Bambusstangen‹ fanden immer einen jähen Tod. Das ist doch entsetzlich!«
Mir standen die Haare zu Berge. Offenbar gab es einen besonders boshaften Teufel, der in einem Hinterhalt auf der Lauer lag, um ganz unvermittelt eine ›Bambusstange‹ zu seinem Opfer machen zu können. Hatte er bereits ein Augenmerk auf mich gerichtet? Von Stund an hatte ich Alpträume, in denen Teufel mich anstarrten, kalt lachten, ihre langen Zungen herausstreckten oder die Augen rollten, um mir zu drohen. Manchmal rissen sie auch plötzlich ihren riesigen Mund auf und stürzten sich auf mich...

»Ich bin keine ›Bambusstange‹, ich bin keine ›Bambusstange‹!« schrie ich und fuhr aus dem Schlaf hoch.
Ich war mittlerweile 15 Jahre alt. Vier Jahre lang hatte ich Brennholz geschleppt, und immer noch war kein Buckel zu sehen. Ich spürte lediglich, daß meine Gelenke immer fester zusammenhafteten, wohl durch den Druck, dem sie stets ausgesetzt waren. Warum wurden anderer Leute Knochen krumm, meine aber nur ineinandergestaucht? Ich haßte die Knochen meines verfluchten Körpers. Später stellte ich fest, daß Arme und Brust anschwollen. Und eine dicke Brust war alles andere als ein gutes Omen, denn um so weniger konnte der Rücken sich krümmen. Selbst wenn er es wollte, würde die Brust ihm Einhalt gebieten. Verdammte Brust – warum wuchs sie nicht auf meinem Rücken?
Mutter sah in meiner Brust ein wucherndes Geschwür und vergoß heimlich viele Tränen um mich. Irgendwann begann auch mein Vater tief zu seufzen, denn er war mit seiner Weisheit am Ende. Ich kam mir vor wie ein Verbrecher. Um meinen Eltern eine Freude zu machen, zog ich die Brust ein und senkte den Kopf, wenn sie mich ansahen. Aber das strengte mehr an als Brennholz tragen. So mußte ich mich hinter ihrem Rücken stöhnend aufrichten und schlug mir mit der Faust heftig vor die Brust. Voller Ungeduld und bitterer Selbstvorwürfe stampfte ich mit dem Fuß auf, heulte laut, und konnte doch nichts ausrichten.
Eines Tages nahm ich alle Kraft zusammen und näherte mich dem Holzpacken meines Vaters, einem Bündel verschiedener Holzarten von insgesamt 150 Pfund. Ich wußte, so viel konnte ich nicht tragen. Ich wollte es auch nicht weit tragen, sondern nur als Drucklast verwenden. Es war, als wollte ich nicht mich, sondern ein von mir unabhängiges Etwas verformen, den Erzfeind, meine Knochen. Wir hatten gerade gegessen. »Mama«, sagte ich, »wenn ich nicht rechtzeitig zurück bin, dann geht und sucht mich.« Da sie gerade die Schüsseln auswusch, hörte sie nur mit halbem Ohr zu und brummelte irgendeine Antwort vor sich hin.

Ich biß die Zähne zusammen und hielt die Luft an, um das Bündel zu schultern. Es wog so schwer wie zwei Berge, und der erste Versuch scheiterte. Doch ich gab nicht auf. Nach Luft schnappend, korrigierte ich meine Haltung und begann noch einmal. Diesmal hatte ich das Bündel auf meinen Rücken gehievt, meine Beine zitterten, als ich mich erhob und taumelnd die ersten Schritte tat. Die Belastbarkeit des Menschen hängt von seinem Atem ab: hat er genug Luft, so ist seine Kraft gewaltig, reicht sie nicht, wird er zum Schwächling. Ich pumpte soviel Luft in mich hinein wie möglich und ging mit meiner Last zum Tor hinaus auf die Straße. Ich spürte, wie mit meinen wenig ehrenhaften Knochen eine befremdende Veränderung vorging: die Knochen an den Gelenken wurden aufeinandergepreßt, sie griffen schließlich so ineinander, daß dazwischen Wasser hervorzuquellen schien und ich immer kürzer und dicker wurde.

Ich kam an einen etwas dreißig Zentimeter breiten Graben und überlegte gerade fieberhaft, wie ich ihn am sichersten überqueren könne, als ich meine Mutter von hinten laut rufend herbeieilen hörte. Eilig wollte ich meinen Weg fortsetzen, vertrat mich jedoch, das Holz kippte, und ich stürzte. Mutter kam heran: »Kind, oh, mein dummer Junge, bist du lebensmüde?«

Ich war verletzt, bohrender Schmerz durchdrang meine Hüfte. Mit Heilpflastern lag ich im Bett und war selbst beim Drehen von einer auf die andere Seite auf die Hilfe anderer angewiesen. Mein Vater holte riesige Krüge Heilkräuter aus den Bergen, die er zubereitete und mich essen ließ. Man sagt, die Knochen von Kindern seien weich und noch nicht so verletzbar. Dem ist tatsächlich so, denn bereits nach wenigen Tagen konnte ich wieder aufstehen. Meine Mutter liebte mich sehr und fürchtete, ich könne zum Krüppel werden. Daher hinderte sie mich entschieden an körperlicher Arbeit. Doch an das Schleppen von Brennholz gewöhnt, war mir Muße unerträglich; den ganzen Tag döste ich vor

mich hin, konnte weder ruhig stehen noch sitzen. – Damals begann ich, an den Außenseiter Lei Sheng zu denken.
Wie mochte es um die berühmte »Bambusstange« mittlerweile stehen? Traf man ihn zufällig, so ließ sein Gesicht keinerlei Anzeichen von Krankheit erkennen. Er hatte vielmehr einen so schwungvollen Schritt am Leibe, daß er stets eine Staubwolke hinter sich herzog. Er lachte laut und klangvoll, und seine Augen funkelten. Er galt als wohlhabend, denn er aß oft Fleisch und trank viel Alkohol. Warum also war man seiner überdrüssig geworden, weshalb schnitt man ihn und wünschte ihm den Tod? Was war sein Fehler? Lag der Fehler bei ihm oder bei den anderen? Ich wußte, daß diese Gedanken allein schon entsetzlich, ja, sträflich waren – wahrscheinlich konnte auch nur ich als »Bambusstange« so denken. Unangenehm war vor allem, daß meine Überlegungen, einmal begonnen, sich wie eine Krankheit in mir ausbreiteten, mich einer vielarmigen Spukgestalt gleich umschlangen und nicht mehr losließen. In der Tat war auf das Wirken von Geistern und Göttern zurückzuführen, daß ich schließlich beschloß, den Außenseiter Lei Sheng zum Freund zu gewinnen.
Er wohnte in einer alten Papiermühle, deren Inhaber er war. Die Papiergewinnung aus Bambus ist eines unserer traditionellen Handwerke, begründet von Cai Lun. Eine im Grunde einfache Sache: Man fällt jungen Bambus, der gerade Blätter getrieben hat, schält und spaltet ihn und läßt die Stücke einen Monat lang in einem Kalkbad einweichen. Dann werden die Teile gewaschen, zerkleinert und mit einem Stein platt gewalzt. Das halbfertige Papier wird in ein mit Leim versetztes Wasserbad gelegt und verrührt. Mit Hilfe eines Bambussiebes wird ein wenig Papierbrei herausgefischt, und nachdem das Wasser abgetropft ist, gepreßt und zum Trocknen an den Ofen gehängt – fertig. So hergestellt, heißt es Bambuspapier und eignet sich besonders gut für Pinselschrift. Der Schuppen des Außenseiters Lei Sheng lag in einer einsamen Gegend, denn die anderen wollten ihn nicht

zum Nachbarn, und er hielt es nicht für nötig, sich bei ihnen einzuschmeicheln.

Meine Füße strebten seiner Hütte zu, doch mein Verstand wollte nicht hin. Ich wußte verdammt genau, mit dem Außenseiter Lei Sheng Freundschaft zu schließen, hieße, ein Tabu zu brechen – und der Freund eines Außenseiters ist selbst ein Außenseiter. Zurück! Zurück! Doch meine Füße gehorchten nicht, sondern bewegten sich schneller und schneller, als fürchteten sie, verfolgt zu werden. Ich hatte Angst: Vielleicht war gleich alles aus; mein Schicksal war auf der Suche nach seinesgleichen, so wie ein Aussätziger die Gesellschaft des anderen sucht. Ich durfte nicht gehen, ich war nicht seinesgleichen, ich mußte meinen Körper weiter trainieren. Wer weiß, vielleicht würde ich beim nächsten Holzheben schon krumm. Ich glaubte fest daran – ein Silberstreifen am Horizont. Wenn nur meine dummen Füße nicht gewesen wären: Sie hatten keine Augen und konnten den Silberstreifen nicht sehen. Ich haßte sie für die Hartnäckigkeit, mit der sie stur ihres Weges gingen und sich Schritt für Schritt dem Haus des Außenseiters Lei Sheng näherten. Doch nun wollte ich alle meine Kräfte einsetzen, meinen unehrenhaften Füßen Einhalt zu gebieten. Ihr Schritt verlangsamte sich allmählich, bis sie schließlich zum völligen Stillstand kamen. Doch ich hatte mich zu früh gefreut, sie bewegten sich von neuem. Innerlich schluchzend betrat ich den Papierschuppen des Außenseiters Lei Sheng.

Lei Sheng hatte gerade einen Becher in der Hand und zuckte leicht zusammen, als er mich plötzlich in der Tür stehen sah. Er bat mich nicht hinein, sondern stocherte in seiner Schale herum, um ein Stück Fleisch in den Mund zu schieben, dann hob er den Becher und sagte mit einem Blick in den Nebenraum: »Normalerweise verirrt sich keine Menschenseele hierher. Eine merkwürdige Sache, das. Ob meine Augen nachlassen?«

Ich schloß daraus, daß im Walzenraum jemand sein müsse, doch konnte ich nur eine braune Kuh ausmachen. Sie trug grob geflochtene Augenbinden aus Bambus und bewegte zwei riesige Mahlsteine. In einem ewig gleichen, langsamen Rhythmus wanderte sie im Kreis herum, begleitet vom Knartschen der Walze.

»Onkel Lei Sheng«, rief ich und ging hinüber.

»Oh!« Außenseiter Lei Sheng stellte seinen Becher heftig ab. »Ich dachte tatsächlich, es läge an meinen alten Augen, aber es ist Wirklichkeit! Setz dich, trink. Wie mag es kommen, daß ein so wohlgeratener Mensch wie du mich, den Außenseiter Lei Sheng, besucht? Gerade bedauerte ich, allein trinken zu müssen, denn meine Frau bringt Rechnungen in die Stadt. Wenn du nicht alles selber machst bei den Papierherstellern, hauen sie dich nur übers Ohr.« Außenseiter Lei Sheng lief konfus hin und her, suchte einen Becher, wusch Eßstäbchen, füllte Fleisch in die Gemüseschale und redete wie ein Wasserfall. »Es ist bedrückend, allein zu trinken. Ich wollte die Kuh herholen und mit ihr trinken, aber sie kann keinen Becher halten. Man weiß wirklich nie, wo das Glück lauert: Nun bist du da und damit gut.«

»Ich trinke nicht«, sagte ich.

»Nur keine Angst! Der erste Becher ist ungewohnt, der zweite schon normal, dann der dritte und vierte, und du kannst nicht genug bekommen. Na los, gib deinen Becher her und versuch, ob's dir schmeckt. Wenn du mit mir trinkst, werde ich es dir lohnen.«

Ich konnte nicht ablehnen. So hob ich den Becher, zog die Augenbrauen zusammen und nippte ein wenig. Ich kam mir vor wie ein Schwertschlucker, so scharf war das Zeug. »Sehr gut!« Lei Sheng war überglücklich und schob mir mit seinen Stäbchen ein Stück Fleisch in den Mund.

Er redete und redete, ich brachte keine Silbe dazwischen. Er mußte schon eine Menge getrunken haben, denn er hatte eine gewaltige Fahne und gestikulierte höchst erregt mit den Händen in der Luft herum. Mir war er etwas unheimlich, und ich rückte vorsichtig an die andere Ecke des Tisches, um mehr Abstand zu haben. Da fragte er plötzlich:

»Warum bist du hergekommen?«
»Ich...«
»Bißchen dalli. Hast du Angst?«
»Nein, ich bin... ich wollte fragen, Onkel Lei Sheng, eine ›Bambusstange‹ zu sein, ist das schlimm?«
»Hahaha!« Onkel Lei Sheng lachte laut los und warf die Stäbchen auf den Tisch. »Sieh mich an«, fuhr er fort, »ich bin eine ›Bambusstange‹, wie sie es nennen. Bin ich schlecht dran? Sieh!« Er stand auf, und während er im Zimmer auf und ab ging, schlug er sich auf die vorgestreckte Brust. »So muß ein richtiger Mann aussehen. Hör nicht auf das Geschwätz. Wenn ich danals auf sie gehört hätte, meine Hüfte gewaltsam gekrümmt, Kopf und Schultern eingezogen hätte wie eine Schildkröte, könnte es mir dann heute so gutgehen? Könnte ich Fleisch und Schnaps haben? So bin ich geboren, ich schenkte ihren ketzerischen Lehren keinen Glauben, ich ging Risiken ein, ich handelte nach meinen eigenen Willen.« Er setzte sich, trank einen Schluck. »Mein Junge, du trainierst zur Zeit schonungslos, nicht wahr? Es ist der Gipfel der Dummheit, einen Buckel haben zu wollen. Damals verlangten sie dasselbe von mir, aber ich traute ihnen nicht. Ich schlug mich mit einem Bambusfloß durch. Es ist gefährlich, Floß zu fahren, und sie meinten alle, ich würde dabei umkommen. Ich bin aber nicht gestorben, ich habe gut und glücklich gelebt, verdiente sogar Geld dabei. Und jetzt habe ich eine Papierfabrik aufgebaut und bin ihr Chef. Sie haben alles genau beobachtet und erwarteten, daß ich allein bleiben würde. Und? Ich habe eine Frau. Meine Frau ist schöner als ihre Frauen, sie kann lesen und schreiben und ist herumgekommen, sie kann für mich Rechnungen begleichen. Können ihre Frauen das? Abgesehen davon, daß ich keine Eltern habe, können sie sich in nichts mit mir messen. So bin ich eben, und ich gehe jede Wette ein, daß sich das nicht mehr ändern wird, solange ich lebe. Ich rate dir, mein Junge, mach's wie ich, fahr ein Bambusfloß, damit kannst du viel Geld verdienen. Wozu Holz tragen? Du

schleppst dich dein Leben lang ab und bist doch ein Habenichts.«

Seine Worte schlugen bei mir ein wie eine Bombe. Ich beneidete ihn glühend darum, ein richtiger harter Mann zu sein. An seiner Seite würde mein Mut wachsen. Er schien ununterbrochen Keile zwischen meine Knochen zu treiben, denn unwillkürlich streckte ich wie er die Brust heraus, wollte meinen dicken Brustkorb aufrichten, wie er es tat. Doch plötzlich gefror ich innerlich: Hegte er vielleicht böse Absichten? Wußte er vielleicht, daß sein Leben demnächst ein tragisches Ende finden würde, und suchte einen Weggenossen ins Jenseits? Ich hatte von jemandem gehört, der durch ein Unrecht gestorben war und dessen Geist umherspukte, bis er einen Sündenbock gefunden hatte, der wie er sterben mußte. Dann erst konnte er sich bei Yamaraja, dem König des Totenreichs, melden. An dieser Stelle fürchtete ich mit einemmal, Außenseiter Lei Sheng könnte längst ein Toter sein und ich hätte es nur mit seinem Geist zu tun. Mir brach der kalte Schweiß aus, ich zitterte am ganzen Leib. Ich wollte fliehen, doch meine Beine waren weich wie Pudding.

»Hey«, plötzlich klopfte er mir mit seinen Stäbchen auf den Kopf, »du willst gehen? Du bist ja kreidebleich und blickst so abwesend, bist du krank?«

Ich blinzelte ein paarmal und blickte angestrengt zu ihm hin. Kein Zweifel, ein Mensch, ein lebendiger Mensch.

Er wollte, daß ich noch mehr trinke, und goß mir ein. Ich verschluckte mich und bekam einen nicht enden wollenden Hustenanfall. Er lachte laut: »Nicht einmal trinken kannst du, wie ist es denn mit Floß fahren? Flößer müssen Alkohol zu sich nehmen, sie müssen sich Mut antrinken, damit sie die Kälte nicht zu fürchten brauchen, wenn sie ins Wasser fallen. Du verträgst ja nicht einmal soviel wie meine Kuh. Das glaubst du nicht? Ich werde es dir zeigen?« Er war offenbar betrunken, denn tatsächlich wollte er dem Tier Schnaps geben. Er taumelte in den Nebenraum, schöpfte eine irdene Schüssel voll Futter und rührte mit einer Bambusstange

Schnaps hinein. Dann nahm er dem Rind die Augenblende ab und hieß es fressen. Es zierte sich nicht lange, im Nu war die Schüssel ratzekahl leergefressen, und die Kuh leckte sich die Schnauze, als warte sie auf Nachschub. Außenseiter Lei Sheng aber band ihr die Augenblende wieder auf, gab ihr ein paar Klapse aufs Hinterteil, und sie nahm ihre Wanderung wieder auf. Außenseiter Lei Sheng kehrte stolz an den Tisch zurück und leerte noch einen Becher. Ich solle auf die Kuh achten, denn gleich gebe es einen Mordsspaß.

Und wirklich, der Alkohol begann zu wirken. Sie ging schneller und schneller, bis sie geradezu rannte. Außenseiter Lei Sheng wollte sich ausschütten vor Lachen.

Ich bekam Angst, die besoffene Kuh könne aus ihrem Gestell ausbrechen und uns über den Haufen rennen. Und da Außenseiter Lei Sheng mich ohnehin nicht beachtete, konnte ich mich unbemerkt fortschleichen.

Am nächsten Tag sprach sich eine grauenerregende Neuigkeit herum: Außenseiter Lei Sheng war in seinem Walzwerk auf fürchterliche Weise ums Leben gekommen.

Alle liefen hin, und ich schloß mich ihnen an.

Der Walzenraum barst vor Menschen, und allgemeines Raunen erfüllte die Luft. Mit aller Kraft drängte ich mich in die Masse hinein und bis zur Walze vor, wo sich mir ein entsetzliches Bild bot. Ich schlug meine Hände vor die Augen. Das Gesicht gen Himmel gerichtet, lag er aufrecht im Walzwerk, der Körper in zwei Stücke gerissen. Kopf, Brust und Bauch waren zu einem einzigen Fleischbrei geworden, nur die vier Gliedmaßen waren noch zu erkennen, doch auch sie zerfetzt. Alkoholgeruch vermischt mit dem Gestank von Blut löste bei allen Schaulustigen Brechreiz aus. Er mußte stockbesoffen auf das halbfertige Papier und in die Walze gefallen sein, und die betrunkene Kuh hatte unermüdlich gearbeitet, so daß sich uns jetzt dieses Bild bot.

Die Leute begannen, sich zurückzuziehen, in sicherer Entfernung bildete sich hier ein Grüppchen und dort ein Grüppchen, und es wurde laut diskutiert. Das Blutbad bewies unwiderlegbar die Theorie »›Bambusstangen‹ sind Verlierer«. Das Ansehen des vor bereits drei Jahren gestorbenen Vater Shunde hatte seinen Höhepunkt erreicht. Im Nachhinein sprach man von ihm wie von einem lebenden Gott und bedauerte, ihm damals keinen Tempel errichtet zu haben. Doch einige meinten, es sei noch nicht zu spät, und traten dafür ein, Geld und Reis zu sammeln und ihm einen Tempel zu bauen.

Plötzlich wurde mir bewußt, daß ich schon lange allein war; jedesmal, wenn ich zu einer Gruppe getreten war, hatte sie sich aufgelöst. Was sollte das? Ja, sie mieden mich und blickten mich vernichtend an, als sähen sie einen kerzengerade stehenden, erstarrten Leichnam in mir. Meine Selbstachtung schwand dahin, ich fühlte mich klein und minderwertig. Fast wäre ich in aller Öffentlichkeit in Tränen ausgebrochen.

Ich rannte nach Hause, um mich in mein Zimmer zu verkriechen, riegelte ab, und unter der Steppdecke weinte ich lautlos, bis ich schließlich die Besinnung verlor.

Die Frau des Außenseiters Lei Sheng verfiel dem Wahnsinn. Wie ein Gespenst lungerte sie den ganzen Tag mit völlig zerzausten Haaren irgendwo herum. Ihr einziger Begleiter dabei war häufig ein Wildschwein. Von was für einem Teufel das Tier wohl besessen sein mochte? Manchmal ging es mit aufrechten Hinterbeinen des Weges und stieß dämonenhafte Schreie aus. Oder es verbarg sich in einer nicht einsehbaren Ecke, kroch mit gekrümmtem Rücken am Boden entlang, die grünen Augen unheimlich funkelnd. Kam ein Mensch daher, so rannte das Tier plötzlich davon und erschreckte ihn so zu Tode. All das waren keine guten Omen, und es wurde mit Außenseiter Lei Sheng und mir in Verbindung gebracht. Erwachsene begannen, mich zu meiden, und Kinder brachen in Tränen aus, wenn sie mich sahen. Ich konnte einfach nicht mehr aus dem Haus gehen.

Schließlich blieb mir nur, tief in die Berge zu ziehen, um jeden menschlichen Kontakt zu meiden. Ich wollte Holzkohle herstellen. An einer Stelle, die nahezu unberührt von menschlicher Zivilisation war, baute ich eine Hütte, in der ich allein wohnte und ein Leben schlichter und bitterer als das eines einsamen Mönches führte. Die einzigen Menschen, die ich sah, waren meine Eltern. Mein Vater hatte mir anfangs Gesellschaft geleistet und mich die Kunst der Holzkohleherstellung gelehrt. Später kam er nur noch, wenn die Kohle aus dem Ofen geholt wurde, brachte mir etwas zu essen und nahm die Holzkohle mit. Meine Mutter kam noch seltener. Nur wenn sie besonders an mich dachte und in tiefe Traurigkeit verfiel, nahm mein Vater sie mit herauf, um mich zu sehen. Ich hackte den ganzen Tag Holz, stapelte es und richtete den Ofen ein, um Feuer zu machen; ich arbeitete wie ein emsig hantierender Taubstummer. Stets ängstlich und übervorsichtig versuchte ich, alles zu unterlassen, was mir hätte gefährlich werden können. Zuweilen kam mir die Sinnlosigkeit dessen zu Bewußtsein, und ich wollte lieber bald sterben, doch sowie ich mich einer wirklichen Gefahr gegenübersah, suchte ich sie in großem Bogen zu umgehen.

Viele Jahre vergingen in den Bergen, ich war schließlich erwachsen und ein kräftiger kleiner Kerl geworden. Da erwachte ein Instinkt in mir, der mir Angst machte und mir den Schlaf raubte: Ich wollte mit einer Frau das Lager teilen. Ich wurde immer dünner, als litte ich an einer chronischen Krankheit. Mein Vater erkannte das Problem, und beide, er und meine Mutter, machten sich deshalb Gedanken.

Eines Tages eilte mein Vater voll Freude den Berg herauf, um mir mitzuteilen, daß er eine Frau für mich gefunden habe. Er habe sich völlig verausgabt, um seinen besten Freund, Onkel Zhanggeng, anzuflehen und ihn mit Geschenken zu überhäufen; viele Male habe er Kotau gemacht, bevor Onkel Zhanggeng einwilligte, seine 27jährige, noch unverheiratete Tochter mir zur Frau zu geben. Himmel, sie also! Nicht nur, daß sie acht Jahre älter war als ich, sie war auch häßlich, völlig krumm und lebte wie eine Schildkröte. Und da sollte ich mich freuen? »Du hast keine Wahl«, sagte mein Vater, »die Mädchen wollen um ihr Leben nicht hierherkommen. Hätte dein Onkel Zhanggeng nicht ein Machtwort gesprochen, wäre die Hochzeit nicht zustande gekommen. Jetzt red keinen Unsinn, brenn die Kohle noch fertig und dann ab ins Tal, um die Hochzeitsangelegenheiten zu regeln. Wir müssen den vereinbarten Termin einhalten.«

Ich wußte, dem Befehl meines Vaters konnte ich mich nicht widersetzen, und begann, mir das Eheleben mit Fräulein Schildkröte auszumalen. Entsetzlich! Ich sah schwarz. Ich dachte, ich müsse sterben, doch ich würde nicht sterben, statt dessen aber neue Qualen durchstehen müssen. Daher überquerte ich den Bergkamm und wanderte zu einem fremden Ort und von dort weiter zu einem anderen fremden Ort.

Ich streckte meinen Oberkörper und schritt weit aus. Mit ungeahntem Selbstbewußtsein grüßte ich ohne Zögern die Entgegenkommenden. Alle Bedenken hatte ich abgelegt, hatte ich doch ohnehin nur den Tod zu erwarten. Doch da wurde mir schlagartig klar: Nie zuvor schien es so sorglose Zeiten gegeben zu haben wie diese.

Es war das Jahr des »Großen Sprung nach vorn«, überall gab es Essen umsonst. Ich wanderte geradewegs bis Changsha und war immer noch nicht umgekommen. Ich gesellte mich zu einer Gruppe, die Eisen und Stahl raffinierte, und als sie damit aufhörten, behielt mich die Fabrik als Arbeiter dort. Meine Arbeit war gut. In einer riesigen Montagehalle rauchte ich Pfeife und dirigierte den Laufkran über mir. Den ganzen Tag hob ich den Kopf und streckte die Brust heraus und mußte oft durch lautes Schreien Signale geben. Meine Stimme donnerte durch die Halle.

Es waren Mädchen, die die Fahrzeuge steuerten, eines hübscher als das andere, und ich träumte davon, eine von ihnen zur Frau zu gewinnen. Und nachdem ich, wo ich ging und stand, meiner Zuneigung Ausdruck verliehen hatte, heiratete ich tatsächlich eine.

In der Hochzeitsnacht erst wurde mir klar, weshalb sie mich liebte. Sie preßte ihr Gesicht an meine Brust und sagte: »Du machst mich trunken – deine große, weite Brust, dein mächtiger Körper... und ein Herzschlag wie die Trommel einer Drachenlaterne!« Ich hatte endlich einen Freund gefunden, der mich ganz und gar verstand. Das Schicksal hatte es gut mit mir gemeint.

Ich hatte die Idee gehabt, »in Samt und Seide heimzukehren«, doch sobald ich an vergangene Zeiten dachte, verfinsterte sich mein Geist, und ich erschauerte im tiefsten Innern. So dachte ich besser nicht daran, mit aller Kraft dachte ich nicht daran und betrachtete meine Vergangenheit als Ereignisse, die in einer vorigen Generation geschehen waren, oder als ein Theaterstück. Und nichts in dem Stück hatte mit mir zu tun.

Eines Tages starb die Mutter eines Kollegen, und man beauftragte mich, das Begräbnis zu arrangieren. Ich fuhr in einem Jeep, und auf dem Rückweg kamen wir an meinem Heimatdorf vorbei. Der Fahrer wollte mich unbedingt nach Hause fahren, damit ich mich umsehen könne. Widerwillig ließ ich mich ins Dorf fahren. Zwei bucklige Alte spielten Schach unter einem Baum, umringt von Schaulustigen. Ich sprang vom Wagen und ging auf sie zu. Sie hoben die Köpfe, ohne mich zu erkennen. Plötzlich schrie einer voll Entsetzen: »Teufel!« Da begannen alle zu schreien und herumzuspringen, ihr Tanz schien wie ein Spuk. Ich konnte mir das nicht erklären und stand einen Moment wie erstarrt. Dann stieg ich wieder ins Auto. Der Fahrer wollte nun selbst wissen, was los war, und ging sich erkundigen. Er kam bald wieder und sagte, sie hielten mich für tot. Meine Leiche sei auf einer kleinen Sandbank dort bei den Bergen gefunden worden. Stimmte das? War also all das demnach ein Traum, den die Seele eines Toten geträumt hatte?

Ich denke, ja.

(Übersetzt von Karin Hasselblatt)

BEI DAO

Glücksgasse 13

Ein Morgen im Spätherbst. Still und verlassen lag die Straße da. Ein Windstoß schleifte die welken, gelben Blätter geräuschvoll über den Gehweg. In der Ferne hörte man die trostlos monotonen Rufe einer alten Frau, die Eiskrem verkaufte. Fang Tscheng wickelte sich enger in seinen alten schwarzen Wollmantel. Mit dem Fuß stieß er einen Stein aus dem Weg, der davonhüpfte und scheppernd auf einem eisernen Kanalgitter landete. Er hatte gerade einen Anruf von seiner Schwester bekommen, der ihn ganz aus der Fassung gebracht hatte.

Ihr Sohn, der kleine Jün, war gestern nachmittag hinausgegangen, um seinen Drachen steigen zu lassen, und nicht mehr zurückgekommen. Er war mitten am hellichten Tage verschwunden, hier auf dieser verfluchten Straße. Fang Tscheng hörte noch immer das Jammern und Schluchzen der Schwester am Telefon, in das sich ein schrilles Besetztzeichen gemischt hatte. Auf den fragenden Blick des Redaktionsleiters, der ihm gegenübersaß, hatte er den Hörer in die Gabel gelegt und sich bemüht, einen möglichst unauffälligen Eindruck zu machen.

Auf der anderen Straßenseite lag eine Reihe frisch gefällter Akazien von beachtlicher Größe in wirrem Durcheinander auf dem Gehweg. Ein gelber japanischer Kranwagen stand am Straßenrand. Von rhythmischen Pfiffen angespornt, befestigten vier oder fünf Arbeiter Haken unter den Stämmen, um die gefällten Akazien auf einen großen Lastwagen zu verladen.

Fang Tscheng trat an die alte Frau heran, die Eiskrem verkaufte: »Was für schöne Bäume! Wie kommt es...«

»Eis am Stil, fünf Fen ein Stück, Eis am Stil, drei Fen ein

Stück!« Der verrunzelte, eingeschrumpfte Mund bewegte sich mahlend.
»Genossin«, unternahm Fang Tscheng einen zweiten Anlauf, aber die Alte hatte ein so lautes Organ, daß ihn der Mut verließ, weiterzufragen. Er überquerte die Straße und ging zum Tieflader hinüber. Ein Kerl, der aussah als wäre er der Fahrer, stand an die Stoßstange gelehnt und rauchte.
»Entschuldigung, was ist hier los?«
»Hast du keine Augen im Kopf?«
»Ich meine, weshalb schafft man die Bäume fort?«
»Was geht dich das an? Wenn du ein Haus baust und du suchst einen Stamm für den Dachstuhl, verrate ich dir eins: hier fällt nichts ab, nicht mal für mich.« Damit warf der Fahrer die Kippe weg, stieg ins Führerhaus und knallte die Tür hinter sich zu.
Fang Tscheng biß sich auf die Lippen. Eine Frau mittleren Alters kam mit einem Gemüsekorb vorbei. Er folgte ihr.
»Wo haben Sie diese Rettiche bekommen?«
»Im Lebensmittelladen dort drüben.«
»Ach dort!« Er lächelte höflich und ging ein paar Schritte neben ihr her. »Wieso werden eigentlich diese Bäume gefällt? Ist das nicht schade?«
»Wer weiß das? Ich habe gehört, gestern soll ein Kinderdrachen in der Spitze des Baumes hängengeblieben sein, und so ein Bengel ist hinaufgeklettert, um ihn herunterzuholen.« Die Frau schloß plötzlich den Mund, machte ein erschrockenes Gesicht und ging schnell weg.
Ein langer Schatten glitt über den Boden.
Fang Tscheng drehte sich um. Ein Mann in Lederjacke, die grüne Armeemütze tief in die Stirn gezogen, musterte ihn mit einem langen Blick und ging dann weiter. Jetzt erst fiel ihm die große, hohe Mauer auf, die sich hinter den abgeschlagenen Akazien erhob. An einigen Stellen hatte sich im Lauf der Jahre der Putz gelöst, und sehr feste, alte Ziegelsteine kamen zum Vorschein. Er atmete tief die Herbstluft ein, in der sich der Duft der Akazien mit dem Geruch von Dieselöl ver-

mischte, und ging entlang der Mauer weiter. Nicht lange, und die Mauer machte einem von zwei Steinlöwen bewachten Tor Platz. Der rote Lack der Türflügel war schon verblaßt, und auf den vorspringenden Türleisten lag Staub, als sei dieses Tor schon lange nicht mehr geöffnet worden. Ein einfaches Türschild: »Glücksgasse 13«. Unter dem Schild eine milchweiße Klingel. Fang Tscheng ging hin und drückte drauf. Aber sie bewegte sich nicht. Er blickte genauer hin. Sockel und Knopf bestanden aus einem Stück. Es war also eine Atrappe. Er war enttäuscht.

Als er Schritt für Schritt zurücktrat, um das Tor als Ganzes zu betrachten, prallte er mit einem vorbeikommenden alten Mann zusammen.

»Entschuldigung! Können Sie mir bitte sagen, wer hier wohnt?«

Der Alte erstarrte. In seine Augen trat ein solcher Ausdruck der Angst, daß Fang Tscheng unwillkürlich weiche Knie bekam. Der Alte entfernte sich wortlos. Aufgeregt und empört klopfte sein Stock auf das Pflaster, bis er in der Ferne entschwunden war.

Ein kleiner Junge kam des Wegs. Mit seinem Taschenmesser bearbeitete er hingebungsvoll einen Akazienzweig.

»Junger Freund, wo finde ich hier das Einwohnerkomitee?«

Der Kleine zog den Rotz hoch und wies ihm mit dem Akazienzweig die Richtung.

»Die Gasse dort bis hinter die Biegung.«

Der Weg schlängelte sich zwischen selbstgebauten, schiefen Notunterkünften hindurch. Manchmal mußte Fang Tscheng sich bücken, um nicht mit dem Mantel an hervorstehenden Brettern und Nägeln hängenzubleiben. Am Ende der Gasse befand sich ein etwas breiteres Eingangstor zu einem Wohnhof. Die Schilder an den Torpfosten rechts und links, »Einwohnerkomitee« und »Rote Sanitätsstation«, waren übersät mit den Abdrücken schmutziger Kinderhände.

Er stieß die Tür des Gebäudes zur Linken auf und steckte den Kopf hinein.

»Hast du die Bescheinigung mit?« fragte ein strickendes Mädchen, ohne den Kopf zu heben.
»Was für eine Bescheinigung?«
»Den Totenschein«, sagte das Mädchen ungeduldig.
Alles in diesem Raum war schneeweiß: Vorhänge, Bettlaken, Tisch und Stühle, sogar der Kittel und das Gesicht des Mädchens. Fang Tscheng überlief es kalt.
»Nein, nein, ich bin hier...«
»Du kannst mir glauben, ohne meine Unterschrift gibt es keine Trauerfeier.«
»Ich komme, weil ich jemanden suche.«
»Du suchst jemanden?« überrascht hob sie den Kopf und strich sich mit der Stricknadel das Haar aus der Stirn. »Kennst du nicht die Vorschriften?«
»Bin ich hier nicht...«
»In der roten Sanitätsstation.«
Fang Tscheng wich zurück in den Hof. Im gegenüberliegenden Gebäudeflügel bewegte sich etwas. Er ging hin und klopfte an die Tür.
»Herein!«
Um einen langen Holztisch herum saß mehr als ein Dutzend Menschen. Sie starrten ihn schweigend an. Das Licht im Raum war so trüb, daß man ihre Gesichter nicht deutlich erkennen konnte, aber nach dem Geräusch der schwer rasselnden Bronchien zu urteilen, waren es größtenteils ältere Frauen.
»Ist alles unterschrieben?« fragte eine Frau, die am Ende des Tisches saß. Ihre Stimme hörte sich sehr jung an. Wahrscheinlich war sie so eine Art Vorsitzende.
»Nein, ich...«
»Also läßt man uns noch etwas Luft«, sagte die Vorsitzende sarkastisch.
Schallendes Gelächter. Eine fette alte Frau lachte so heftig, daß sie einen Erstickungsanfall bekam und jemand ihr auf den Rücken klopfen mußte.
»Ich bin Reporter«, beeilte sich Fang Tscheng zu erklären.

Sofort herrschte Totenstille im Raum. Alle starrten sich gegenseitig an, als hätten sie den Sinn seiner Worte nicht ganz erfaßt.
Die Vorsitzende reagierte als erste: »Den Ausweis!«
Fang Tscheng hatte kaum seinen Journalistenausweis hervorgezogen, da wurde er ihm schon vom Nächststehenden entrissen. Der in rotes Plastik eingebundene Ausweis wurde von Hand zu Hand den Tisch hinuntergereicht, hin und her gewendet und begutachtet. Einige schüttelten den Kopf, andere benetzten die Finger mit Spucke und rieben über die Oberfläche. Zuletzt fiel der Ausweis in die Hände der Vorsitzenden. Sie betastete ihn, prüfte ihn genau und ließ ihn dann von einem neben ihr sitzenden alten Mann mit Lesebrille laut vorlesen. Schließlich nickte sie mit dem Kopf.
»Ah, du bist also hier, um uns zu fotografieren.«
Im Saal kam Unruhe auf. Trübe Augen wurden heller, einer schubste den anderen, wer mit dem Kopf auf der Tischplatte in Schlaf gefallen war, wurde geweckt. Es war als ob etwas, worauf sie ihr ganzes Leben lang gewartet hatten, endlich eingetreten sei.
»Mach deine Aufnahmen, wir studieren gerade die Dokumente!« sagte die Vorsitzende stolz. »Den Rücken geradehalten, nicht in die Kamera blicken.«
Alle richteten sich steif auf, nahmen die auf dem Tisch liegenden Zeitungen in die Hand und raschelten mit dem Papier.
»Einen Augenblick, ich habe keine Kamera mit. Ich bin aus einem anderen Grund hier. Ich will mich erkundigen, wer in der Glücksgasse 13 wohnt.«
»Warum hast du das nicht früher gesagt?« fragte die Vorsitzende barsch.
»Ich bin nicht zu Wort gekommen.«
»Schon gut, wonach willst du dich erkundigen?«
»Glücksgasse 13.«
»Lebende Menschen? Dafür sind wir nicht zuständig. Geh und mach nicht soviel Wind! Die Alten hier vertragen keine Unruhe.«

»Wer wäre denn dafür zuständig?«
»Ruhe! Wir setzen unsere Versammlung fort. Wo waren wir stehengeblieben? Ach ja, der taubstumme Tschen aus Nummer vier. Wir bewahren ihm ein ehrendes Angedenken, aber aus welchem Grund wird ihm immer weiter ein Mundschutz zugeteilt?«
»Damit er im Grab besser schnaufen kann!« rief eine rauhe Stimme aus der Zimmerecke.
»Warte nur, bis du in den Himmel kommst! Wir geben dir einen Topf mit, da tust du deinen Buckel hinein.«
Sie begannen zu streiten, laut und rücksichtslos.
Fang Tscheng benutzte die Gelegenheit, um hinauszuschlüpfen. Als er das Haupttor erreichte, atmete er erleichtert auf. Er hatte das Gefühl, selber beinah gestorben zu sein.
Er nahm einen anderen Weg zurück und kam an einem Grundstück vorbei, auf dem gerade Abbrucharbeiten im Gang waren. Staub wirbelte hoch und blieb in der Luft hängen. Eine Schar Kinder drängte sich um die Einfahrt und spähte nach innen. Mehrere Arbeiter umfaßten gemeinsam einen dicken Balken und stießen ihn unter lauten Rufen gegen die Giebelwand eines noch stehenden Hausflügels. Zwischen den Schutthaufen wurde ein Bauwerk in die Höhe gezogen, das wie ein runder Brunnen aussah.
»Was ist das hier für ein Betrieb?« fragte Fang Tscheng die Kinder.
»Die Baubehörde«, erwiderte ein kleines Mädchen mit piepsiger Stimme.
Fang Tscheng stieg über einen Haufen Zement und stieß auf einen jungen Burschen, der einen Kübel Mörtel trug.
»Ich bin Reporter. Wo ist euer Bauleiter?«
»He, Wang!«
Ein Kopf reckte sich aus dem Baugerüst: »Was ist los?«
»Schon wieder die Zeitung.«
Bauleiter Wang sprang behende herab, legte die Kelle aus der Hand und strich sich mit dem Ärmel über die Stirn und den muskulösen Nacken.

»Ihr seid aber von der schnellen Truppe. Ich habe mit dieser Erfindung gerade erst angefangen.«
»Was für eine Erfindung?«
»Soll das heißen, es geht schon wieder um die Teilnahme der Kader an der körperlichen Arbeit? Dieses Thema hat eure Zeitung schon siebenmal abgehandelt und immer nur eine Kleinigkeit abgeändert. Man sollte es nicht für möglich halten, aber das einzige, was sich jedesmal ändert, ist die Schreibweise meines Namens. Wenn das so weiter geht, weiß ich bald selber nicht mehr, wie ich heiße. Sieh dir das hier an! Was hältst du davon?«
»Was soll das werden?«
»Ein Haus, ein Haus von ganz neuer Art.«
»Es sieht aus, wie...« bemerkte Fang Tscheng und konnte gerade noch die Worte »ein Grab« verschlucken.
»Wie ein Wachturm, nicht wahr? Aber es hat keine Schießscharten.«
»Und wo sind Türen und Fenster?«
»Die kommen alle aufs Dach.« Der Bauleiter rieb sich so aufgeregt die Hände, daß kleine Zementbröckchen abplatzten. »Sicherheit im Kriegsfall, Schutz vor Räubern, Sturm und Kälte, und noch viele Annehmlichkeiten mehr. Das habe ich unseren Vorfahren abgeschaut.«
Den Höhlenbewohnern, lächelte Fang bitter.
»Der Vorteil sind die günstigen Baukosten. Man kann die Produktion rationalisieren und Transportbeton verwenden. Dann kommt es billiger als der Bau eines Hühnerstalls. Und viel solider als ein Wachturm ist so ein Haus auch noch. Wenn sich das erstmal landesweit durchsetzt, bin ich ein gemachter Mann. Verlaß dich drauf! Dann richte ich mir ein Nest ein und sitze den ganzen Tag im Büro auf dem Sofa. Das kommt aber nicht in die Zeitung. Hier, sieh dir mal die Pläne an! Wir reißen gerade die alten Häuser ab. Deshalb ist die Luft so stikkig. He, kleiner Li, mußt du der Schippe den Puls fühlen? Los, Bewegung, hol mal einen Stuhl!«
Fang Tscheng war etwas schwindlig zumute. »Vielen Dank,

ich schau mir das später an. Übrigens, noch eine Frage, wer kann wohl in der Glücksgasse 13 wohnen?«

»Kcine Ahnung, nicht mein Problem.«

»Aber wessen Problem ist es dann? Irgend jemand muß es doch wissen.«

»Nur keine Sorge, laß mich mal nachdenken. Ja, warum fragst du nicht bei uns in der Verwaltung nach? Die haben da einen großen Stadtplan hängen. Auf dem ist jede Einzelheit eingezeichnet.«

»Gut, ich versuch es mal.«

»Übrigens, du kannst mir einen Gefallen tun. Wenn du die Pläne sowieso mitnimmst, laß unseren Vorstand mal einen Blick darauf werfen. Unser Lieferwagen kann dich hinbringen.«

»Nicht nötig, danke.«

»Und paß bloß auf, daß ihr diesmal meinen Namen richtig schreibt!«

Fang Tscheng schüttelte sich benommen, als er wieder auf der Straße stand, und warf einen Blick zum Himmel.

II

Mit klappernden Lederschuhen schoß die Sekretärin hinter der Tür hervor:

»Genosse Reporter, Direktor Ding würde sich sehr freuen, Sie zu sehen. Außerdem würden siebzehn weitere Direktoren Sie gern zu Einzelgesprächen empfangen. Die Termine können nach Ihren Wünschen festgelegt werden. Direktor Wang möchte mit Ihnen über das Nachfolgeproblem sprechen, Direktor Tiän Ihnen von seinen Kriegserlebnissen berichten, Direktor Ma seine Vorstellungen über die Erneuerung der chinesischen Schrift erläutern...«

»Wer von ihnen ist der Vorstandsvorsitzende?«

»Wir unterscheiden hier nicht zwischen Vorsitzer und Stellvertreter. Es geht nach der Reihenfolge der Pinselstriche im Namen.«

»Es tut mir leid. Ich habe nicht soviel Zeit. Ich bin aus anderen Gründen hier. Aber wie kommt es, daß die Direktoren alle über mein Erscheinen informiert sind?«
»Sie halten gerade eine Vorstandssitzung ab.«
»Die sie meinetwegen unterbrechen?«
»Aber das macht nichts. Sie konferieren schon seit neun Tagen. Die Unterbrechung ist willkommen.«
Im Sitzungssaal hing der Zigarettenrauch in schweren Schwaden. Neben dem Konferenztisch stand ein kleiner Fettwanst mit rosiger Gesichtshaut, der ihm lächelnd die Hand reichte. »Willkommen, nehmen Sie Platz, bitte. Sehen Sie nur den Qualm im Zimmer! Das ist einfach kollektiver Totschlag. Die Täter sind...«
»Wie bitte?«
Der Alte schwenkte die Arme, als wolle er den dichten Rauch vertreiben. »Zum Glück habe ich ein optimistisches Gemüt. Das ist meine Rettung. Haben Sie schon von einem Medikament gehört, das ›Rocheforte‹ heißt?«
»Nein.«
»Das ist ein hervorragendes ausländisches Präparat zur Behandlung von Koronarbeschwerden. Machen Sie oft Auslandsreisen?«
»So gut wie gar nicht.«
»Vielleicht kennen Sie jemanden, der mir helfen kann, es zu besorgen.«
»Ich will es versuchen. Wieso? Haben Sie es am Herzen?«
Der Direktor sah plötzlich besorgt aus. »Mit mir ist nicht mehr viel los. Gut möglich, daß Sie, wenn Sie das nächste Mal zu uns kommen, Direktor Wang auf diesem Sessel finden.« Er räusperte sich. »Kommen wir zurück zu den Fakten! Große Kritik bewirkt große Veränderungen. Große Veränderungen fördern große Kritik. Im letzten Quartal haben wir unser Plansoll zu 158 Prozent überfüllt. Das sind im Vergleich zum Vorjahr...«
»Entschuldigung, ich bin nicht gekommen, um eine Reportage zu schreiben...«

»Sondern?«
»Ich stelle Nachforschungen an über ein bestimmtes Grundstück. Ich möchte herausfinden, wem die Glücksgasse 13 gehört.«
Direktor Ding lief rot an und zog ein Taschentuch hervor, um sich den Schweiß vom Gesicht zu wischen. »Sie wollen mir doch nicht etwa Schwierigkeiten bereiten? In einer so großen Stadt ist es unmöglich, alles auswendig zu wissen, wie man das bei einem Poduktionsplan kann.«
»Man hat mir gesagt, es soll hier einen großen Stadtplan geben.«
»Richtig, richtig, das hätte ich fast vergessen!« Er zog eine kleine Flasche aus der Tasche, klopfte sich ein paar Pillen auf die Handfläche und stopfte sie sich in den Mund. »Übrigens, was halten Sie von der Hühnerblut-Therapie?«
»Ich habe sie nicht ausprobiert.«
Er drückte auf einen in die Tischplatte eingelassenen Knopf, und der rote Wandvorhang glitt auseinander. Er ergriff einen Zeigestock, schwenkte ihn auf und ab und trat vor den Stadtplan.
»Und die Methode des Armeschwingens?«
»Es sieht so aus, als wäre sie ganz wirkungsvoll.«
»So ist es. Äußerst wirkungsvoll. Glücksgasse 30, eine Kohlenhandlung.«
»Ich suche Nummer 13.«
»13, 13... Komm her, mein Junge, und überzeug dich selbst.«
Ein weißer Fleck.
»Wieso ist hier nichts eingetragen?« fragte Fang Tscheng erstaunt.
Direktor Ding klopfte ihm auf die Schulter. »Wenn man genau hinsieht, ist die ganze Karte voller weißer Flecke. Das sind Gebiete, von denen niemand etwas weiß.«
»Von denen niemand etwas weiß?«
»Allerdings. Das ist das gleiche wie mit den weißen Flecken in der medizinischen Forschung.«

»Und die Sicherheitsbehörde, wissen die auch nichts?«
»Warum erkundigen Sie sich nicht selbst? Der Hintereingang zum Sicherheitsamt liegt gleich gegenüber. Sehr praktisch. Was halten Sie von einem elektronischen Spielzeug wie dem Herzschrittmacher? Kann man sich darauf verlassen?«
»Davon versteh ich nicht genug.« Fang Tscheng tastete seine Taschen ab und zog den Bauplan heraus. »Heute morgen war ich auf Ihrer Baustelle und sprach mit Bauleiter Wang. Er bat mich, Ihnen das hier zu überreichen. Seine neueste Erfindung.«
»Dieser Kerl hat zuviel Kräfte. Wie ein Zauberkünstler. Immer neue Kunststücke. Dabei sind wir noch mit mehreren Großprojekten im Rückstand.« Direktor Ding runzelte die Stirn, knüllte den Plan zusammen und warf ihn in den Papierkorb. »Leute wie er sind schuld daran, daß es auf dieser Welt so hektisch zugeht.«
Die Sekretärin steckte den Kopf zur Tür herein.
»Eine Mitteilung an alle Direktoren: Die Sitzung wird fortgesetzt.«
Fang Tscheng zeigte dem Wachmann am eisernen Gittertor des Sicherheitsamtes seinen Presseausweis.
»Ich möchte den Amtsvorsteher sprechen.«
»Vernehmungsraum eins.«
»Wie bitte?«
»Eine Treppe hoch, erste Tür rechts.«
»Ich bin Journalist.«
Die Wache blickte ihn ausdruckslos an und hüllte sich in Schweigen.
Fang Tscheng stieg die Treppe hinauf und fand im trübe beleuchteten Korridor eine Tür mit dem Messingschild »Vernehmungsraum 1«.
Er klopfte an, wartete vergebens auf Antwort und trat dann einfach ein. Das Zimmer war geradezu luxuriös eingerichtet. Roter Teppichboden, bequeme Ledersessel um einen Couchtisch. Nicht die Spur von Verhöratmosphäre. Fang Tscheng atmete erleichtert auf und ließ sich in einen Sessel fallen.

Plötzlich öffnete sich eine Falltür, und ein Mann in grauem Kaderanzug kam herein, gefolgt von drei oder vier uniformierten Polizisten. Er war von mittlerer Statur und hatte ein finsteres, kaltes Gesicht, das wie aus Gußeisen wirkte. Ein Polizist, der eine Brille trug, flüsterte ihm etwas zu. Der Mann nickte.

»Das ist Amtsvorsteher Liu«, stellte die Brille vor.

»Bitte Platz nehmen.« Die Stimme des Vorstehers klang tief und sandig. Er und die Brille setzten sich aufs gegenüberstehende Sofa. Zwei Polizisten nahmen zu ihren Seiten Aufstellung.

»Amtsvorsteher Liu«, sagte Fang Tscheng, »ich möchte etwas mit Ihnen besprechen.«

»Immer mit der Ruhe, erst mußt du mir eine Frage beantworten.«

Er machte eine künstliche Pause. »Angenommen, ich gäbe dir fünf Streichhölzer mit dem Auftrag, sie zu einem Quadrat zusammenzulegen. Wie würdest du vorgehen?«

Fang Tscheng starrte ihn verblüfft an.

»Nicht nervös werden!«

»Ich bin nicht nervös.« Fang Tscheng dachte angestrengt nach, aber sein Kopf war vollkommen leer.

Der Amtsvorsteher stieß ein rauhes Lachen aus und warf der Brille einen bedeutungsvollen Blick zu. »Das ist ein Charakteristikum der politischen Verbrecher. Sie suchen immer nach einer Verwendungsmöglichkeit für das überzählige Hölzchen. Ein gewöhnlicher Straftäter verhält sich ganz anders.«

»Sie haben die Psyche der Kriminellen vollständig durchschaut«, schmeichelte ihm die Brille.

»Das ist die Höhe!« empörte sich Fang Tscheng.

»Nur keine Aufregung, Kleiner. Und, vor allem, unterbrich mich nicht, wenn ich spreche!« Der Amtsvorsteher wandte sich wieder der Brille zu. »Bei dieser psychologischen Taktik kommt es darauf an, das Denken des Verbrechers auf einen winzigen Flecken zu konzentrieren, auf eine einzige Ebene.

Dort kann er sich nicht verstecken und wird leicht entlarvt. Verstanden?«
Die Brille nickte. »Ja, aber woran erkennt man, daß er ein Verbrecher ist? An den Augen?«
»Nein, das war einmal. Politische Verbrecher können sich leicht verstellen. Merk dir eins: Jeder, der dir gegenübersteht, ist ein Verbrecher! Ohne die geringste Ausnahme.«
»Ohne Ausnahme?«
»Jawohl! Das ist Klassenkampf.«
»Aber, aber...« druckste die Brille herum.
»Schon gut. Du stellst zu viele Fragen. Ich werde dich in die Liste der Verdächtigen aufnehmen müssen.« So abrupt, wie er die Brille unterbrochen hatte, wandte Liu sich wieder ab und beugte sich zu Fang Tscheng vor.
»Und nun zu dir. Was hast du vorzubringen?«
»Ich möchte mich nach dem Verwendungszweck eines bestimmten Gebäudes erkundigen.«
»In Ordnung. Sprich weiter!«
»Wem gehört die Glücksgasse 13?«
Der Amtsvorsteher erstarrte. Dann glitt ein schwer zu erkennendes Lächeln über seine Züge. Die mit gesenktem Kopf zerknirscht dasitzende Brille öffnete die Aktentasche und nahm einen Block heraus, um Notizen zu machen. Zwei Polizisten stellten sich rechts und links neben Fang Tscheng. Die Stimmung im Raum war eisig.
»Name und Vorname?« fragte der Amtsvorsteher streng.
»Fang Tscheng.«
»Das Alter?«
»Wofür halten Sie mich eigentlich? Ich bin Reporter.«
»Papiere?«
Fang Tscheng zog seinen Presseausweis heraus und überreichte ihn dem Polizisten an seiner Seite.
»Die Echtheit nachprüfen!« befahl der Amtsvorsteher. »Fingerabdrücke nehmen! In der Verbrecherkartei nach seiner Vorgeschichte und politischen Einstufung suchen!«
»Was habe ich verbrochen?«

»Ausspähung von Staatsgeheimnissen.«
»Ist Glücksgasse 13 ein Staatsgeheimnis?«
»Alles, was nicht allgemein bekannt ist, ist ein Staatsgeheimnis.«
»Und Sie? Ist es Ihnen bekannt?«
»Dein Vergehen ist immer das gleiche: Behinderung der Ermittlungsarbeit.«
Fang Tscheng stieß einen Seufzer aus.
»Die nächste Frage.«
Gegen Abend wurde er entlassen.

III

Die Stadtbücherei war leer, aber es roch überall nach Desinfektionsmittel. Fang Tscheng durchblätterte die Karteikästen vorwärts und rückwärts, bis er auf den Titel »Historische Forschungen zur Technik der Grabräuber« stieß. Er schrieb sich die Buchnummer auf und begab sich eine Treppe höher zur Ausleihe. Hinter dem Schalter stand eine Frau mittleren Alters mit hohen Backenknochen. Sie studierte erst den Bestellschein und musterte dann Fang Tscheng.
»Sind Sie Archäologe?«
»Nein, ich bin Reporter.«
»Haben Sie vor, in einem Grab Recherchen anzustellen?« fragte sie halb im Spaß.
»Ich möchte einem Geheimnis auf die Spur kommen.«
»Wo gibt es denn noch Geheimnisse?«
»An einem Ort, wo das Leben zum Stillstand kommt, kann es alle Arten von Geheimnissen geben.«
»Von denen niemand etwas weiß?«
»Kein Mensch. Denn die Lebenden sind auch ein Teil des Geheimnisses.«
»Wie bitte?«
»Keiner kennt den anderen, keiner versteht den anderen.«
Die Frau mit den hohen Backenknochen starrte ihn an: »Du lieber Himmel, spinnen Sie nicht ein bißchen?«

»Nicht ich, der Himmel spinnt.«
Die Frau wandte sich ab und beachtete ihn nicht mehr. Nach einer halben Stunde kam der Bücherwagen angerattert, und das Buch flog auf den Schalter, daß der Staub hochwirbelte. Fang Tscheng klemmte sich das Buch unter den Arm, ging in den Lesesaal und setzte sich an einen leeren Tisch in der Ecke. Er blätterte im Buch und machte sich Notizen in ein kleines Heft.
Ein helles Viereck Sonnenschein kroch über den Tisch. Fang Tscheng reckte sich und blickte auf die Uhr. Es war schon spät. Der Lesesaal war unmerklich voll geworden. Die Leute, die um ihn herumsaßen, hatten alle den Kopf in ein dickes Buch gesteckt. Fang Tscheng blickte genauer hin und erschrak. Die Bücher hatten alle den gleichen Titel: »Historische Forschungen zur Technik der Grabräuber.« Fang Tscheng brach der Schweiß aus. Er saß wie auf Kohlen.
Als er sich unauffällig aus der Bibliothek davonschlich, bemerkte er einen Schatten, der sich ihm an die Fersen heftete. Fang Tscheng bot in eine enge Seitengasse ab und machte plötzlich eine Kehrtwendung. Sein Verfolger konnte sich nicht verstecken und prallte fast mit ihm zusammen. Es war der Kerl in der Lederjacke, den er gestern in der Glücksgasse gesehen hatte. Als Fang Tscheng aus der Gasse herauskam, stand ein Bus an der Bushaltestelle. Er sprang auf, und die Türen schlossen sich quietschend hinter ihm.
Als er ausstieg, sah er sich nach allen Seiten um und war erleichtert. Er steckte die Hände in die Manteltaschen und bemühte sich, Selbstvertrauen und Mut zurückzugewinnen.
An der Kreuzung fiel ihm ein Junge auf, der einen Drachen steigen ließ. Die um die Hand gewickelte Schnur straffte sich, der Drachen tanzte im Wind. Ein hoher Punkt, dachte Fang Tscheng, das mußte es sein. Sein Neffe war beim Spiel mit dem Drachen verschwunden, weil er von einem hohen Punkt aus etwas gesehen hatte. Zu dumm, daß er nicht früher

daran gedacht hatte. Beinahe hätte er sich unterkriegen lassen, wie eine Ratte im Loch.
Fang Tscheng kaufte bei einem Trödler ein starkes Fernglas und machte sich auf den Weg in die Glücksgasse. Er suchte die ganze Umgebung ab, bis er auf einen sehr hohen Schornstein stieß, der ganz allein auf einem leeren Grundstück stand, umgeben von Trümmern und Schutt. Er betrat das Kesselhaus am Fuß des Schlotes. Unter dem Surren eines Ventilators schaufelte ein knochendürrer alter Mann unablässig Kohle in die Feuerung. Sein schweißbefleckter Arbeitsanzug war schon ganz zerschlissen. Nur an den Hüften zusammengehalten, flog er bei jeder Schaufelbewegung hin und her.
»Haben Sie einen Augenblick Zeit?« rief Fang Tscheng.
Der Alte richtete sich auf, massierte sein Kreuz und kam an die Tür. Sein Gesicht war von Kohlenstaub und Asche bedeckt.
»Was gibt es?«
»Onkel, wo geht das von hier aus hin?«
»In den Himmel.«
»Nein, ich meine, was beheizen Sie hier?«
»Woher soll ich das wissen? Ich bekomme mein Geld, ich mache meine Arbeit, das ist alles.«
»Wenn es Geld gibt, muß es auch eine Abrechnung geben.«
»Die gibt es. Wo ist nur mein Lohnzettel geblieben?« Der Alte tastete sich von oben bis unten ab. »Wahrscheinlich habe ich mir damit eine Zigarette gedreht.«
»Was stand denn auf dem Zettel drauf?«
»Laß mich nachdenken! Ich glaube so etwas ähnliches wie: Mach Feuer für tausend schwarze Wolken. Ja.« Der Alte lächelte, daß man die Zähne sah. In seinem geschwärzten Gesicht wirkten die ungleichmäßigen und halb abgebrochenen Zähne besonders weiß.
Fang Tscheng zog seinen schwarzen Mantel aus. »Können Sie bitte darauf aufpassen? Ich will mal rauf und mich umtun.«

»Wollen Sie nicht eine Nachricht für Ihre Familie hinterlassen?«
»Wieso?«
»Sie sind der zwölfte. Gestern erst ist ein Mädchen gesprungen.«
Der Alte wandte sich wieder dem Kessel zu und füllte Kohlen nach. Eine Stichflamme schoß heraus.
Fang Tscheng legte den Kopf zurück und blickte in die Höhe. Der Schornstein schien irgendwie schief zu stehen. Er ging zum Fuß der eisernen Leiter und begann zu klettern. Die Häuser wurden immer kleiner, der Wind blies kräftig, seine Kleider knatterten. Oben angelangt, suchte er einen sicheren Halt für die Füße, steckte einen Arm in die Leiter, drehte sich herum und setzte das Fernglas an. Hausgiebel, Dattelbäume und Hofmauern konnte er deutlich erkennen. Plötzlich erstarrte er, und die Hand, die das Fernglas hielt, begann zu zittern. Er traute seinen Augen nicht. Nach einer Weile hatte er sich gefaßt und konnte wieder klar sehen. Er suchte jeden Winkel ab, aber er konnte nicht einen einzigen Grashalm erblicken.
»Verdammter Mist!« sagte er zu sich selbst.
Als seine Füße wieder den Boden berührten, rief eine grobe Stimme hinter ihm! »Keine Bewegung! Was glaubst du wohl, wo es jetzt hingeht?« Ohne im geringsten überrascht zu sein, klopfte er sich den Staub von den Kleidern und drehte sich langsam um. Der Mann mit der Lederjacke versetzte ihm einen Stoß und drängte ihn in Richtung eines in der Nähe parkenden Jeeps.
Fang Tscheng warf einen Blick zurück und sah, daß der Alte im Kesselhaus immer weiter Kohlen ins Feuer schaufelte. Dichter Rauch quoll aus dem hohen Schornstein.
»Schwarze Wolken«, sagte er.

IV

Fang Tscheng kam ins Irrenhaus.
Als er die Leute sah, die auf der kahlen Erde zwischen den bemoosten Mauern immer im Kreis gingen, begriff er: Jetzt befand er sich auf der anderen Seite der Mauer.

(Übersetzt von Andreas Donath)

Nachbemerkung

Die Chinesen – das einzige Volk der Welt, das seine kulturellen Traditionen über Jahrtausende hinweg lebendig erhalten hat – produzierten künstlerische Prosa schon zu einer Zeit, als unsere Vorfahren noch in den Wäldern lebten, wie Goethe zu Eckermann bemerkte. Aber so etwas wie schriftstellerische Freiheit ist in China nie gewährt worden. Die Umstände etwa, unter denen in Mitteleuropa das Werk eines Georg Büchner entstand, bildeten für China die Normalität des Autorenlebens. Die Päpste und Könige des Abendlandes, bemerkt ›Brückenbau‹-Autor Liu Binyan, konnten gewiß sehr unangenehm sein, aber sie haben »niemals jemandes Nachkommenschaft ausgerottet, weil er ein Wort falsch geschrieben hatte. In China passierte dies jedoch durchaus«. In diesem bald zu Ende gehenden Zwanzigsten Jahrhundert hat es für chinesische Autoren eigentlich nur zwei Jahrzehnte gegeben, in denen sie die Möglichkeit hatten, relativ ungefährdet zu publizieren. Das erste kreative Jahrzehnt umfaßt die Jahre 1918 bis 1927, das zweite für die Literatur fruchtbare Dezennium die Jahre 1979 bis 1989. Die schwierigen Entstehungsbedingungen der chinesischen Literatur in diesem Jahrhundert lassen sich aufzeigen am Beispiel der persönlichen Lebenserfahrungen von zwei miteinander befreundeten Schriftstellern, einem Mann und einer Frau, deren Schicksal stellvertretend für alle vierzehn Autoren dieses Buches gesehen werden kann.

Auf das Jahr 1918 lassen sich die Anfänge der modernen chinesischen Literatur datieren, denn in diesem Jahr hat der wahrscheinlich bedeutendste chinesische Autor der ersten Jahrhunderthälfte, Lu Xun, seine erste Erzählung publiziert, das ›Tagebuch eines Wahnsinnigen‹. Die Zeitschrift, in der sie veröffentlicht wurde, die in Schanghai gedruckte ›Neue Jugend‹, erschien zu diesem Zeitpunkt bereits im dritten Jahr. Sie war das führende Blatt der auf Veränderung und Fortschritt hoffenden Intellektuellen. Der Herausgeber der ›Neuen Jugend‹, Chen Duxiu, hatte schon 1916 in einem Leitartikel »den neuen Glauben an die Gleichheit und die Menschenrechte« propagiert. Die Forderung der Menschenrechte ist also in China älter als die kommunistische Bewegung, denn die Kommunistische Partei ist erst 1921 unter maßgeblicher Mitwirkung Chen Duxius gegründet worden. Chen Duxiu, der diese Partei von 1921 bis 1927 führte, hat sie sich wohl als Instrument zur Erkämpfung der Menschenrechte vorgestellt. Aber die Geschichte nahm einen anderen Verlauf. Es hätte nahegelegen, Lu Xuns Erzählung aus dem Jahre 1918, ›Das Tagebuch eines Wahnsinnigen‹, an den Anfang dieses Buches zu stellen, doch haben dies schon vor zehn Jahren die Herausgeber der Anthologie ›Hoffnung auf Frühling‹ getan. ›China erzählt‹ beginnt deshalb mit einer anderen Erzählung von Lu Xun, die im Grunde für diesen Autor viel typischer ist. ›Die Arznei‹ aus dem Jahre 1919 behandelt zwei Grundmotive aus dem literarischen Schaffen Lu Xuns. Seinen Ärger über die Unwissenschaftlichkeit und Unwirksamkeit der traditionellen chinesischen Medizin und sein Entsetzen angesichts der Bedenkenlosigkeit, mit der die Mächtigen in China ihre Mitbürger hinrichten. Ersteres war der Grund, weswegen Lu Xun in Japan Medizin studierte. Als aber dort in einer Bakteriologie-Vorlesung ein Dia vorgeführt wurde, das die Enthauptung von zwei Chinesen darstellte, brach er das Medizinstudium ab und beschloß Schriftsteller zu werden. ›Die Arznei‹ spielt zu Beginn des Jahrhunderts, also noch vor der Revolution von 1911, die zwar die seit viertausend Jahren herrschende Monarchie beendete, aber nicht die vom Helden der Erzählung geforderte Gleichheit brachte, sondern nur eine Umverteilung der Macht in andere, inkompetente Hände, nämlich die der regionalen Militärkommandeure, auch »Warlords« genannt. Es entspricht Lu Xuns lakonischem Erzählstil, daß der Held der Geschichte, ein junger Revolutionär, der hingerichtet wird, von der ersten bis zur letzten Zeile unsichtbar bleibt. Von den Bewohnern der Kleinstadt, in der er lebt, hat niemand Verständnis für die Ideale, die ihm den Tod brachten. Daß er noch im Gefängnis seinen Wärter zur Demokratie bekehren wollte, wird als Witz weitererzählt. Der einzige Sinn seines Todes scheint für einen örtlichen Gastwirt darin zu liegen, daß man aus dem Blut des Hingerichteten ein Wunderheilmittel gegen die Tuberkulose seines kleinen Sohnes gewinnen kann. Eine düstere, entmutigende Erzählung, in der der einzige Hoffnungsschimmer die frischen Blumen auf dem Grab des Revolutionärs sind.

Ein Jahr nach der Niederschrift dieser Erzählung wurde Lu Xun Dozent für Literatur an der Peking Universität. Eine seiner begabtesten Schülerinnen war die 1904 in Hunan geborene Ding Ling. In ihrer Schulzeit war sie eng mit Yang Kaihui befreundet, der ersten Frau Mao Tse-tungs. Von ihrer Mutter, einer Lehrerin, dazu ermutigt, sich über die gesellschaftlichen Konventionen hinwegzusetzen, lebte Ding Ling als Studentin in Peking mit dem jungen Schriftsteller Hu Yepin zusammen.

Lu Xun verließ im Herbst 1926 Peking, nachdem er sich durch offene Kritik an den Machthabern in persönliche Gefahr gebracht hatte. Im Frühjahr 1927 hatte die Polizei vor dem Tor des Himmlischen Friedens in Peking das Feuer auf protestierende Studenten eröffnet und dabei 47 Demonstranten getötet. Unter den Toten befanden sich auch zwei Schülerinnen Lu Xuns. In tiefer Betroffenheit notierte Lu Xun »am dunkelsten Tag seit Gründung der Republik« seinen Protest: »China wird aufgefressen von Tigern und Wölfen, aber niemand kümmert sich darum. Die einzigen, die sich darum kümmern, sind ein paar junge Studenten, die eigentlich in Ruhe studieren sollten, aber nicht ruhigbleiben können in solch einer Situation. Wenn die Herrschenden auch nur eine Spur von Gewissen besäßen, hätten sie dann nicht ihr eigenes

Verhalten überprüfen und das bißchen Verantwortungsgefühl, das noch in ihnen steckt, in die Tat umsetzen müssen? Statt dessen ließen sie die Studenten massakrieren!«
Lu Xun verbrachte seine letzten Lebensjahre in der Hafenstadt Schanghai, die durch ihren exterritorialen Charakter den chinesischen Autoren noch den meisten Schutz vor der Verfolgung durch die seit 1927 militant antikommunistische Kuomitang-Regierung bot. Daß es aber auch in Schanghai keine absolute Sicherheit gab, mußte Lu Xuns Schülerin Ding Ling schmerzlich erfahren, die mit ihrem Lebensgefährten Hu Yepin 1928 ebenfalls nach Schanghai gezogen war. Im Januar 1931 wurde eine geheime Versammlung der verbotenen Kommunistischen Partei an die Polizei der Internationalen Konzession von Schanghai verraten. Die Polizei stürmte den Versammlungsraum, nahm sechsunddreißig Teilnehmer fest und lieferte sie an die Kuomintang aus. Dreiundzwanzig von ihnen wurden am 7. Februar 1931 erschossen, darunter auch Hu Yepin, von dem Ding Ling gerade ein Kind erwartete. Im Jahre 1932 trat Ding Ling der im Untergrund tätigen KP bei. Im Mai 1933 wurde sie von Agenten der Kuomintang aus Schanghai verschleppt und ins Gefängnis gebracht. Den Schock, den ihre Verhaftung in den Kreisen ihrer Kollegen auslöste, schildert Ba Jins Erzählung ›Regen‹. Ding Ling wurde damals für tot gehalten. Lu Xun schrieb ein Gedicht ›Trauer um Ding Ling‹. Aber die Dichterin überlebte die Kuomintang-Haft und floh Ende 1936 ins Hauptquartier der Kommunisten, das sich nach dem Langen Marsch in den Lößbergen nördlich der alten Kaiserstadt Xian befand. Im gleichen Jahr starb Lu Xun in Schanghai an einem Lungenleiden. 1937 marschierten die Japaner in China ein. Das ist der Hintergrund für Ding Lings 1938 veröffentlichte Geschichte ›Das verstörte Herz‹. Ding Ling war in dieser Zeit sehr aktiv als Redakteurin und Theaterleiterin. Als sie sich jedoch 1942 ›Gedanken zum Frauentag‹ machte, nahm Mao Tse-tung Anstoß an den Freiheiten, die sich die Autoren in den von den Kommunisten befreiten Gebieten herausnah-

men. Zur Gleichschaltung der Schriftsteller hielt er die ›Reden über Literatur und Kunst in Yenan‹. Ding Ling, die gemeint hatte, die Kommunisten nähmen die Gleichberechtigung der Frau nicht so wichtig, wurde zu zwei Jahren Zwangsarbeit verurteilt. Damit nahm die menschenunwürdige Zwangsvorstellung der kommunistischen Führer, die Gebildeten bilden zu müssen, ihren verhängnisvollen Anfang. Ding Ling überstand diese erste Demütigung und gehörte nach Gründung der Volksrepublik im Jahre 1949 zur Kulturprominenz des neuen China. Im Jahre 1956 gab Mao Tse-tung die Parole aus, daß »Hundert Blumen blühen und hundert Schulen um die Wette streiten sollten«. Das wurde allgemein als Lockerung der strengen Gedankenkontrolle verstanden. Autoren wie Wang Meng und Liu Binyan veröffentlichten Erzählungen, in denen sie ihrer Sorge über die Entwicklung Chinas Ausdruck gaben. Diese zaghafte Kritik ging jedoch den Mächtigen schon zu weit. In der Anti-Rechts-Kampagne von 1957 verloren vierhunderttausend Intellektuelle ihren Arbeitsplatz. Wang Meng und Liu Binyan wurden zu Zwangsarbeit verurteilt. Auch Ding Ling wurde wegen des unberechtigten Vorwurfs, 1933 in Kuomintang-Haft die KP verraten zu haben, zu zwölf Jahren Zwangsarbeit an der sibirischen Grenze verurteilt, aus der Partei ausgestoßen und mit Schreibverbot belegt. Die 1966 ausbrechende Kulturrevolution war prinzipiell intellektuellenfeindlich. Die Erniedrigungen dieser Zeit hat Ding Ling, stellvertretend für alle verfolgten Autoren, mit den Worten zusammengefaßt: »Man hat uns kritisiert und bekämpft, durch die Straßen gezerrt, einen Sündenhut aufgesetzt, auf dem unsere angeblichen Verbrechen geschrieben standen, man hat uns das Gesicht schwarz geschmiert, das Haar zur Hälfte abrasiert und mit Kot bespritzt. Man hat uns geschlagen, ins Gefängnis geworfen, immer wieder gefoltert, ganze Nächte hindurch verhört und jahrelang zu schwerer Strafarbeit eingeteilt. Wir wurden von unseren Ehepartnern und unseren Kindern getrennt, verloren die Familienangehörigen und alle unsere Habseligkeiten. Wir standen am Fluß der Tränen und vor dem Berg des Grauens.«

Als die Kulturrevolution sich dem Ende zuneigte, wurde Ding Ling in die ›Bastille des Zwanzigsten Jahrhunderts‹ eingeliefert, das Gefängnis für politische Gefangene im Norden von Peking. Dort verbrachte sie fünf Jahre in Einzelhaft. Es folgten noch vier Jahre Arbeit auf einem Dorf, bevor sie 1979 rehabilitiert wurde. Ding Ling und ihre überlebenden Kollegen durften wieder schreiben und publizieren. Das Jahrzehnt von 1979 bis 1989 brachte den chinesischen Schriftstellern weitgehende Schaffensfreiheit. Werke der verschiedensten Stilrichtungen entstanden. Vom inneren Monolog Wang Mengs bis zu den surrealistisch-absurden Alpträumen Can Xues und dem magischen Realismus eines Mo Yan (›Das rote Hirsefeld‹). Diese Epoche endete am 4. Juni 1989. In der Folgezeit ist es wieder dazu gekommen, daß Schriftsteller inhaftiert und gefoltert wurden, wie es in China seit Jahrtausenden Brauch ist.

Andreas Donath

Zu den Autoren

LU XUN

auch Lu Hsün oder Lu Ssün geschrieben, eigentlich Zhou Shuren (1881–1936). Er stammt aus einer verarmten Gelehrtenfamilie, lernte an der Marineakademie Nanking Deutsch, studierte in Japan Medizin, wurde Lehrer, Beamter im Erziehungsministerium, Literaturprofessor. Lebte von 1927 bis zu seinem Tode als freier Schriftsteller in Schanghai.

YE SHENGTAO

eigentlich Ye Shaojun (1894–1988). Pädagoge und Publizist. Gründete 1921 zusammen mit Mao Dun die ›Literarische Studiengesellschaft‹, die für eine gesellschaftlich relevante Literatur eintrat. Schrieb auch Kinderbücher. Nach Gründung der Volksrepublik Verlagsleiter und Stellvertretender Erziehungsminister. In der Kulturrevolution verfolgt.

LAO SHE

eigentlich Shu Qingchun (1899–1966). Sohn eines Mandschu-Offiziers, der während des Boxeraufstands bei der Verteidigung des Kaiserpalasts gegen die Truppen des Internationalen Expeditionskorps gefallen ist. Verbrachte mehrere Jahre in England und später in den Vereinigten Staaten. Schrieb den Roman ›Rikschakuli‹ und das Schauspiel ›Das Teehaus‹. Starb in der Kulturrevolution. Es ist unklar, ob er zu Tode geprügelt wurde oder sich das Leben nahm, weil er die Mißhandlungen nicht länger ertragen konnte.

SHEN CONGWEN

auch Shen Ts'ung-wen geschrieben, eigentlich Shen Yuehuan (1902–1989). Stammt ebenfalls aus einer Offiziersfamilie und wurde mit 15 Jahren Soldat. Als Zwanzigjähriger verließ er die Armee, um sich der Schriftstellerei zu widmen. Wurde einer der produktivsten Autoren der zwanziger und dreißiger Jahre. War mit Ding Ling befreundet, teilte aber nicht deren politisches Engagement. Nach der Gründung der Volksrepublik gab er das Schreiben auf und wurde Museumsbeamter. Trotzdem in der Kulturrevolution verfolgt.

XIAO HONG

auch Hsiao Hung geschrieben, eigentlich Zhang Naiying (1911–1942). Die Tochter eines Großgrundbesitzers und Regierungsbeamten floh aus ihrem Elternhaus, als der tyrannische Vater sie zu einer von den Eltern arrangierten Ehe mit einem ihr unbekannten Mann zwingen wollte. Ihr erster Roman, ›Der Ort des Lebens und des Sterbens‹, schildert die Besetzung der Mandschurei durch die Japaner. Lungenkrank, starb sie als 31jährige in Hongkong, kurz nach der Vollendung ihres dritten Romans, ›Geschichten vom Hulanfluß‹, der in ihrer mandschurischen Heimat spielt.

MAO DUN

auch Mao Tun geschrieben, eigentlich Shen Yanbing (1896–1981). Sohn eines Arztes. Erste Berufserfahrung als Redakteur. Trat der Kommunistischen Partei in ihrem Gründungsjahr 1921 bei. Wurde im gleichen Jahr Mitbegründer der ›Literarischen Studiengesellschaft‹. Trat 1928 aus der Kommunistischen Partei aus. Schrieb ›Seidenraupen im Frühling‹ (1932) und ›Shanghai im Zwielicht‹ (1933). Nach Errichtung der Volksrepublik Vorsitzender des Schriftstellerverbandes und von 1949 bis 1964 Kulturminister. Verlor in der Kulturrevolution alle seine Ämter.

BA JIN

auch Pa Chin oder Pa Kin geschrieben, eigentlich Li Yaotang (geb. 1904). Stammt aus einer Großgrundbesitzer-Familie, deren Verfall er in seinem populären Roman ›Die Familie‹ geschildert hat. Studierte von 1927/28 in Frankreich. Aus Begeisterung für den Anarchismus wählte er das Pseudonym Ba Jin in Anlehnung an Ba(kunin) und (Kropot)kin. Veröffentlichte 1933 mit ›Shading‹ einen der ersten proletarischen Romane Chinas. Nach Gründung der Volksrepublik wichtige Ämter im Literaturbetrieb. In der Kulturrevolution verfolgt. Dabei wurde auch seine Frau mißhandelt, sein Sohn zur Zwangsarbeit verschickt. 1978 rehabilitiert.

DING LING

auch Ting Ling geschrieben, eigentlich Jiang Bingzhi (1904–1986). Die bedeutendste feministische Dichterin Chinas wurde 1927 mit dem ›Tagebuch der Sophia‹ berühmt. Sie wurde die meiste Zeit ihres Lebens verfolgt, von allen chinesischen Regierungen, am nachhaltigsten von den Kommunisten, zu deren Idealen sie sich bekannte. Ihr Roman ›Sonne über dem Sanggan-Fluß‹ wurde 1951 in der Sowjetunion mit dem Stalin-Preis ausgezeichnet.

LIU BINYAN

auch Liu Bin-yän geschrieben (1925 in Changchun in der Mandschurei geboren). Er lernte früh Russisch, nahm 1943 an der kommunistischen Untergrundarbeit teil, wurde 1944 KP-Mitglied. Veröffentlichte 1956 ›Brückenbau‹ und ›Interne Meldungen aus unserer Zeitung‹ als Auftakt zur ›Hundert-Blumen-Bewegung‹. 1957 prominentestes Opfer der Anti-Rechts-Bewegung. Parteiausschluß, fünf Jahre Zwangsarbeit, zwölf Jahre Lager. 1979 rehabilitiert. Schrieb ›Zwischen Mensch und Dämon‹ und andere gesellschaftskritische Reportage-Erzählungen. 1987 zum zweitenmal aus der Partei ausgestoßen. Seit 1988 im Exil.

ZHANG JIE

(geboren 1937). Die ebenfalls aus der Mandschurei stammende Autorin studierte Volkswirtschaft und arbeitete zwanzig Jahre in Peking in einem Industrieministerium. Gehörte 1978 mit der preisgekrönten Erzählung ›Musik der Wälder‹ zu den ersten Autoren, die das durch die Kulturrevolution ausgelöste Schweigen der Literatur durchbrachen. ›Liebe heißt nicht vergessen können‹ wurde in China zu einer Wendemarke nicht nur der Literatur, sondern auch der Reorientierung auf menschliche Werte. Ihre Erfahrungen im Ministerium verwertete sie im Roman ›Schwere Flügel‹.

WANG MENG

(geb. 1934). Sohn eines Literaturwissenschaftlers, der am Deutschland-Institut in Peking mitarbeitete. Trat mit 13 Jahren in die Kommunistische Partei ein. Erste Berufstätigkeit in der Pekinger Parteiorganisation. Die davon inspirierte Erzählung ›Der Neuankömmling in der Organisationsabteilung‹ trug ihm fünf Jahre Zwangsarbeit in Peking und anschließend 16 Jahre Verbannung nach Sinkiang (Chinesisch Turkestan) ein. 1979 rehabilitiert. Schrieb die Romane ›Mit bolschewistischem Gruß‹, ›Der Schmetterlingstraum‹, ›Schwankende Gestalten‹. Zwei Deutschlandbesuche. Seit 1982 im Zentralkomitee, 1986–1989 Kulturminister.

BEI DAO

anderer Name Shi Mo, eigentlich Zhao Zhenkai (geboren 1949). Einer der führenden Köpfe des ›Pekinger Frühlings‹, jener Liberalisierungsbewegung, die sich im Herbst 1978 in Wandzeitungen an der ›Mauer der Demokratie‹ neben dem Pekinger Telegraphenamt artikulieren durfte, aber nach der Konsolidierung der politischen Macht in den Händen Deng Xiaopings unterdrückt wurde. Gründete die nichtoffizielle Literaturzeitschrift ›Heute‹, von der neun Ausgaben erschienen, bevor sie 1980 verboten wurde. Schrieb Gedichte, Erzählungen und den Roman ›Gezeiten‹.

CAN XUE

(geb. 1957). Sie lebt als selbständige Schneiderin in Changsha, der Hauptstadt ihrer Heimatprovinz Hunan. Diese südchinesische Provinz hat im neunzehnten Jahrhundert einen Mao Tse-tung hervorgebracht und in der Gegenwart die profiliertesten Dichter des Absurden, in deren Weltbild es keinen Platz für die real existierenden politischen Verhältnisse der Volksrepublik gibt. Sie schreibt täglich nur ein bis zwei Stunden und läßt sich dabei auf eine Weise von ihren Eingebungen tragen, die an das ›automatische‹ Schreibverfahren der französischen Surrealisten erinnert. Sie ist eine Einzelgängerin, die sich von dem Literaturbetrieb fernhält.

MO YINGFENG

(geb. 1938 in der Provinz Hunan). Studierte Musik und arbeitete als Dirigent, Komponist und Textdichter in einem Kulturensemble der Armee. Schrieb Romane für Kinder, sozialkritische Erzählungen, wie ›Seine Majestät, der Fleischer‹, Theaterstücke und Drehbücher. Vizevorsitzender des Schriftstellerverbandes von Hunan. Schloß sich der Richtung der Absurden an, zu der u. a. auch die Autorin Can Xue gehört.

Quellenhinweise

Lu Xun, Die Arznei. Aus: Lu Ssün, Morgenblüten – abends gepflückt. Übersetzung: Johanna Herzfeldt. © Verlag Rütten & Loening, Berlin 1958

Ye Shengtao, Reis. Aus: Eheschließung. Übersetzung: Sylvia Nagel. © Aufbau-Verlag, Berlin und Weimar 1988

Lao She, Nachbarn. Aus: Zwischen Traum und Wirklichkeit. Übersetzung: Rupprecht Mayer. © China Studien- und Verlagsgesellschaft, Frankfurt am Main 1981

Shen Congwen, Der Ochse. Aus: Erzählungen aus China. Übersetzung: Ursula Richter. © Insel Verlag, Frankfurt am Main 1985

Xiao Hong, Auf dem Ochsenkarren. Aus: Frühling in einer kleinen Stadt. Übersetzung: Ruth Keen. © Cathay Verlag, Köln 1985

Mao Dun, Der Sohn ist zur Versammlung gegangen. Aus: Seidenraupen im Frühling. Übersetzung: Fritz Gruner. © Verlag C. H. Beck, München 1987

Ba Jin, Regen. Aus: Die Eheschließung. Übersetzung: Sylvia Nagel. © Aufbau Verlag, Berlin und Weimar 1988

Ding Ling, Das verstörte Herz. Übersetzung: Diana Donath. © Fischer Taschenbuch Verlag, Frankfurt am Main 1990

Liu Binyan, Brückenbau. Übersetzung: Klaus Walther. Mit freundlicher Genehmigung von Klaus Walther.

Zhang Jie, Liebe heißt nicht vergessen können. Aus: Liebes-Erzählungen. Übersetzung: Claudia Magiera. © Verlag Simon & Magiera, Nördlingen 1987

Wang Meng, Die Drachenschnur. Aus: Die Drachenschnur. Geschichten aus dem chinesischen Alltag. Übersetzung: Andreas Donath. © Luchterhand Literaturverlag, Frankfurt am Main 1981

Can Xue, In jener Welt. Übersetzung: Wolf Baus. Mit freundlicher Genehmigung von Wolf Baus.

Mo Yingfeng, Dorf der Buckligen. Übersetzung: Karin Hasselblatt. Mit freundlicher Genehmigung von Karin Hasselblatt.

Bei Dao, Glücksgasse 13. Übersetzung: Andreas Donath. Mit freundlicher Genehmigung des Autors. Für die deutsche Übersetzung: © Fischer Taschenbuch Verlag, Frankfurt am Main 1990

Der Herausgeber und der Fischer-Taschenbuch Verlag danken allen Rechteinhabern für die Abdruckgenehmigung.

Die Welt erzählt

Italien erzählt
25 Erzählungen
Ausgewählt und mit
einer Nachbemerkung
von Stefana Sabin
Band 9237

25 Autoren, 25 Geschichten, die Zeugnis geben von Italien und seiner Literatur in den letzten fünfzig Jahren: längst anerkannte und auch hierzulande bekannte Autoren und andere, die wohl in Italien eingeführt, hier aber noch zu entdecken sind, erzählen von Spiel und Arbeit, von Heimat und Fernweh, von Liebe und Ehe und immer wieder von der Familie – 25 verschiedene Facetten des Phänomens Italien.

Österreich erzählt
27 Erzählungen
Ausgewählt und mit
einer Nachbermerkung
von Jutta Freund
Band 9283

Österreich erzählt – von Träumen und Erinnerungen, von Einsamkeit und Tod, vom Lachen und Vergessen. 27 österreichische Autoren schreiben, bissig, böse, witzig oder wehmütig über ihr Land, über historische Ereignisse, über seine Bewohner, schreiben ihre Geschichten – jeder auf seine charakteristische Art und Weise.

Frankreich erzählt
23 Erzählungen
Ausgewählt und mit
einer Nachbemerkung
von Stefana Sabin
Band 9286

23 Autoren, die Zeugnis geben von jener unverwechselbar französischen Art, Wirklichkeit in Literatur zu verwandeln. Stilistisch wie thematisch ist diese Auswahl repräsentativ für die französische Literatur der letzten fünfzig Jahre.

Fischer Taschenbuch Verlag